Zhongxiaoxue Jiazhang
Xuexiao JiansheYu Kecheng Kaifa Zhinan

中小学家长学校建设与课程开发指南

黄楠 宋丹青 钟紫琪 / 主编

新华出版社

图书在版编目（CIP）数据

中小学家长学校建设与课程开发指南 / 黄楠，宋丹青，
钟紫琪主编. — 北京：新华出版社，2023.7
ISBN 978-7-5166-6915-0

Ⅰ. ①中… Ⅱ. ①黄… ②宋… ③钟… Ⅲ. ①中小学
—家长学校—教学参考资料 Ⅳ. ①G636

中国国家版本馆CIP数据核字(2023)第138125号

中小学家长学校建设与课程开发指南

编　　者：黄　楠　宋丹青　钟紫琪	
责任编辑：蒋小云	封面设计：橙　子

出版发行：新华出版社

地　　址：北京石景山区京原路 8 号　　邮　　编：100040

网　　址：http://www.xinhuapub.com　　http://press.xinhuanet.com

经　　销：新华书店

购书热线：010-63077122　　中国新闻书店购书热线：010-63072012

照　　排：中版图

印　　刷：河北盛世彩捷印刷有限公司

成品尺寸：170mm×240mm

印　　张：24.75　　字　　数：381 千字

版　　次：2023 年 7 月第一版　　印　　次：2023 年 7 月第一次印刷

书　　号：978-7-5166-6915-0

定　　价：59.00 元

《中小学家长学校建设与课程开发指南》编委会

主　编：黄　楠　宋丹青　钟紫琪

编　委：陈　宁　吕雪源　王　敏　吴枋泠　吴译怡

专家推荐一

2002年，我开始关注和研究家庭教育学。那时我在华南师范大学工作。2012年，我调入华东师范大学工作，后来给华东师范大学本科生开设《家庭教育学》的课程。黄楠老师的这本书所讨论的主题是我感兴趣的。希望越来越多的人关注家庭教育，共同推进对中国家庭教育学的研究。

这本书有几个特点，我乐意推荐。

第一，回应了家长关切的问题，对家长学校的建设和家庭、学校、社会协同育人提供了有意义的途径和策略。

第二，对家庭教育的课程与教学做了比较系统的思考和探索，可供中小学老师参考。

第三，有团队合作的精神。作者都是研究生学历，跨越教育学、心理学相关专业，其中5人毕业于北京师范大学，2人毕业于南京师范大学，1人毕业于华南师范大学。他们是各学段专职心理健康教师，且毕业后有几年的一线教育工作经历，对于课程开发的情况都较为了解熟悉，具备课程开发的经验和能力。他们是怀有梦想的年轻人。

希望本书出版后能够收获积极的反馈。同时，也欢迎各位读者提出宝贵的意见和建议，促使编者团队更好地优化改进。

刘良华

2023年3月20日

专家推荐二

    黄楠老师，2020年毕业和任教的北京师范大学心理健康教育专业硕士研究生。因为面对日趋迫切的学校家庭教育指导问题，在她的组织下组成了一个志同道合的团队，共同实践探索"新时代背景下的家长学校建设与课程开发"主题，并形成了这一本处女作。

    平心而论，作为一个见证并报道过1983年全国第一家家长学校和亲历改革开放以来中国家长学校形成发展各个阶段的儿童青少年教育、中小学德育、家庭教育工作者，并组织举行过省市乃至全国家长学校有关研讨会，发表出版过不少家长学校和家庭教育学术论文、著作和课程丛书的研究者和作者，这个初出茅庐的团队编写的家长学校课程略显稚嫩。然而作为过来人又不得不说，纵观这些年来这方面的著述，虽说因背景不同而各有特点，但不难发现，在家庭教育和家长学校领域"江湖家教"五花八门，让人眼花缭乱：人云亦云"套路派"，正面管教"流行派"，成功经验"案例派"，随心所欲"虎狼派"，似乎都是专家。说实在的，我更偏爱有心理学专业背景作者的家庭教育、家长学校著作和情绪管理课程。至少，他们会关注"年龄特征""心理规律""成长导向""亲子沟通""情绪管理""学习指导""习惯养成""人际交往""生命教育""青春期教育""生涯规划指导"等学校家庭教育中既重要又普遍的问题。

    这本著作就有这个特点。学校家庭教育指导和家长学校课程规范化、科学化、专业化、适性化建设是发展取向，我们都应为此努力。这是我推荐本书的缘由。

李季教授：中国陶行知研究会未来教育专委会理事长

广东省家庭教育研究会会长

广东省家庭教育讲师团团长

2023年3月

作者序

这是一本写给中小学有志于从事学校、家庭教育工作的一线教师的书。它和目前写给家长，指导家长如何做的书籍有些不同，也区别于常见的学校家庭教育理论指导手册。它聚焦于家长学校建设，将着眼点放小，从理论背景、建设方案、课程开发、具体课例四个方面分为三篇（背景篇、建设篇、实践篇）共15章来详细阐述作为中小学家庭教育工作者应如何立足家校共育的主阵地，更高效科学地建设家长学校以及开发家长学校课程。简而言之，我们想呈现一本实操性强、通俗易懂的、可以直接"拿来用"的（详案）、可以借鉴改良的，面向一线教师和家庭教育工作者的家长学校建设丛书。

为什么要写这本书

教育始于家庭，家庭是社会的基本细胞，是人生的第一所学校，家庭教育伴随人的一生，对一个人的成长至关重要。同时家庭教育也是国民教育体系的重要组成部分，是社会教育和学校教育的基础、补充和延伸。

随着经济、教育的快速发展，我国家长的科学养育观念和育儿意识已在逐年提升，但我国幅员辽阔，人口基数大，家长的家庭教育知识储备和育儿方法手段仍需提升。通过查阅文献和对珠三角、西安等地的一线教师和部分家长进行访谈，将目前家庭教育的家长水平分为三类：一为养而不教，该类父母家庭教育观念淡薄，自身文化水平较低，认为吃饱穿暖就是科学养育，甚至认为儿孙自有儿孙福，采取放任的教养态度；二为欲教无方，家长认识到了科学养育、家庭教育的重要性，想要学习科学养育知识却无从抓手，优质公共学习资源较少，自身学习水平也相对不高；三为亦养亦教，该类家长一般文化水平较高，自身对家庭教育也有一定的理解和思考，能够通过书籍以及互联网等方式自己进行提升，但该类家长目前所占比例较少。

因此各中小学校如何响应国家号召，在《中华人民共和国家庭教育促进法》的推动下，顺应教育发展，从家庭层面助力学生成长，突破养而不教、欲教无方的家长困境，是当下学校家庭教育应着力解决的问题。

学校想要将家庭教育指导工作落到实处，师资是关键保障。而家庭教育在我国起步较晚，学校教育中也一直类属于德育管理，缺乏专业的教师队伍，多以班主任和心理教师为主。家长学校作为学校家庭教育指导的重要载体，究竟应该如何建设和运转，往往使学校教师不知所措，缺少明确具体的工作思路和专业的知识储备，只是零散的点状开展。而对于中西部教育薄弱地区或三、四线城市，家庭教育工作更是无从抓手，师资队伍需要强有力的科学指导。

本书希望立足于以上现实基础，探索出一套理论和实践相结合的、符合我国家庭教育现状的、基于教育学和心理学理论之上的家长学校课程开发指导丛书，有效指导一线教师开展家庭教育指导、家长学校建设以及课程开发工作，促进家校合作，同心同德，同向同力，使家庭教育和学校教育同频共振，共同谱写我国国民教育体系的新篇章，助力孩子在党的呵护下苗壮成长。

编者们的情缘

有关于写这本书，也许是缘分使然，冥冥之中有一种力量，将我们推动到一起。

2020年6月我毕业于北京师范大学心理健康教育专业，获硕士学位，与很多同学一起来到广东任教，憧憬着粤港澳大湾区的美好未来。

初入职场是新冠肺炎疫情的第一年。学生在入学心理普查中暴露出诸多的问题。MHT（中小学生心理健康量表）测量结果显示不同程度的敌对、焦虑和抑郁，且这个数据就我校而言明显高于往年水平。通过交流发现这与我的研究生同学们在新单位所面临的困惑是相同的，无论是经济发达的珠三角，还是中西部省会城市西安，还是沿海宜居的长三角腹地。我们带着对后新冠肺炎疫情时代学生心理水平变化的好奇心，查阅了大量文献，结合后期一对一访谈，找到了答案。

学生因新冠肺炎疫情在家上网课，空间上的感觉剥夺使他们烦躁、焦虑，而压垮他们心态的最后一根稻草，便是与父母的相处。不知道如何与父母有效沟通、和谐相处，因学习问题、手机问题、生活作息问题等爆发不同程度的亲子冲突，更有甚者情绪化状态下产生了躯体化问题。而通过重点关注学生的电话家访发现，家长们对此也很无奈和迷茫。对于这个情况，我不禁陷入了沉思：孩子的问题真的是学校老师单方面关照就能解决的吗？每位家长都毋庸置疑地爱着他们的小孩，他们之间真正的鸿沟是什么呢？我该如何帮助他们重塑关爱与信任，助力孩子健康成长呢？

此后，就工作上的问题，尤其是亲子关系、家庭教育案例等，我与同学们时常通过钉钉群来讨论，本书也就是在那个时候有了思想上的萌芽。

2021年，家庭教育变得更加热门，我与丹青考取了家庭教育指导师的证书，也参与了省市级的家庭教育培训课程。在吸收和借鉴了全国在家庭教育方面比较先进的学校的经验后，我们陆续开展了自己学校的家庭教育工作，受到了家长和领导的好评。这为后来的写书以及系统化的开发课程奠定了思想和方向上的基础。同时在组建校级家庭教育指导团队的过程中，我遇到了一定的困难和阻力。那便是学校尚未形成家庭教育合力，很多班主任、生物、地理、语文教师虽有意愿参与，但因所学方向不同、专业不同，没有办法基于心理学、教育学开发设计出科学的家长课程，而靠学校三位心理教师的力量，无法肩负起日常学科教学工作和家长课堂开发的双重重任。那时起，我便决心想要写一本家长学校方面的书。

2022年1月1日《中华人民共和国家庭教育促进法》正式实施，标志着国家以立法的形式对家庭教育提出了新的要求，也明确了家庭、社会和学校的具体责任。新年同学聚会，大家畅谈各自的教育情怀与梦想。我将写书的想法提出，获得了同学们的大力支持，于是2022年就成了本书的创作之年。

中途几位同学因特殊身体原因和单位工作安排，临时退出了编者团队，也在这时有幸结识并邀请了珠三角另外3位心理教师加入团队中来，为本书带来了新的创意和灵感。至此，北京师范大学心理健康教育硕士黄楠、钟紫琪、宋丹青、王敏、吴枋泠，华南师范大学心理健康教育硕士吴译怡，南京师范大学应用心理专业硕士陈宁、吕雪源共8人，组成了我们的编者团队。

道阻且长，行则将至，我们怀揣共同的教育梦想和专业发展信念，在珠三角以及其他地市，聚气凝神，不忘初心，共同为我国建设现代化强国贡献自己作为一线教师的绵薄之力，用十几年求学所得，回报社会。

　　也欢迎各位读者对本书提出宝贵建议！

2022年12月于广州

黄楠

目 录
CONTENTS

建设篇 / 023

实践篇 / 051

01

背景篇

第一章　家长学校建设新挑战

什么是家长学校

　　家长学校是什么？编者参考近些年来教育部、关工委等部门印发的各类国家层面的指导文件，如《关于指导推进家庭教育的五年规划（2021—2025年）》、教育部《关于加强家庭教育工作的指导意见》等，又结合各地家庭教育文件中对家长学校的解读，将家长学校概括为：家长学校是以在校学生或未成年人家长为教学对象，有计划、有目的设置科学的教育大纲和教学内容，以相对灵活的授课方式和时间安排，对教学对象施以家庭教育和育儿方法方面的理论知识和实践技能，以期通过教育能够提升家长的家庭教育素质和水平的成人类型的教育机构。它是学校对家长进行培训的主渠道；是提高家长的教育水平，增进学生全面发展、和谐发展以及促进家庭和睦幸福最有效、最经济的家校共育方式；是国民现代化教育的重要组成部分；是新时代立德树人教育背景下，培养社会主义建设者和接班人的重要核心力量。学校要充分发挥协同育人主导作用，建好家长学校。学校积极主导，家庭主动尽责，确立科学的教育观、人才观和儿童观，构建良好的教育生态，保持教育共识和影响一致性，促进学生全面发展、健康成长。

家长学校的历史发展

一、国外家长学校的历史发展

国外最早进行家长学校建设的是美国，其在1897年成立了全国家长教师联合会，简称PTA，是美国当时规模最大的家庭教育联合组织，该组织将家长教育作为宗旨之一，宗旨内容为：学校要为学生的发展负责，有义务对学生的家长进行培训；而作为家长也有义务为了孩子的成长参与学校提供的各类家长培训。后在20世纪中期，美国也通过法令的形式对中小学校和学前教育学校的家庭教育工作提出了要求，帮助家长提升家庭教育的科学水平。

不久，美国的教育计划正式开展，该计划将儿童早期教育与父母文化培训融为一体，公办学校具体实施提升父母综合素质的家长教育，以期帮助家长成为孩子称职的童年伙伴和灵魂引路人，充分发掘孩子的价值和潜能。

随后，阿旺斯（Avance）设计并开发了为期9个月的父母成长课程，使其家长在启蒙、示范方面对孩子起到积极作用。在一系列的推动下，美国专门制定了国家层面的"父母教育培训课程"，在全国推广。

1992年卡内基基金会在《准备学习：国家的指令》的报告中指出，拥有称职的家长是孩子进入学校学习的前提。同时，《2000年目标：美国教育法》中明确指出：学校教育、家庭教育和社会教育要紧密配合，为发展学生的社会能力和情感能力服务。

1988年英国《教育改革法》颁布和实施，明确要求各级地方教育机构要提供相应的课程以提高学生家长或未成年人监护人的教育水平，各级地方教育机构各自承担相应学段或空间范围上的家庭教育课程和活动。

法国一些地方检察院开设了"父母培训班"。此外，以"全国家庭教育学研究中心"为核心，在全国举办了双亲学校。

日本在1952年成立了PTA全国协会，是PTA的中央机构，主要职责是对全国各地的家庭教育工作进行指导和监督，至此日本形成了一套自上而下的家庭教育督导完整体系，标志着地方教育机构，乃至村镇行政机构均通过讲座、咨询服务和公共宣传等方式开展家庭教育指导，提升家长教育水平。

进入21世纪，《21世纪日本教育新生计划》提出：家庭教育作为教育之源，是人生的第一个起点。2006年日本《教育基本法》新增了"家庭教育"条目，指出：父母在孩子成长过程中的责任与义务，对家庭教育过程中的精神培养、行为培养以及品格培养等提出了具体要求，同时国家也要发挥在家庭教育中的主导作用，提供家庭教育中社会所能给予的各种资源。

新加坡、瑞士、澳大利亚等国家，也纷纷从国家层面制定了家庭教育的相关政策和法规，从社会、家庭、学校三方面明确了在家庭教育方面的职责和地位，各地也不同程度地开展了家长学校的建设和家长课堂课程的开发。

二、我国家长学校的历史发展

鲁迅"救救孩子"的呼喊和创办"父范学堂"的建议，陈鹤琴通过《家庭教育》集中反映的家庭教育思想，是20世纪境内兴起创办家长学校、开展家庭教育指导热潮的思想基础。

20世纪70年代末80年代初，国内一线教育工作者认识到学校想要更好更快发展，仅仅依靠校内的力量是远远不够的，必须争取多方合作，于是在家校合作方面展开了尝试，这是国内最早的有记载的家长学校的雏形。

上海是全国最早正式开办家长学校的城市，据《上海文化年鉴》（1987）记载，1986年左右，全市有1000余所家长学校。上海第一所家长学校于1981年在虹口区长治中学创办，并编写了校本教材和教学大纲。1988年后，上海的家长学校有了较大规模的发展，家长学校从无到有，从几所学校发展到许多学校。

随着上海家长学校的发展，国家在1992年制定并颁布了《九十年代中国儿童发展规划纲要》，指出各城市、乡村学校应面向不同年龄段家长，提供生理、心理等多方面的有利于儿童身心健康发展的课程和知识普及，要做到特殊性和全面性的、两点论与重点论的统一。

1996年，全国妇联、国家教委在《全国家庭教育工作"九五"计划》中从目标、措施、组织实施以及检查评估四大部分进行规划，具体从加强对家庭教育工作的领导、家庭教育宣传普及工作、家庭教育理论研究工作、继续办好各种类型的家长学校等措施对发展家庭教育进行了细化，成为家庭教育的第一个五年计划。

2001年，国家《中国儿童发展纲要（2001—2010）》指出：要提高家长的家庭教育水平，促进家长学校办学多元化，从数量上、质量上都要将家长学校建设推向新的起点。让家长学校工作做得更加扎实，走向科学化、制度化、流程化的轨道，充满发展的活力。

2004年在全国妇联、教育部颁布的《关于全国家长学校工作的指导意见》中提出："家长学校在普及家庭教育知识、促进学校、家庭、社会三结合教育中发挥着重要作用。"其中还对家长学校的性质和任务、家长学校的指导与管理、家长学校的组织与领导、家长学校的检查与评估提出了具体要求。

2010年《国家中长期教育改革和发展规划纲要（2010—2020）》和2004年中共中央国务院颁布的《关于进一步加强和改进未成年人思想道德建设的若干意见》均肯定了家庭教育在国民教育中的重要地位，提出尽快完善家长学校工作体系，普及家庭教育知识。

2015年习近平总书记在春节团拜会上指出："家庭是社会的基本细胞，是人生的第一所学校。不论时代发生多大变化，不论生活格局发生多大变化，我们都要重视家庭建设，注重家庭、注重家教、注重家风……使千千万万个家庭成为国家发展、民族进步、社会和谐的重要基点。"同年，教育部印发《关于加强家庭教育工作的指导意见》明确提出："共同办好家长学校，中小学幼儿园要把家长学校纳入学校工作总体部署……设计较为具体的家庭教育纲目和课程，开发家庭教育教材和活动指导手册。"

2016年全国妇联、教育部等部门印发的《关于指导推进家庭教育的五年规划（2016—2020年）》提出了在家长学校建设方面具体的目标："进一步拓展家庭教育指导服务阵地。继续巩固发展学校、家庭、社区相衔接的指导服务网络，城市社区、学校建立家庭教育指导服务站点或家长学校的比率达到90%，农村社区（村）、学校建立家庭教育指导服务站点或家长学校的比率达到80%。深入挖掘家庭教育公共文化服务资源，大力拓展新媒体服务阵地，搭建基本覆盖城乡的信息共享服务平台。"

2021年全国妇联、教育部、国关工委等部门印发《关于指导推进家庭教育的五年规划（2021—2025年）》在巩固发展学校家庭教育指导方面中指出："推动中小学、幼儿园普遍建立家长学校，每学期至少组织2次家庭教育指导服务活动，做到有制度、有计划、有师资、有活动、有评估。"

2022年《中华人民共和国家庭教育促进法》正式实施，其第四十条明确规定："中小学校、幼儿园可以采取建立家长学校等方式，针对不同年龄段未成年人的特点，定期组织公益性家庭教育指导服务和实践活动，并及时联系、督促未成年人的父母或者其他监护人参加。"

我国的家长学校建设，历经几十年发展，目前在国内发达地区初见成效，但各地区、学校缺乏科学规范的指导引领，没有将其课程化、系统化，成果尚待推广。伴随着我国《家庭教育促进法》的颁布实施，家长学校也真正意义上迎来了发展的春天。广大教育工作者，可以乘势而上，立足于现有基础，将家长学校建设以及相关课程的开发做到尽善尽美，从基层做起，推动我国家长学校向前高速发展。

家庭教育、家长教育与家长学校

家长教育是教人如何为人父母、让父母掌握科学育人方法的一种成人教育；是为了帮助和引导父母了解自己的职责、树立正确的教育观念、掌握家庭教育的知识和方法，提高父母的教育素养和教育能力。

家庭教育是指在家庭生活中，由家长对其子女实施的教育和影响，属于家庭生活的重要内容；从孩子出生之日起，家长（尤其是父母）就肩负着子女的教育任务；家庭教育的对象是子女，如何把自己的孩子培养成为有用之人，是每一个家长最关心的问题，也是整个社会最关心的问题。

家长学校是组织未成年人的家长或抚养人进行培训的成人教育机构。其目的是提高家长的素质和家庭教育水平，帮助和引导家长树立正确的家庭教育思想和观念，掌握家庭教育知识和方法，科学施教，进而优化家庭教育环境。具体地说，是要通过转变家长的教育观念，端正对子女的教养态度，提高教育子女的能力，从根本上提高家长的家庭教育素质；通过及时地主动教育、妥善应对子女的非期望行为和创设良好的家庭教育环境来改善家长教育子女的行为，以达到提高家庭教育的质量的目的，进而促进未成年人在思想道德、认知能力、体质体能和情绪情感等方面全面发展。

从中不难发现，家长学校是实施家长教育的场所，家长教育是家长学校的教学内容，是家庭教育的前提和基础。家长教育的质量和水平决定了家庭教育的质量和水平，也反映了家长学校的建设水平，办好家长学校就是做好家长教育。

家长学校建设面临的阻力

一、家长认识尚不足

首先，受历史、社会环境等因素的影响，我国部分家长文化程度偏低。"望子成龙、望女成凤"是他们最大的心愿，不希望孩子吃自己没有文化的苦。但谈及如何才是成功的教育、家长应该掌握什么样的科学技能，家长们却道不出其所以然。他们简单地认为孩子进入学校后，教育就是学校的事情，将责任全部推给学校。

其次，大多数家长还未从应试教育的思维中走出来，对新时代教育背景、理念缺乏正确认识和共鸣，认为孩子优秀的唯一标准就是考上一个好大学，学习成绩好就是孩子与生俱来的使命和责任，认为教师就是要让孩子考取一个高的分数，对学校和教师组织的除孩子学习之外的活动都漠不关心，也疏于参加。学校即使搭建了良好的家长学校平台，也会在具体推进落实过程中遇到过多阻力。

二、教师情绪有抵触

家庭教育指导在学校目前普遍没有专职教师，多以德育线直接领导、班主任和心理老师为主要力量。但在学校实际工作过程中，教师基本上"一个萝卜一个坑"，工作量本已超负荷，尤其是班主任，除完成学科授课外，还要负责班级管理、德育管理、班级资料整理、学校各项评比检查等。这对教师的精力消耗极大，导致大部分教师都处于亚健康状态。

虽然家长学校工作的开展，对于家长和学生而言都是一件大好事，有利于孩子的身心健康发展，但对于教师而言，教师要研究家庭教育，这肯定会进一步增加教师的工作量，让教师本就不多的"空余"时间又被进一步削减。如果学校不能引进专职家庭教育教师，那增加的工作量会变相地增加到每一位教师身上，因此学校教师会对家长学校的筹建存在一定的抵触情绪。

三、学校工作有难度

学校教育、家庭教育和社会教育是孩子成长过程中三个紧密相连的环节，它们都是教育的重要组成部分。只有家长与学校老师通力合作，才能更好地发挥教书育人的作用。

可现实情况是学校的教学任务繁重、升学压力大，导致学校的主要精力用于学生的教育教学工作，没有更多的时间和精力来开展家长学校工作，更加没有意识到良好的家庭教育是办好学校教育的前提和基础。

于是，家长学校的工作很多时候处于一种无管理机构、无计划、无专（兼）职教师，且无教材、无经费、无制度、无活动开展的状态之中，学校对家长学校工作往往力不从心、无暇顾及。

有些家长学校办得虎头蛇尾，有些家长学校名存实亡，把家长学校变成了家长会的"替身"。且不少家长学校的教育内容不成系统，师资水平不够，令家长听起来枯燥无味。有时邀请外地家庭教育专家来上课，由于不能与学校的实际情况有效联系，缺乏基于校情的实证调查，所讲授的内容往往与家长实际需求脱节，加上家长的水平也有差异，因此家庭教育水平得不到明显提高。这同样制约了家长学校的发展，直接影响家长学校的办学实效，不利于家校合作共育、共促孩子健康全面发展。

总的来说，家长学校的工作难以开展，从主观上来讲，主要是教师和学校对于发展家长学校课程的主动性还有待提高，对成立家长学校的深层意义认识不足。客观原因主要有以下几个方面：一是家长学校的筹建缺乏专项运作的资金；二是没有科学系统的家长学校教学内容（教材）；三是专业的家长学校师资队伍欠缺。

第二章 家长学校建设必要性

国家教育层面推动

在第一章中，已经详细地阐述了我国家长学校的发展历程，几十年来政府陆续颁布了多项文件督促各省市地方学校落实家长学校建设，并提出了在教学内容、管理条例等方面的要求。在此基础上，近几年新时代教育改革也对家长的育儿水平和素质提出了更多要求，从国家教育层面上凸显出家长学校建设的必要性。

一、"双减"政策推动

"双减"背景下，明确规定要减少学生课内作业负担和课外补习负担。意味着学生作业时间减少，家庭可支配时间增多，教育更多地回归于家庭。因此当今时代家庭教育的重要性逐步凸显，表现在以下几个方面：

1.家庭教育是"原发先发"的教育，扎根性强。父母是孩子的第一任教师。孩子从出生起就和父母在一起，在进入学校和社会之前，家长已经给予孩子家庭的教育。同时，这些家庭教育的内容会深深扎根学生的内心，对学生一生产生影响。

2.家庭教育是"播种打底"的教育，奠基性强。孩子最先接触的就是家庭，家庭教育的质量影响着学校教育的质量，如果在家庭中儿童在行为习惯、人际关系、品德养成等方面出现了问题，学校与社会很难进行纠正。

3.家庭教育是"品德涵养"的教育，情感性强。家庭是德育最长久的场所，也是德育最优秀的场所。家庭给予的爱让孩子获得精神的成长，精神成长的富足，定会荡涤着孩子的心灵，让孩子终生受益匪浅。

4.家庭教育是"因材施教"的教育，针对性强。与学校教育相比，在家庭教育中，家长更了解孩子，需要处理的问题更清楚，解决问题的方法也就更具有针对性。

5.家庭教育是"言传身教"的教育，榜样性强。家长是孩子最好的老师，孩子会有意将家长作为自己模仿的对象，可以说，家长是孩子一辈子的榜样。

6.家庭教育是"关注终身"的教育，连贯性强。学校教育往往具有一定的时间限制，例如学前教育一般是针对3～6岁的年龄阶段进行教育，但是家庭教育贯穿人的一生。

7.家庭教育是"拾遗补阙"的教育，灵活性强。家庭教育可以更加关注学校教育中缺乏或落后的部分，同时根据儿童的兴趣进行培养，针对性更强。

家庭教育如此重要，那么如何在双减背景下提升家长的家庭教育能力，让孩子在减负的家庭环境中获得更多的成长能量和源泉，也是教育应该思考的问题。学校如何帮助家长提升家庭教育质量？如何更新育儿观念，营造融洽的家庭氛围？如何指导孩子利用好在家时间？如何培养孩子养成良好的学习习惯？如何做到亲子有效沟通？家长学校作为学校和家长之间存在的一种媒介和载体，是全面提升家长教育观念和育儿观念的有效途径，是学校在"双减"这项国家教育重大举措面前做好家校共育的最优选择。

二、"立德树人"教育根本任务的推动

2018年习近平总书记在全国教育大会上强调："要把立德树人融入思想道德教育、文化知识教育、社会实践教育各环节，贯穿基础教育、职业教育、高等教育各领域，学科体系、教学体系、教材体系、管理体系要围绕这个目标来设计，教师要围绕这个目标来教，学生要围绕这个目标来学。"

所谓"立德树人"，是指立"人性"之德，坚持社会主义核心价值观，教育为立德之基，明确中华优秀传统文化教育为立德之要，倡导公民道德教育为立德之核；树"人性"之魂，以树时代新人为新时代追求，以树社会主义建设者和接班人为始终坚守。

在推进"立德树人"的重要举措中，协同推进也是关键一点，要求构建全员、全程、全方位德育共同体，实现全程育人、全方位育人、全员育人。这就

要求家庭、学校、社会协同育人，各司其职，承担起民族教育重任。

而家庭在立德树人过程中发挥重要的奠基作用。所谓"其身正，不令而行"，家长的一言一行，道德品质和行为会深刻地影响孩子道德品质的养成。作为家长应该增强家庭育人意识，发挥家长的榜样作用，同时注重家教、家风，用良好的家教、家风涵育道德品行。

但在实际的学校立德树人工作推进过程中，家校协同遇到了许多的困难和阻力，许多家长认为道德教育只是学校完成上级工作安排的一个形式，并没有真正意识到"立德"与"树人"之间相辅相成的关系，没有深刻认识到"立德"是"树人"的基础，单纯地以成绩来评判学校教学和孩子成长。这就导致学生在校所接受的道德教育知识无法在家庭以及日常生活中内化升华为真正的道德情感，从而真正转变为道德行为。例如小明遇到了这样的困惑：

小明的班主任利用班会课时间为大家带来了一节主题为"遵守规则"的德育课程，其中包括要遵守交通规则，不闯红灯等。而放学后奶奶来接小明，奶奶走路不看红灯，小明焦急地说："老师教育我们不要闯红灯。"小明的奶奶骂骂咧咧地说："别听你们老师的，就说些没用的。"小明委屈地和奶奶闯了红绿灯横穿马路，回到家后又看到网络上有人在斑马线上拍视频，这下子小明彻底蒙了……

其实小明的案例只是生活中一件微乎其微的小事，但却反映了目前普遍的家庭教育问题。家庭、学校、社会的教育思想和教育行动没有一致，只靠学校单枪匹马来践行立德树人是远远不够的。要提高家长的道德意识和道德思想，使其充分认识到当今家庭教育中，家长不单单是生命的赋予者和经济的支撑者，更是孩子精神和道德的引路人，家长要与学校教育同频共振。

因此学校如何唤醒家长的道德情感，进而影响家长的道德思想和行为，做到家校同频共振，家长学校的建设和课程的开发是关键一环，家长学校不单单承担着普及育儿知识的家庭教育使命，也承担着提高家长思想道德意识和水平、学习先进教育理念、了解国家教育政策等方面的任务。这就要求各地必须不遗余力地建设好家长学校，充分地为党育才，为国育人，从思想源头上推进立德树人指导下的家校协同建设。

三、"五育并举"全面发展教育推动

"五育并举"最早来源于教育思想家蔡元培先生的"军国民教育、实利主义教育、公民道德教育、世界观教育、美感教育"。2019年，中共中央、国务院印发《关于深化教育教学改革全面提高义务教育质量的意见》（以下简称《意见》），《意见》强调，坚持以习近平新时代中国特色社会主义思想为指导，全面贯彻党的教育方针，落实立德树人根本任务，发展素质教育，遵循教育规律，围绕凝聚人心、完善人格、开发人力、培育人才、造福人民的工作目标，深化育人关键环节和重点领域改革，坚决扭转片面应试教育倾向，切实提高育人水平，为学生适应社会生活、接受高等教育和未来职业发展打好基础，努力培养德智体美劳全面发展的社会主义建设者和接班人。

所谓五育，是指德育促人向善、智育教人求知、体育使人强健、美育助人识美、劳动养人劳力，它们在人的发展中，是整体和统一的，在地位上是平等的，在功能上是独立的，各自承担着不同的育人功能，又彼此相互联系，互相作用，在人的一生发展中影响深远。

在当今时代，坚持五育并举，有利于满足时代对综合性人才的需求，有利于满足个体的需求与发展，提升人的生活质量与幸福感。这一重大教育举措想要真正融入国民教育中，真正发挥其育人功能，家庭的力量不容小觑，所谓的德、智、体、美、劳，都深深地蕴藏在孩子的家庭教育中。

学校的教育具有大众性、广博性，而家庭教育则具有针对性和精准性。在孩子早期的启蒙教育中，就涉及智力的开发、体魄的训练、美感的启蒙等多元智能的发展；小学阶段更是行为习惯养成的关键阶段，这又包括了道德和劳动等方面的培养和锻炼；中学阶段孩子的各方面能力发展趋于平稳，家长又如何有意识地发现薄弱之处，有意识地加以引导和培养，也是五育并举在学校教育的大背景下家庭应该承担的责任。

但我国"70后""80后"，甚至"90后"父母的文化水平不均衡，部分家长自身的各项素质和能力有待提升却无从抓手，社会教育资源较少，自身的文化水平无法与孩子的需求同步。基于此，如何通过家长学校，帮助家长提升对德智体美劳五育并举的正确认识，掌握科学教育方法，亦是家长学校建设的目标

之一。同时也要通过家长学校课程创设情境，提供多方资源，帮助家长提升自身的德智体美劳五育各方面的发展水平。百般雕琢爱为本，千谋远虑计深远，学校不应仅培养学生五育并举全面发展，也应通过家长学校建设，促进学校、家庭在五育并举培养社会主义建设者和接班人的路上同心、同水平、同高度，通过良好的家庭教育促进孩子德智体美劳更好、更快、更高发展。

家长知识储备需求

英国哲学家洛克提出"白板说"："每个孩子生来都是一张白纸，重点在于后天教育如何勾勒。"这说明，孩子的发展走向很大程度上取决于成长的教育环境。那么家长如何做好"勾勒"孩子人生的绘画大师呢？这就要求"大师"具有广博的绘画基础和知识底蕴。从家庭教育来讲，想要将孩子的未来勾勒为美好蓝图，家长就要具备作为家长的知识和技能。

本书的编者们在进行家长学校课程开发前，对深圳、广州、北京、东莞、西安、杭州、哈尔滨、长沙等10余所不同地市德育主任、心理教师和班主任进行微信访谈，了解学校家庭教育工作者眼中家长亟待提升和解决的能力和问题，随后通过网上发放自编问卷《中小学家长家庭教育指导需求问卷》对广州、深圳、北京、西安、东莞等地的中小学家长进行调查，得出如下结论：

1.在对家长对家庭教育认识的描述性分析中，45%的家长认为孩子成长受家庭的影响最大、41%的家长认为是学校教育，可见家长从理念上对家庭教育还是相对重视的，并没有否定家庭教育的重要性。

2. 在对家长以何种方式获得育儿知识和经验的描述性分析中，27.4%的家长获得育儿经验和知识是照顾兄弟姐妹、亲戚朋友的小孩，以照顾他人经验代替了专业育儿知识学习；21.8%的家长表示从没经历也没学过如何作为一名合格的家长，在养育自己的孩子前较少学习教育学、心理学知识；20.8%的家长是跟父母学习如何教育孩子，仅有14.7%的家长通过电视、网络影音作品学习，8.7%的家长读过育儿书、参加过相关课程。可见，家长虽重视家庭教育，但自主学习专业知识和主动提高育儿知识能力的意识淡薄，或是想学没时间和途径。

3.在对家长育儿需求现状的描述性分析中，从育儿焦虑、育儿能力、升学压力、教养知能、沟通与社交、心理调适、青春期教育7个层面进行需求调查，结果显示家长在教养知能、升学压力、沟通与社交、青春期教育方面具有强烈需求，其他次之。而在教养知能方面，生命教育、学习习惯教育和情绪管理是家长最为担忧和渴望学习的部分。

4.在对家长心目中理想家庭教育指导人员的调查描述性分析中，26%的家长选择了在学校里的孩子教师，相对于其他指导人员，学校中担任的教师更了解学生，家长们对教师更容易建立信任；24.3%的家长选择了专业的家庭教育指导师；19.4%的家长选择家庭教育专家，表现出对家长教育专业化的诉求；18.5%的家长选择了经验丰富的家长，互通信息渠道，做到教育经验交流共享。可见，学校教育和学校教师仍是家长希望获得家庭教育指导的最有效途径。

结合以上调查研究结论以及目前社会上的"养而不教""欲教无方""亦养亦教"的三种不同家庭教育态度的现状，不难发现：我国大部分家长育儿知识储备不足，仍需要接受专业的、系统的育儿知识与能力的学习，掌握教育学、心理学知识，且家长认为获取知识最好的途径便是学校教育，希望从学校获得一些家庭教育方面的指导。这也说明不仅是国家教育层面的推动，家长知识储备的需求也是当代家长学校建设的推手，学校应最大限度集结人力、财力、物力，搞好家庭教育，办好家长学校。这关系到学校发展，关系到家庭幸福，是一项利国利民的教育工程。

孩子成长过程呼唤

青少年从出生开始，其身心发展具有阶段性、顺序性、差异性、不平衡性以及互补性。在从出生到成人的每一个阶段，呈现稳定中悄然变化的态势，是量变到质变的过程，心理学家将青少年的变化分为生理发展、认知发展和社会发展三个层面，在一生中，各个层面的发展是相互联系且互相作用的。

生理发展是指：身体和脑力的发育、感觉能力、运动技能和健康状态。孩子不同成长阶段会有不同的情绪和行为表现以及现实需求，例如青春期的孩子生理和激素水平剧烈变化会影响个体自我意识的发展，在这个过程中就需要家长准确识别问题，有针对性地加以教育和引导。

认知发展是指：智力上的变化和稳定性，诸如学习、注意、记忆、语言、思维和推理以及创造性等。认知发展与生理、情绪、社会等因素密切相关。例如儿童的语言能力取决于嘴和脑的生理发展，语言智能发展顺利会对儿童的其他方面产生积极影响，并获得自尊。反之，如果发育迟缓，则会获得低自我效能感，认为自己很笨，倾向于在公众场合沉默。那作为家长如何能够抓住关键期，促进言语智能发育，或发现问题及时干预，都是应该在家庭教育中关心的问题。

社会发展是指：情绪、人格和社会关系等方面的变化。例如孩子伴随学业压力产生考试焦虑，进而影响学习水平的正常发挥，如果家长能识别孩子的问题并且提供一定的社会支持，帮助孩子驱散那些心理或生理上的压力，那孩子就能平稳度过青春期阶段的学习生活。

然而孩子从出生到青春期结束的过程，是多变且复杂的。在北京师范大学申继亮教授译著的《发展心理学》（第十版）中，将人的生命全程划分为八个时期，本书在这里呈现0~20岁的各个阶段特点如下表：

年龄阶段	生理发展	认知发展	心理社会发展
胎儿期（孕育到出生）	1.通过正常的方式或其他方式受精，从一开始就受遗传与环境作用的互相影响。 2.基本身体结构和器官形成，大脑迅速发育。 3.一生中生理发育最快速的时期，极易受到环境的影响。	学习、记忆、对感官刺激的反应能力正在形成。	胎儿能对母亲的声音做出反应，并表现出对母亲的声音的偏爱。
婴幼儿期（出生到3岁）	1.所有感知和身体系统开始不同程度地发挥作用。 2.大脑发育逐渐复杂化，极易受环境影响。 3.生理发育和运动技能发展迅速。	1.出生后几周就开始显示出学习和记忆能力。 2.在两岁后期发展出使用符号和问题解决的能力。 3.言语理解及使用能力迅速发展。	1.对父母或其他人的依恋形成。 2.自我意识发展，从依赖向自主转变，对其他儿童的兴趣增加。

（续表）

年龄阶段	生理发展	认知发展	心理社会发展
童年早期 （3～6岁）	1.发展相对稳定，外形更加修长，比例接近成人。 2.食欲减少，睡眠问题比较常见。 3.利手出现，获得精细和粗略动作技能，体力增加。	1.思维带有自我中心性，但逐渐能理解他人的观念。 2.认知成熟，使其对世界的认知更具逻辑性。 3.记忆和语言能力提高，智力变得可预测。 4.普遍具有学前经验，尤其是幼儿园经验。	1.自我概念和情绪理解更加复杂，整体自尊得到提高。 2.独立性、主动性和自控性提高，性别认同发展。 3.游戏更富想象力，更复杂精巧，通常更具社会性。 4.利他主义、攻击性和恐惧感更普遍。
童年中期 （6～11岁）	1.发育变缓 2.体力和运动技能有所提高。 3.总体健康状况好于一生中任何时期。	1.去自我中心化，开始进行逻辑思维，但仍具体化。 2.记忆和言语能力提高。 3.认知的提高使得儿童从正式的学校教育中获得，部分儿童需特殊教育。	1.自我概念变得复杂，进而影响自尊。 2.共同约定反映了父母对儿童控制方式的一种转变。 3.同伴占据重要地位，趋于社会化。
青少年期 （11～20岁）	1.生理迅速发育，其他方面也发生剧烈变化。 2.生殖系统成熟。	1.发展出抽象思维能力和科学推理能力。 2.在某些态度和行为上仍不成熟。 3.接受教育主要为上大学或职业选择做准备。	1.寻求自我同一性，包括性别认同，重新变得自我中心主义。 2.与父母的关系总体良好，但反叛意识增强。 3.同伴群体发挥积极或消极影响。

　　通过上表可以看出，家长想要科学育儿，在孩子成长过程中，需要家长在各阶段有针对性地认识问题、发现问题，及时加以引导和改善，用科学的家庭教育知识和方法促进个体的生理、心理、认知的全面发展。学校作为专门化、专业化的教学场所，在家庭教育正式以立法形式走入国民大众视野的今天，无疑承担着提升家长家庭教育能力的重任，同时也有利于促进家校合作、情感互通。家长学校建设也必然成为当今时代教育改革背景下，学校发展的新生命力和方向。

第三章　家长学校建设重要性

强心：为孩子心灵上底色

衡量一个孩子是否健康，不仅是身体健康，还有心理健康。著名健康学者马斯洛曾经表示，心理健康比生理健康更重要。

家庭教育的养育使命，除了衣食住行的基本保障外，更重要的是如何引导孩子成为一个心理健康的人。近年来，国家越来越关注学生的心理健康，学校也逐步增强心理师资力量，完善心理工作机制，但是在家庭教育层面缺乏一定的规范和推动。然而我们必须意识到，心理健康的发展是多方面的，在孩子成长的过程中，家庭教育是影响心理发展的重要组成部分。

一、树立典范，心灵引领

家庭教育对学生心理健康的影响其一就是引导学生健康成长，树立正确典范。

孩子在一个温暖和爱的家庭中长大，那么他就会认为世界是美好的，生活是幸福的，因为在他的视野未曾指向社会的时候，家长所呈现的世界便是他眼中的全部世界。家长的心理发展水平会作用于孩子的心理发展，我们不妨试想一下，一个暴躁酗酒的父亲，一个懦弱悲观的母亲，这样的家庭环境会造就怎样的孩子呢？想必孩子会没有安全感，变得敏感、胆小，对亲密关系、家庭关系产生恐惧或厌恶，或者会自暴自弃，甚至暴力反叛。

但不是每个父母都能够给孩子提供足够的积极心理能量，甚至不能把控好自己的情绪，在当今激烈的社会竞争中往往自身身心俱疲。那么，家长如何正确地调适身心？如何激发孩子成长的动力？确切地说是如何在育儿道路上培养心理健康的孩子呢？这些都是十分重要的，家长学校建设的重要性也凸显出来，家长们通过接受家长学校的学习，更加能够意识到心理健康对孩子成长的重要性，能够更加重视家庭教育中对心理健康的引导和培养，在孩子成长的道路上为孩子的心灵上底色，助力孩子的心理健康成长。

二、高效陪伴，助力成长

孩子的第一任老师是家长，家长是陪伴孩子时间最长的老师，这就需要家长在孩子成长的过程中能够亲身参与孩子成长的每一环节。在孩子成长的过程中，孩子思想的成长和思维方式的进步都需要一定时间，这就让很多耐心较差的家长失去了陪伴孩子的良好情绪。有效陪伴不仅是陪在身边，更重要的是接纳共情，积极倾听，积极关注。

因此家长学校的建设，能从理论、技术、方法上给予家长很多亲子陪伴上的支持，助力高效陪伴，家校携手为孩子营造一个幸福的心灵陪伴港湾。

三、积极发展，及时干预

目前各大城市尤其是省会和一线城市的心理科、精神科变得火热，许多青少年出现的情绪情感障碍需要及时进行药物辅助和治疗干预。而现实情况是，当孩子出现心理问题的时候，家长并不能及时地识别和判断，或者对心理问题有一定的理解误区。就编者们工作中遇到的个案而言，家长们普遍认为孩子的心理问题归结于矫情，药物辅助小题大做，坚持一点就可以克服，孩子不够强大。总而言之，家长不能理解当前青少年心理危机的严重性。

通过家长学校，使家长学会在积极发展孩子心理品质的同时，也能够学会正确地认识孩子的心理发展水平、正确识别孩子的情绪情感变化、理性看待孩子出现的心理问题、科学地用恰当的手段对孩子的问题进行干预。遵循早发现、早干预的原则，最大程度上避免孩子心理情绪问题的加重，同时从家庭上使孩子获得精神支持，这也是从家长学校层面为孩子心灵上底色不可或缺的组成部分。

铸魂：为孩子成人赋能量

有教育学家对家庭教育提出过这样的观点："不要以为你们同儿童谈话、教训他、命令他的时候才是教育。你们是在生活的每时每刻甚至你们不在场的时候，也在教育儿童。你们怎样穿戴，怎样讨论别人，怎样快乐或者忧愁，怎样对待敌人或者朋友，怎样哭、怎样笑，怎样读报纸……这一切的一切对于儿童来说都有着重要的意义。"的确，在儿童形成属于自己人格的关键时期，他身边的环境、人物都对他人格的形成有或大或小的作用。其中，家庭教育对儿童健康人格的形成起着最为关键的作用。

一、重视方法，塑造人格

对于家长来说，孩子不仅仅是家庭的重要组成部分，更是大多数父母奋斗努力的动力。与学校的教育相比，家庭教育更加重视的是孩子的个性发展，这就需要广大家长在开展家庭教育的过程中要发挥家长的鼓励作用，因势利导，正面教育，促进孩子健全人格的养成。家长通过家长学校课程学习，能够更加擅用教育方法来更好地引导孩子塑造健全人格，而不是只凭经验来教育孩子。如当孩子面对困难时，家长的选择应当是鼓励孩子去克服困难，而不是立即伸出援手去帮助孩子，让孩子明白"授人以鱼不如授人以渔"等，学会用坚定的态度和温和的方法来教育孩子。

二、多方因素，养成人格

首先，在家教诸多因素中，父母的人格因素是施教的核心力量，它对孩子的人格形成起着巨大的潜移默化的影响。儿童的模仿性极强，孩子一生中待人接物、为人处世的态度都是直接向父母学习模仿而来，父母的人格特点还会辐射到家庭生活的各个层面，而使家庭生活染上独特的色彩，继而影响孩子的人格形成。

其次，家庭的教育方式是影响孩子健全人格建构的又一重要因素。家庭的教育方式是父母人格、父母对孩子的态度以及教育方式的整合体，家庭教养方式大致可分为专制型、放纵溺爱型、民主型和忽视型几种。很明显在所有的家庭教育方式中，民主型是最好的。民主型家庭的父母认为：孩子不只是属于家庭，同时更是社会的一员，将来他总要独立生活，走向社会，从小就应教给孩子生活的自理能力而不是处处事必躬亲，包办代替。

最后，家庭环境对儿童健全人格建构起关键作用，什么样的环境造就什么样的人。"家"是孩子成长的摇篮，孩子的一生成长总是会留下环境的烙印，就家庭教育环境而言，既包括家庭的物质环境，也包括家庭内部的精神环境，物质环境指整洁有序、健康向上的环境，孩子应该有一方属于自己的天地和活动时间。家庭的精神环境内容很多，它包括家庭的文化氛围、价值取向、人际交往、家风家规、家庭气氛等多方面，对于孩子的人格发展来说，精神环境更为重要。

因此，家长学校的建设和家长课堂的课程学习能够让家长对自身的人格、教育方式和家庭环境进行思考和重构。

综合上述两点，通过家长学校的学习，家长能够准确把握时代脉搏，从家庭教育角度培育时代新人，塑造健全人格，铸就人性之魂。家长学校建设的重要性不言而喻。

圆梦：为孩子成才筑石基

所有家长都想给孩子一个美好的未来，但是对孩子而言，什么是一个美好的未来，还需要家长结合孩子的个性、兴趣、爱好和特长，在与孩子充分"协商"的基础上，本着对孩子的终生发展负责的态度，为孩子制定科学的学业和人生规划，让孩子有意识、有能力去规划自己的未来。尽管在多元化的价值背景下，我们很难说什么样的教育是好的教育，但是我们深信着力于未成年人良好品德和社会生存能力培养的教育一定是好的教育。给孩子一个独立的社会生活能力，给孩子"安装"自由飞翔的翅膀，对家庭教育而言是至为重要的，也应该是教育所应该追求的终极目标！结合国外生涯教育相对成熟的经验来看，生涯教育还需要家庭、社区乃至整个社会参与其中。其间，家庭教育意义重大且影响深远。家长通过家长学校的课程学习，在资源利用、学习指导、生涯指导、升学择业指导方面都能获得一定的提升，从而帮助孩子实现人生理想。

一、家庭锤炼，理想萌芽

根据著名心理学家布朗芬布伦纳的生态系统理论，将人所处的生活环境分为四个系统，分别是：微系统、中系统、外系统和宏系统。这四个系统之间存在相互联系及影响，对儿童乃至人的一生发展影响深远。孩子作为身心发展未完成、能动的人，在向内探索、向外探索以及学会做决策的过程中，最直接能够依赖的，换言之对他影响最大、距离最近的社会资源便是微系统，而微系统对于孩子来说就是最基本的家庭单位，每个孩子的生涯教育萌芽都始于家庭教育。

在家庭教育中，父母对孩子的赏识或褒奖会一定程度上影响孩子的自我认知，例如"妈妈经常说我是个笨蛋，我可能什么都做不好""奶奶总是说别人家的孩子乖，那我就是淘气的孩子"等，逐渐自我标签化，影响自身兴趣、能力和价值观的发展。同时，家长的职业、学历和背景，家长带给他的人际资源和视野，也决定了孩子最初对于职业的认知和探索。据某项调查研究显示：孩子的最初职业理想近一半来源于父母的职业类群。此外，家长的社会力量和资源也会在不同程度上影响高中生进行生涯决策。可见，小学阶段的生涯教育重在自我认识和职业启蒙，中学阶段的生涯教育重在外部探索、内外结合、生涯决策，都对孩子的生涯成长起到了不同作用。

二、提升技能，筑梦扬帆

根据北京市家校共育教育科技研究院的一项涉及全国30个省市和自治区3000份样本的家庭教育调研结果：在家庭群体中，只有13%的家长拥有独立完成孩子生涯规划的能力，而87%以上的家庭不具备这样的能力。而缺乏或者是不能完成对子女进行规划教育的核心原因，主要是家长缺少对于孩子未来成长的必要信息和思维框架，进一步缺失了生涯规划的实际指导能力。

那么家长学校就可以帮助家长提升生涯教育的能力，能够用科学的方法和广博的视野，帮助孩子建立和建设生涯规划的意识，孩子成才不是一朝一夕可以实现的，在适性扬才、全面发展的过程中，如何让孩子寻找到天赋所在、梦想动力所在，是家庭教育过程中家长需要思考的问题，也是各中小学校进行家长学校建设的一个重要内容。

综上，家长学校建设有利于从家庭层面、学校层面共同构筑成才体系，筑牢生涯石基，让家庭在孩子成才之路上发挥更大效用，让我们的孩子成为一个学会选择、学会感恩、学会生活，同时成为一个对社会有用的栋梁之材，真正实现梦想，人生远航，筑梦扬帆!

02

建设篇

第四章 家长学校组织建设

制度保障

家长学校就是一所"学校",是家长学习和成长的场所。与学校类似,都有一个独立的办学过程,只是家长学校教学的对象是家长,而普通学校的教学对象是学生。因此,家长学校的筹设,首先要完善各种规章制度,做好顶层设计,要用制度明确家长学校各方面的功能和职责,并坚持付诸实施,在实施过程中不断总结、不断反思、不断提升,这样才能使家长学校逐步步入课程化、规范化、科学化和长效化的轨道。

学校有学校办学章程、校长职责、教师职责、考勤制度、评优评先制度、教学教研制度等各项规章制度。同样,家长学校建设也需要完善各项规章制度,如家长学校章程、家长学校校长章程、家长学校顾问工作职责、家长学校讲师团成员职责、家长学校考勤制度、家长学校档案管理制度等。

完善的制度保障,是学校建设好家长学校的根基保障,各学校应根据自身实际情况,制定符合自身发展实情的家长学校各项规章制度。

组织分工

家长学校若想在学校内真正运转、奏效,需要各部门密切配合,除充足的人力支持外,合理高效的组织分工也会事半功倍,使各项工作层级落实,分工明确。其人力架构和分工可参考如下内容:

1.成立家长学校工作小组,一般可由以下人员构成:学校校长、副校长、外聘家庭教育专家、德育处、教导处主任、校团委书记少先队辅导员、心理教师、班主任代表、部分有兴趣参与家长学校的学科教师、家委会成员、讲师团、后勤保障人员。

2.家长学校工作小组是家长学校最高权力机构。负责听取和审议家长学校的工作汇报，决定家长学校的重大事项。

3.校长对家长学校有领导责任，任家长学校校长。其主要职责是：领导和组织家长学校的教育教学工作；确定家长学校办学目标；定期召开校务委员会会议，研究和总结家长学校工作；聘请家长学校讲师团成员，并加强讲师团师资队伍的建设，提高家长学校教育质量；筹集家长学校办学经费；完善家长学校各项管理制度；审核家长学校年度检查、考核、评比和家长学员结业工作，定期听取家长委员会意见，民主管理家长学校，改进家长学校办学条件。

4.家长学校顾问的主要职责是提供家庭教育理论的指导和业务的咨询，确保家长学校建设的方向性和课程的科学性。

5.讲师团成员应具备一定的教育学、心理学背景，应以学校专业心理健康教师为主力，辅以有志于从事家庭教育工作的其他学科教师、班主任、必要的校外专家和优秀家长。

6.家长学校教学科研组组长可由德育副校长主抓，德育处（副）主任落实。其主要职责是：根据家长学校开办情况和家庭教育的实际，带领讲师团开发新的课程；根据课程开发和进展情况及时培训家长学校讲师团成员，增强教学的针对性与实效性；及时总结并推广家长学校的教育教学经验和家庭教育的成功经验。

7.家长学校教务组组长可由团委书记（少先队辅导员、年级组长）或心理教师担任。其主要职责是协助校长制订并实施家长学校教育教学计划；组织管理教学工作，检查家长学校讲师团成员的教学计划情况，提高教学质量；负责日常教务工作，领导和组织有关人员做好家长学校课程表安排、家长学员注册登记、学籍管理、考勤工作，制订教学工作评估制度、优秀家长登记制度、家长结业管理制度、档案管理制度等相关制度；定期召开家长学校讲师团成员会议，总结教学经验，探索家长学校教育规律，及时向校长反馈教学情况。

8.家长学习监督组组长由家委会代表和学校教师共同担任，其主要职责是：从班主任处收集家长参加家长学校的感受和建议，并及时向校长反馈，以改进和完善家长学校的教学；协助校长做好家长学员的考核、结业和评比工作。

9.家长学习检查组组长由各班班主任和家委会会长担任。其主要职责是：发动家长参与家长学校的学习并进行宣传，保证家长参加学习的到座率；抽查家长参加家长学校学习的质量，包括学习记录、学习体会，参与作业等，同时作为考核与评比的依据；听取家长学校学习的意见和建议，并及时向校长反馈。

10.后勤保障组应由学校物业人员、办公室文职人员组成。物业保安做好进出校园的新冠肺炎疫情防控、签到等工作，若有需要室外场地，还需做好场地的布置、用具的搬运等工作；办公室文职人员应提前准备好家长学校课上所需的文具、纸质材料、饮用水以及必要的茶歇等，为家长学校正常运转做好充足的后勤准备支持。

师资建设

家长学校既然是一所学校中的学校，那么师资必定是一所学校办好的核心力量。组建家长学校良师团队，上一小节中已经谈及讲师团成员应具备一定的教育学、心理学背景，应以学校专业心理健康教师为主力，辅以有志于从事家庭教育工作的其他学科教师、班主任，必要时也可以选聘校外专家或优秀家长。在本小节中重点阐述良师团队所应具备的技能和素质：

1.学历要求：家长学校讲师团成员应具备本科以上学历（乡镇地区学校可放宽至大专以上学历），且考取家庭教育指导师资格证，接受过系统的家庭教育专业培训。

2.能力要求：①普通话标准，表达能力强。②具有良好的控场能力，能够有效组织、维持家长学校课堂活动正常秩序。③具有良好的灵活应变能力，能够用不同的方法随机应对不同水平家长所出现的各类课堂活动突发问题。④具有良好的知识运用能力，能够将教育学、心理学知识融入具体的家庭情境中，能够将具体的家庭教育方法贯穿合适的情景传授给家长，达成教学目标。⑤具备课程开发的能力，能够结合家庭教育热点、具体校情、学情开发设计系列家长学校校本课程、活动方案等。⑥具备终身学习的能力，家庭教育工作刚刚以立法的形式步入正轨，未来还需要不断学习国内外先进理念和经验，不断钻研学生、钻研家长，做到家长学校建设与时俱进，良师团队建设走在前沿，积极参加学校、社会提供的进修培训机会，同时寻找合适途径积极提升自我。

3.情感态度要求：①具有爱心、耐心和责任心，能够在不同情境下保持良好心态，从容授课。②热爱家庭教育工作，能够平衡好本学科教学和家庭教育方面的工作，做到兼顾协调，因为家长学校建设、家长学校课程内容的开发等，目前尚未成熟，需要潜心钻研，不断打磨完善，占用一定时间。③具有克服困难的决心，家长学校建设尚处于全面起步阶段，过程中会遇到一些问题和阻力，如何克服困难，将家长学校建设工作持续推进，保持工作动力，也是对一线家庭教育工作者的考验。

学校层面要注重师资建设，挖掘、培养、提升本校的优秀教师，形成强力家庭教育师资，是家长学校建设的"强心"之道。

财政投入

充足的财政经费是家长学校建设的物质保障，本小节参考《中小学心理健康教育指导纲要（2012年修订）》，总结学校应从以下几方面来保证家长学校建设经费：

1.学校总体应为家长学校增加经费，专款专用。家长学校的建设需要大量的人、财、物、力。必须在科研、资料、场地上提供支持，并保障家长学校建设符合时代发展。

2.加大家长学校师资建设投入，保证培训经费。通过线上+线下相结合的方式，创设家庭教育学习资源，通过聘请校外指导专家到校讲座、购买课程、组织市级、区级教师研讨，组建家庭教育讲师学习共同体等方式，提升家长学校师资力量，做到数量充足、质量优良。并在有条件的情况下，支持教师进行家庭教育方面的进修和学习，且对进修学费予以报销和倾斜，尽可能在时间、费用上提供方便。

3.加大家长学校书籍、文化资料的采购，保障相关资料充足，为家长和教师学习、备课做准备。参考《中小学心理室建设指南》中学校心理书籍不得少于200本，建议各家长学校采购家庭教育相关书籍不少于100本，内容涵盖小、初、高各个学段，受众对象分为教师、学生和家长，书籍类型分为理论类型和实践类型等，做到丰富、多样、实用性强。随着家长学校建设实际需求，学校再陆续采购相关书籍以满足不同群体的读书需求。

4.加大科研经费支持力度，保障家长学校建设的方向性。家长活动、家长课堂是家长学校建设的主阵地，而科研发展则是引领家长学校科学前行的领路人。学校要支持家长学校相关教师积极申报课题，把握家庭教育脉搏和前沿，依托学校平台和资源，提升学校家庭教育方面的科研影响力。在经费方面保障聘请指导专家、数据调研分析系统、实地考察研究、外出交流学习、撰写相关用品、出版相关专著、发表相关文章等方面的前期投入和支持。

5.加大场地设施的经费投入，保障家长学校建设以及相关活动有专门场地，顺利开展。具体内容在下一小节中具体阐述。

6.加大绩效奖励倾斜投入，保障相关讲师和工作人员的知识和劳动所得，调动学校教师家庭教育工作的积极性。按照所付出的时间和成果，设定一定的量化标准，计入学校年底奖金绩效考核中，以工作量的形式呈现在具体的学校职称评聘、考核评优过程中用以选拔优秀教师人才，也是尊重教师劳动的体现。

7.经费审批流程精简，提高工作效率。家长学校建设"专款专用"，应指派专人负责，做到申请流程详细、审核过程严谨、审批速度快捷、交付手段便捷。

场地设施

参考《中小学心理室建设指南》中关于场地设施的要求，结合近年来家庭教育方面的国家指导文件内容，家长学校的场地设施要求如下，确有场地和经费困难的学校，可考虑综合、合理利用学校心理健康各功能室。

1.配置齐全。家长学校作为学校和家长之间沟通和合作的一个纽带和桥梁，除承担教学任务之外，还要承担活动、沙龙、个别辅导、办公、接待、建立档案等任务。因此应该分门别类设置不同的家长学校功能区，例如家长讲座课程课室、家长团体辅导活动室、家长阅读区、家长接待区、亲子辅导室、家庭档案室等。

2.氛围温馨。家长学校相关场地设施、不同功能区应选择采光较好、相对明显的位置，以便于家长进校按照指引落座，接受课程学习。同时在软装的设计上，可采用简洁轻松的浅色系或暖色调为主，按照实际情况考虑摆放些绿植、鲜花等，尽可能营造温馨、和谐的氛围。同时，合理利用宣传标语等，利用环境陶冶实现家长学校教育的润物细无声，潜移默化中提升家长的家庭教育意识，唤醒科学育儿观念。

3.面积适宜。各功能区面积不宜过大导致空旷，使人缺乏安全感并引起沟通疏离；又不宜过小导致狭窄拥挤，无法完成教学活动，影响课程设计和课堂效果的生成。因此各功能区面积应以各自的不同功能选取适宜面积，例如家长阅读区宜安静、封闭，可选择安静处设计20平方米左右，可容纳10人为宜，如果需求过多可考虑多建几处阅读区，忌人多吵闹，无法专心阅读；又如家长接待区，一般情况下以家庭为单位出现，配以相关的班主任和学校家庭教育教师8人左右，需配备沙发、茶几、饮水机等办公接待必需品，考虑到接待家长的舒适性、交流的便利性、距离的安全性，接待区面积以30～35平方米左右为宜。学校在建设家长学校过程中按照自身实际情况进行调整，选择最终科学、合适、方便、可操作性强的功能室设计方案。

4.设备先进。家长讲座课程课室、家长团体辅导活动室等要根据实际需要配备一体机、音响、话筒、监控电子设备，保证教学的高效性和便捷性，提升课堂的硬件实力。同时个别辅导室可配备沙盘、空椅子等设备，对学生和家长进行多元辅导。

第五章　家长学校课程开发

家长学校课程的涵义和价值

一、家长学校课程的涵义

家长学校课程是在教师的引导下，根据学生心理发展的特点，基于当前家庭教育热点问题，从而组成不同专题对未成年人的家长进行有组织、有计划、有意识的家庭教育指导的课程。由此可见，家长学校课程是一门以教师为主导，家长为主体，以提高家长教育素质、改善家长教育行为，促进学生健康成长的学校课程。

与其他类型课程相比，家长学校课程具有以下特点：

1.生成性

家长学校课程是一个教育者和受教育者相互创生的过程，具有很强的生成性。这取决于开发本课程时的过程取向。从课程实施过程的原则来看，教师应该充分尊重并探讨授课过程中家长们具有争议的问题，尊重每个家长的观点，以此来发挥家长学校课程的作用。从课程价值方面来看，家长学校的价值就在于家长在活动中不断更新自己的教育理念，对孩子的行为表现形成良性的认识，并且不断重新建构自己的教育方式，获得科学、智慧的家庭教育方法。家长参与家长学校课程其实就是自我生成的过程，也是课程价值动态的体现。

2.开放性

家长学校课程的整体都具有开放性。这种开放性主要体现在：就课程目标而言，家长学校课程以促进每一个家庭的健康发展为总目标，根据每个家庭的实际情况，为每个家长提供家庭教育指导，同时尊重每个家庭的特殊需要；从课程内容来讲，家长学校课程的全部内容面向的范畴是和每个学生以及学生所在家庭每天都生活的世界，它随着生活的变化而变化，只要与家庭的实际情况相符合，只要是每个家长或者家庭提出的亲子问题或教育问题都可以成为家长学校课程的内容；就课程的结果而言，家长可以将自己在课程中学到的东西，结合实际情况灵活进行家庭教育。

3. 实用性

家长学校课程是一个需要联系实际的课程领域，尤其是在实施的过程中，每个学生都有自己的特点，每个家庭也都有自己的风格，从家庭氛围到教养方式都会有不同。就课程目标而言，家长学校课程需要考虑到每个家庭的实际情况，针对自己的教育对象进行前期的调查和摸底；就课程内容而言，选择的内容要联系生活实际，也要符合孩子的性格特点和家庭实际。

4. 综合性

家长学校课程的开发是基于各类问题或矛盾的出现而衍生的课程产物，旨在为家长提供科学的指导，不断更新家长的教育理念。家长学校课程的综合性主要表现在两个方面：一是内容的综合性，家长学校课程是基于心理学的范畴，不是以单一的知识技能等方面的理论知识为中心，还包括情绪引导、生命教育、生涯规划、行为习惯、人际关系、青春期性教育等方面，这些都是以学生的心理发展、各个家庭的教育现状、社会普遍存在的亲子问题为基础和导向而设计的学习内容，主题涉及家长、孩子、社会、心理的内在整合；二是授课方式的改变，家长学校课程强调在授课方式上，一定要做到调动家长参与家长课堂的积极性，乐于探索，敢于直面问题，强调参与感和分享，在组织形式上也可以丰富多样，可以采用个人、小组和集体等多种灵活形式。

二、家长学校课程的价值

1. 提高家校共育水平，促进学校课程模式改革创新

狭义上来看，教育主要指的是学校教育，但显然，仅仅是学校这样有组织的教育，对学生施加的身心影响并不能够完全满足学生成长的需求，知识的积累、技能的获得仅仅是学生基础知识能力的体现，学生也需要在社会、家庭中发挥自己的价值。义务教育、基础教育阶段是培养学生责任感、荣誉感的关键阶段，也是人生观、价值观和品德教育的关键阶段，这就注定离不开家长这种

特殊教育资源的支持，离不开家庭文化的熏陶，也离不开家校共育的托举，学校教师对家长学校课程的探索和开发，给家校沟通架起了一座崭新的桥梁，它不但能够促进家校共育育人模式的创新，还能够实现对学校课程的改革，给学校提升家校共育能力提供了新的思路，也给学校课程的创新性和丰富性注入了新鲜血液。

2. 发挥家庭教育的相对独立性，促进家庭教育生活化

家庭教育是一门科学，有自身的特点、规律和方法，无论社会环境发生怎样的变化，也无论家长在教育孩子的过程中遇到怎样的困难，就家庭教育指导而言，是有规律可循的，具有自身的相对独立性。家长学校课程的开发能够激发家长自我教育的决心，有效地用所学知识转化为可操作的行为活动，而家庭是孩子休闲的第一场所，家庭教育也是生活教育，可以在日常生活中随时随地传授，家长学校课程对于家长来讲，正是可以将有意为之的教育行为转化为生活化行为的重要法宝。真正做到让孩子"读书"的发展和"生活实践"的发展互相促进，相得益彰。

家长学校课程的开发与设计

一、调研课程开发背景

2015年教育部在《关于加强家庭教育工作的指导意见》中提出，家长学校要纳入学校工作的总体部署中，因此家长学校的课程开发不仅是客观环境的需要，也是我们作为教育工作者的责任和义务，在国家政策的倡导和支持下，家长学校课程的出现成了必然，也为我们开发家长学校课程提供了可能性。

随着家庭教育逐渐被重视，家长学校也需要更加规范和有效地运作起来，家长学校课程正是家长学校这个机构在运营过程中的核心要素，和语文教材在语文教学中发挥着必不可少的作用是同样的道理。学校对家庭教育的重视，学生对家庭教育的需要以及教师对接受专业的家庭教育相关培训的渴望，从而让我们这本《中小学家长学校建设与课程开发指南》能够有机会与大家见面。

二、家长学校课程开发理论基础

所谓课程的基础，是指影响课程目标、课程内容、课程实施、课程评价的一些基本领域学科。这些基础性学科，不仅给课程理论提供了方法论指导，而且为课程理论提供了许多重要概念和基本原理。没有这些基础性学科，课程理论就无法建立起来，课程的目标、内容实施等就没有支持，学界比较公认的课程基础包括心理学、社会学和哲学。课程与各基础学科的关系纵横交错，只有在对课程的基础学科的研究成果及其课程关系有全面了解的基础上，才能做出明确的课程决策。家长学校课程的出现也需要遵循一定的课程原理，符合课程开发的要求。家长学校课程的开发是在对基础学科研究成果及其与课程开发关系的研究基础上建立的。

家长学校课程的主要目的之一是提升家长的教育认知力，探索出一条促进学生积极成长、家长素质提升和学校发展的家校合作之路。因此，课程工作者必须对家长个体的发展以及年龄阶段的学习过程有所了解，不顾家长特征编制的课程，是无法达到良好教学效果的。所以，心理学对课程开发具有重大影响，心理学的原理及研究成果，常常作为各种课程抉择的基础。尽管家长学校课程的受教育者是家长群体，但只要具备教育性质，课程开发的原理和基础都必须符合受教育者的实际情况，和开发学生教材遵循同样的科学理论依据。

当今课程的各种理论和实践，与各种心理学流派结下了不解之缘。其中，行为主义、认知学派、人本主义心理学和建构主义理论与课程的关系最为密切。

1.行为主义

根据几代行为主义心理学的基本思想原理——刺激—反应作为行为的基本单位，学习即刺激—反应之间连接的加强，课程的目的就是要提供特定的刺激，以便引起学生特定的反应。所以，课程目标越具体、越精确越好。行为主义者的关注点是"怎样教"，关注的对象是行为，因而要求以一种可以观察到的、可以测量的形式来具体说明课程内容和教学过程，其典型就是斯金纳的程序教学。

在行为主义的视角下，从开发家长学校课程的角度来讲，我们除了根据家长的需求开设课程的主题以外，还应该制定精准的行为性目标，内容方面也让家长有一个心理适应的过程，从简到繁，在普遍存在的问题上我们强调和注重整体接受，加强实操技能训练，在个别特殊问题上我们又有个案帮忙辅助，向个别教学的方向靠近，在采取传统课程上的教学方式的基础上，开发更多的教学方法，应用更丰富和有效的教学手段，最终可用家长成长记录等方法来衡量课程实施的有效性。

2. 认知学派

与行为主义不同，认知心理学关注的不是学生学会对某种刺激做出反应，而是关注头脑中认知结构的重建或重组。因此，认知心理学感兴趣的不是行为主义的频率，而是学生的思维过程和思维方式，即它强调的是决定行为的内部机制，并用它来解释人类的行为。在它看来，刺激虽然重要，但它不能单独和直接说明行为的原因，环境提供的翻译片是通过支配外部行为的各种认知过程而编码、储存和操作的。这样一来，认知心理学就抛弃了行为主义的一个重要观念：只有可以直接观察到的东西才能成为科学研究的对象。认知心理学能够用客观的方法来研究内部的心理过程。

在课程内容的设计上，认知学派的代表人物布鲁纳强调要让学生掌握学科的基本结构。因为教学的目的是发展学生的认知结构，这就需要设计与不同年龄的儿童相适应的课程，即学科的基本结构。学科的基本结构包括两个方面，一是学科的基本知识结构，另一个是学习的态度与方法。

在学习方法上，布鲁纳强调发现学习，而奥苏伯尔强调有意义地接受学习。他们二人都是从认知心理的角度对课程如何设计以促进学生的认知发展提出了很好的设想，但是他们关注的思维方式有所不同，而布鲁纳强调归纳法，奥苏伯尔注重演绎法，由此可以得出两种不同的课程设计体系。

从建设家长学校课程的视角看，认知理论的观点在指导课程内容设计以及实施方面能够为我们提供精准的指导，也可以从学习方法的角度对如何设计促进家长认知发展的课程提供思路。在家长学校课程内容的设计上，需要设计与不同年龄阶段家长相适应的课程，从而完成课程结构的建设；从学习方法上看，我们应当充分尊重不同家长的认知思维方式，建立能够引导家长主动探索和主动建构的课程体系，肯定学习的认知优先性，致力于将家长学校课程建设为能够教会家长主动发现、探索和建构的实用优质课程；从课程实施组织来看，在教学中重视培养家长在获取新理念时，不要停留在固定的认知结构中，启发家长主动求知和组织知识，教会家长思考如何开展家庭教育，在学习的过程中不断完成知识的重建和理念的更新。

3. 人本主义心理学

人本主义心理学兴起于20世纪五六十年代的美国。由马斯洛创立，以罗杰斯为代表，被称为除行为学派和精神分析以外，心理学上的"第三势力"。人本主义和其他学派最大的不同是特别强调人的正面本质和价值，而并非集中研究人的问题行为，并强调人的成长和发展，称为自我实现。

从人本主义对家长学校开发的意义角度来看，人本主义充分相信每个家长都有潜力成为一个好家长。家长课程的实施是为了更好地让家长接纳自我，我们在实施课程时也要像给学生上课一样以学生为中心，着眼于每个家长的独立性和主观能动性，此课程相对于国家课程本身并不具备强制性，家长们能够得到更多释放自我和寻找自我的机会，在不断尝试中逐渐找到成为父母的意义，在不断学习中感受到教育的美好。

4. 建构主义心理学与课程

建构主义，其最早提出者可追溯至瑞士的皮亚杰。他是认知发展领域最有影响的一位心理学家，他所创立的关于儿童认知发展的学派被人们称为日内瓦学派。皮亚杰的理论蕴含唯物辩证法，他坚持从内因和外因相互作用的观点来研究儿童的认知发展。他认为，儿童是在与周围环境相互作用的过程中，逐步建构起关于外部世界的知识，从而使自身认知结构得到发展。

家长学校课程的开发目的除了要让家庭教育成为学校教育的左膀右臂和及时补充，最重要的就是要让家长在转变意识的基础上对家庭教育有一套完整的认知，构建属于自己的教育版图。建构主义对于家长学校课程的开发意义在于，指导我们引导家长在学习过程中，能够用积极的方式和有意义的建构对原来的方式进行重塑和改造，积极主动争取用更专业的知识和技能来武装自己，用最优的方式和孩子相处，从而达到家校合力的目的，让孩子在健康、积极的环境下成长。

三、分析资源与限制

资源是确保一门课程是否能够实施的前提，开发课程若没有足够的条件和资源作为支撑，那开发出来的课程也只是纸上谈兵，没有实质性的内容可供参考。

1. 家长资源

家长在家庭教育中发挥着必不可少的作用，家长资源可以帮我们更好地了解各个家长的心态和教养风格，让我们提前进行调查，为课程内容的设置做好心理准备。

2. 教师资源

我们的教师都具有丰富的一线教学经验，未来我们课程的实施者也主要是学校一线教师，除心理老师外，还有班主任老师等，这些一线教师在课程实施中以引导者的身份出现，使得家长学校课程的建设更具有专业性。

3. 学校资源

学校本身就是办家长学校的优质资源，学校是专门从事教育工作的机构，是促进未成年人社会化的专门场所，学校的校长和教师都是训练有素的专职教育工作者，虽说家庭教育与学校教育是两个不同的分支学科，但目标是一致的，都是从培养人才出发，为造就人才服务的；都需要按照社会的要求，依据教育方针，遵循受教育者身心发展的规律；都需要选择适当的教育内容，采取有效的方法，对未成年人进行系统教育和训练。学校教育的专业性、组织性和系统性优势是任何其他组织和个人所无法比拟的。

学校不仅有专业和师资等方面的优势，还有教学场所、图书装备等物质设施，以及良好的教育环境，这是组织指导家庭教育所必备的条件。还有一条更为有利的，就是家长对学校教育的信赖。调查研究显示，在组织指导家庭教育的三大渠道中，学校组织的家庭教育指导活动，家长的参与率是最高的。

我们课程的开发也有一定的限制：

（1）家校沟通课程缺乏科学的计划。通常是有就上，没有就不上。

（2）传统家长学校课堂模式的固化。传统的家校课程多数以讲座的形式出现，这也为课程的开发者在开发中运用其他方式设置了路障，很多家长一时不能接受比较陌生的授课方式，可能会因此打击家长参加家长学校的积极性。

（3）课程内容选择会受到之前课程模式的影响。家长原本能够在网上看到的信息，如果在此接触到，可能会对家长接触家长学校课程的兴趣产生影响。这需要教师不断探索新的授课方法和模式，才能够最大限度地利用资源，避开限制，让家长课程真正做到"因材施教"和"学有所用"。

家长认知水平不同，家长的受教育程度不一，职业各异，甚至存在隔代家长，这种客观事实要求家长学校课程能"因材施教"，针对不同家庭情况分门别类地、有针对性地开设课程，这对课程的开发和创新都具有很大的挑战。

四、确定课程开发模式

课程开发是一项精细且完整的系统，是基于某种想法或者理论从而确定课程目标、选择组织课程内容、规划课程实施、制定课程评价原则等活动而形成的一种形式系统，其中包括两种常见的模式，即目标模式和过程模式。

1.目标模式

目标模式是以目标为课程开发的基础和核心，是围绕着课程目标是否能实现而进行的开发模式，也是最经典的课程开发模式，该模式认为课程原理主要围绕着四个问题运行：课程的设置应该达到哪些教育目标，提供怎样的经验才可以达到这些目标，怎样才能有效地组织这些经验，最后如何确保这些目标能够实现。这也确定了我们课程编制的四个大步骤。

2.过程模式

过程模式是与目标模式相反的一种课程模式，提倡课程开发的任务是要选择活动内容的，这些内容应该是和师生共同生成的过程性知识，是师生讨论的结果，是反思和创造的成果。从根本上肯定了教育活动的内在价值，鼓励和主张教育应该给受教育者足够的时间和空间，主张平等的师生关系，一定程度上弥补了目标模式的机械性。

结合以上两种模式的特点，家长学校课程的开发采取的是以目标模式为主，过程模式为辅的融合模式。因为家庭教育的特殊性，它主要完成的环境是家庭单位，是脱离教师而单独存在的空间，而我们课程主要开展的地方仍然是学校，且开展的时间相对有限。除了有课程编制步骤中的固定环节，我们更需要本课程能够有更强的生成性，也有利于今后我们对本课程进行改编和修订。孩子的教育问题无小事，根据年龄特点和阶段性发展所指定的目标和内容不一定适用于所有学生，生成性的问题在课堂上具有一定讨论和研究的价值及意义。但是融合模式的选择一定程度上也对教师提出了相对较高的要求，加之我们的对象还是家长，教师无论是从引导性还是专业性来讲，都需要转变自己的角色和提升自己的认知。

五、确定课程目标

1. 确定家长学校课程目标的依据

从总体上说，家长学校课程的目标是提高家长的教育素质和家庭教育水平，帮助家长树立正确的教育观念，提升科学教育子女的能力，促进子女健康成长。所以在制定具体的目标时要考虑到如下依据：

（1）学习者的需要

指导家长进行家庭教育时要重视家长的需求，并且要善于观察和发现不同类别的家长的兴趣点，选择符合家长需求的内容。

从家庭教育的理念方面来看，家长们在长期教养孩子过程中的观念和方法都已经相对固化。从内容方面的需求来看，有调查了解到，70%以上的家长较为需要有关孩子情绪情感的发展、学习兴趣和习惯培养等方面的指导，而且对于教养知能、沟通与社交、心理调适的需求程度远高于对家庭管理的需求。

从获得能力方面的需求来讲，多数家长除了能够给予孩子经济和生活上的支持外，还需要有良好的沟通能力、移情能力、问题解决能力、合作能力和持续学习能力。这每一种能力都不是轻易就能拥有的，迫切需要家长们通过一种专业的途径来获取相关的教养经验，恰恰家长学校课程能够为家长们提供专业的指导和丰富的理论知识。

（2）社会发展的需要

我国家庭教育尚在起步阶段，在这种情况下，教育部门开展家庭教育指导工作，建立家长学校，非常重要的一点是要用科学的教育思想和科学的家庭教育理论知识，从理论上引导家长加深对家庭教育的认识，这样就可以使家长们站得更高，看得更远，明确方向，得心应手。

（3）教师和学校发展的需要

教师的家庭教育指导能力是教师通过多种教育理念、手段和方法，对家长从理论、方法、内容和技术等方面进行指导，帮助家长提高育儿能力，提升家庭教育水平的一种专业性极强的综合能力。学校家庭教育指导教师队伍整体素质的提升离不开课程建设的推动，教师也迫切希望能够在家庭教育方面提升自我专业能力。学校、家长沟通的成效不能仅靠家长会和日常沟通，要想实现家校合力的最大效用，就应该浸润全员，研训一体，提升指导能力和丰富课程多样性，加强家校联系，实现经验和能力在"传、帮、带"中有效提升。

2. 选择课程目标的基本取向

（1）"生成性目标"取向

"生成性目标"（evolving purposes）是在教育情境中随着教育过程的展开而自然生成的课程与教学目标。它是问题解决的结果，是人的经验生长的内在要求。如果说"行为目标"是在教育过程之前或教育情境之外预先制定的，作为课程指令、课程文件、课程指南而存在的话，那么"生成性目标"则是教育情境的产物和问题解决的结果，是学生和教师关于经验和价值观生长的"方向感"（a sense of direction）。所以，"生成性目标"最根本的特点就是过程性，这样，课程与教学目标就不是一种指向遥远的未来的结果，而是引导着现在的生长和发展的手段，它是从各个特殊的现时状态中自然引发、生长出来的。

（2）"行为目标"取向

"行为目标"（behavioral objectives）是以具体的、可操作的行为形式陈述的课程与教学目标，它指明课程与教学过程结束后学生身上所发生的行为变化。"行为目标"的基本特点是：目标的精确性、具体性、可操作性。用泰勒的话说，"行为目标"的作用，是"有助于选择学习经验和指导教学"。"行为目标"是随着课程研究领域的独立而出现并逐步发展、完善起来的，这种目标取向一度在课程与教学领域占据主导地位。

（3）"表现性目标"取向

"表现性目标"（expressive objectives）是指每一个学生在与具体教育情境的种种"际遇"中所产生的个性化表现。当学生的主体性充分发挥、个性充分发展的时候，他在具体教育情境中的具体行为表现及所学到的东西是无法准确预知的。因此，"表现性目标"所追求的不是学生反应的同质性，而是反应的多元性。

在家长学校课程开发过程中，首先我们要清楚我们课程目标的取向，期望通过本课程达到怎样的目的，行为上的改变，教学过程中的生成性改变还是希望在教育情境中受教育者产生的个性化表现。显然，我们是想通过本课程让家长得到精准的、具体的和可操作性的技能，也是课程最终要达到的目的。所以行为性目标一定大于生成性和表现性目标，针对家长学校课程的课程目标也涉及知识与技能、过程与方法、情感态度价值观等维度，但是与其他类型的课程目标相比较，家长学校课程更强调过程与方法、情感态度价值观等维度的目标，引导家长在课程中实现课程的价值。

3. 确定具体的课程目标

"家长学校"属于成人学习，与未成年人学校教育相比一般具有更强的目的性，且更侧重于解决实际问题，短期内看上去像是一种"短平快"的教育，但是想要产生长期稳定的效果，目标的设置一定既要有观念上的理论知识，也要有行动上的实操经验，还能够保持可持续使用的效果。开发的家长学校课程主要有以下具体目标。

（1）明晰自身角色，准确定位权责义务

要帮助家长树立教育子女的第一责任人的意识，依法履行监护、教育子女的责任；要明确家长的责任范围，知道如何处理好自己与孩子的关系，夫妻之间的关系，与自己的父母之间的关系，与学校之间的关系；要知道自己与孩子一起成长的道理，不断地学习做父母，不断进行自我觉察、自我反省。

（2）激发学习动力，提升家长自我效能

学校负有指导家庭教育的重要责任，这就要求学校利用多种形式给家长学校的建立提供主阵地，家长学校中对家长的培训不仅仅是让家长接受知识，而是引导家长应用知识，在科学的指导中更新自己的观念，破解家庭教育的问题，创新自己的家庭教育实践。在设置课程时也要遵循成人的学习特点，加强针对性，让家长能够有信心面对家庭教育中的各种问题，提升家长对教育的胜任力，增强他们对教育的自我效能感，增强家长学校的影响力。

（3）立足专题系列，打造"精准家长课程"

传统模式的家长培训因其针对性不强、互动性较差，有一定的局限性，已经很难满足时代和家长的诉求。基于此现状，通过调查，结合家长的真实诉求，创新家长学习形式，建构"满足个性，精准视角，分层沟通，个性发展"的精准家长学校课程体系，帮助家长科学地了解孩子成长过程中各个阶段的发展特点，从而获取具有针对性的教育方法。

（4）传授家教知识，掌握科学理念方法

传授科学的教育方法与技能，这主要包括指导子女学习与构建适宜生活为核心的方法与技能，如读懂孩子内心，学会分析孩子成长中的问题，帮助孩子树立正确的学习目标，激发孩子的成长动力，建立密切亲子关系，培养孩子良好的学习习惯，提高家庭生活质量等。

（5）唤醒学习热情，培养终身学习能力

通过家长学校系列学习，唤醒家长对家庭教育知识与能力的学习热情，认识到知识不是一成不变的，是随着时代发展和孩子成长的动态性而不断与时俱进的。促使其在家庭教育的道路上终身学习，持续输入，为自己注入更多的家庭教育知识与能力。如果家长们都普遍愿意主动学习、终身学习，那社会整体的家庭教育大环境都会得到质的改善和提升，家长学校建设和家长课程开发的最终目标也得以实现。

六、课程内容的选择与组织

1. 家长学校课程内容选择的原则

家长学校课程具体内容由学校和老师根据家长实际需要确定。确定家长学校课程的内容需遵循下列原则：

（1）尊重每一个家长的教育方式和家庭背景；

（2）体现每一所学校的特色；

（3）反映每一所学校家校共育的特色；

（4）善于引导家长从日常生活中选取值得深思和探讨的问题。

2. 家长学校课程内容的开发

课程内容的基本来源是"学科的发展""当代社会生活的需求""学习者的需要"，所以相对的课程内容基本取向即是"学科知识""当代生活经验""学习者的经验"。

（1）课程内容即学科知识。如果要选择恰当的学科知识作为课程内容，既要尊重学科知识的内在逻辑，又要尊重家长心理发展的内在要求，实现学科逻辑和家长心理逻辑的统一。

（2）课程内容即当代社会生活的经验。选择社会生活经验的根本问题是如何认识学校课程与社会生活的关系，主动适应论认为人与社会是互动的、有机统一的，教育与社会是互动的、有机统一的，学校课程不仅适应着社会生活，还不断改造着社会生活。

（3）课程内容即学习者的经验。怎样选择学习者的经验作为课程的内容呢？要考虑到学习者是主体，学习者经验的选择过程即是尊重并提升学习者的个性差异的过程；还要考虑到学习者是课程的开发者；更要意识到学习者是知识、文化以及社会生活经验的创造者。

结合家长教育特征，遵照国家的相关要求，家长教育课程内容开发的基本逻辑是：以帮助家长履行角色任务为出发点，紧紧围绕传授科学的家庭教育知识和解决家庭教育面临的问题两条主线。要立足教育学、心理学基础，遵循科学的原理，结合各阶段青少年身心成长特点，以科学视角或维度选择当前家庭、学校教育和家校合作过程中的突出难点问题，从认知、技能和情感以及实践上真正促进家长家庭教育水平的提升。

例如本书的课程开发部分，从亲子关系、青少年学习、青少年生活三个维度，开发出知己知彼、亲子沟通、情绪管理、学习指导、行为指导、人际关系、青春期与性教育、生命教育、生涯指导、综合实践应用综合应用十大主题的课程内容。

具体的课程内容选取原则，应遵循以下几点：

（1）注重综合性

家长学校的课程虽然以不同的内容划分了不同的章节，但孩子成长是多方面的，往往"牵一发动全身"，进行课程开发时也要根据该主题而综合设计，融入一些相关主题的内容，实现内容的综合性。

（2）注重现实性和科学性

家长学校课程要重视体验和探究那些来自家长现实生活常见并真实存在的现象，并对学生自身、家庭、学校及所在地区具有实际意义的。活动及课题的内容不求面面俱到，但应具有一定的深度，让家长通过走入课堂、体验活动获得深刻的认识和丰富的体验。所有内容的设置要符合课程开发的要求和学习者的学习特点，也要符合由简到繁、循序渐进的过程。

（3）注重特色融合

根据学校及所在地区的特点，结合当地的经济发展布局和水平、人口结构和类型，充分开发并利用学校、社区和地方的课程资源、人力资源、文化资源和政治资源，考虑家长的兴趣、需要和活动能力，密切联系他们的生活背景和未来社会生活的发展需要，选择合适的教育内容，开发符合当地和学校的教育特色的家长学校课程。

（4）注重内容分层

在课程内容开发时，首先认识到孩子的发展水平和需求是分层的，要根据孩子的年龄阶段特征和阶段任务设计课程内容。比如，将儿童发展分为0岁前（孕期）、0~3、3~6、6~12、12~15、15~18岁六个发展阶段，依此安排相应的指导内容。例如0~12岁（幼小阶段）应该强调行为习惯的养成、领悟到生命的重要意义等，12~18岁（中学生）应该处理好青春期的情绪波动，做好情绪管理，处理好人际关系，做好生涯规划的指导等。

同时我们也要实现家长的分层教育，打造"分层—互通"的课程内容结构体系，目前我国二胎、三胎政策开放，日后学生的家长年龄分布相对分散，不同年龄段的家长对知识的理解、吸收和内化能力不同，加之文化背景、生活经历、情感背景不同，导致对课程内容的掌握程度也不同。

这就要求广大教师在开发课程内容时，要统筹兼顾，根据儿童的发展层次、家长的不同层次，来满足不同阶段和不同层次家长的家庭教育获取需求。

3.家长学校课程内容的组织

以本书为例，家长学校课程围绕着知己知彼、亲子沟通、情绪管理、学习指导、行为习惯人际关系、生命教育、青春期与性教育、生涯指导和综合应用十个主题进行设计和组织。

家长学校的课程价值要通过各个主题的活动实施才得以实现。尽管十个主题各有侧重点和独特的价值，但作为本册家长学校课程的有机部分，它们有着共同的性质和价值追求：在性质上，都有鲜明的实践性和综合性，都直接面向家长教育过程中的现实问题，都超越具体的体系化的书本知识；在价值追求上，都以发展家长的教育意识、教育行为、对自我的现实体验和经验为终极目的。因此，在家长学校课程内容组织过程中，教师要善于把握各指定领域之间的内在联系，充分挖掘主题活动中所蕴含的社会因素、自我因素，鼓励开发不同维度、不同领域之间，交叉、整合的课程内容。

七、具体课程的开发与设计

在进行家长学校课程主题的开发与设计过程中，要遵循以下几点原则：

1. 充分发挥各类课程主体作用

首先，要充分发挥教师和家长主体的作用。在家长学校课程资源开发利用中，教师不仅是课程计划的执行者，教科书知识的传授者，而且应当是课程资源的开发者、主题活动的设计者，充分挖掘各种资源的潜力和深层价值；应当成为家长利用课程资源的引导者，围绕家长的现实情况，充分利用校外各种资源，在社会的大环境里学习和探索。教师还应当指导家长为解决问题而采用各种手段和形式从各种渠道和环境搜集、整理、研究信息，在分析思考和实践的基础上，又可能提出新的问题。家长不仅应当接受教育的相关知识，而且应当自主参与、积极反应和主动创造，成为课程资源的主体和学习的真正主人，应当学会主动地、有创造性地利用一切可用资源，为自身的学习、实践、探索性活动服务。

2. 因地制宜开发特色课程

因地制宜地开发特色课程，必须考虑中小学生家长的年龄特点、知识水平、能力发展状况、兴趣与爱好、文化教育背景及其实际生活经验等实际情况；主题及其案例设计还应符合家长对教育的期待值，力求格调清新、情趣盎然、内容丰富、形式活泼、方法多样，有助于调动家长的活动积极性和提高他们的课程活动兴趣，做到课程资源开发的个性化。活动展开应充分发挥家长的自主性，将活动内容的设计与实施过程作为改变学习方式、学会学习、主动发展的过程。

3. 资源共享凸显差异特色

建立课程资源库，使不同学校、教师和学生在不同的时空范围内实现资源共享，提高课程资源的利用率，降低课程资源开发的成本，避免不必要的浪费。在课程资源开发与资源库建设过程中，应当提倡学校之间、教师之间、学校与社会相关机构（如各级教研部门）之间密切合作，相互交流经验，共同探讨问题；同时又要尽量避免重蹈统一课程内容和教学模式的覆辙，学校、教师、学生，在目标定位、内容选择、主题确定等方面应各有侧重和特点，突出不同类型、不同水平学校的办学特色，反映指导教师的教学风格，体现综合实践活动课程的个性化、自主化特征。

家长学校课程的实施

课程实施（curriculum implementation），是实践形态的教育教学活动的集中体现，对实现教育目标和提高教育质量起着关键作用。

一、课程实施的概念

目前，人们对课程实施的本质有着不同理解，归结起来主要有两种观点。第一，课程实施是将课程方案付诸实践的过程。课程实施是达到预期教育目标的基本途径，其焦点是实践中发生改革的程度和影响改革程度的因素；第二，课程实施就是教学。这种观点主要针对课程与教学割裂的问题。教学是指特定内容的教学，它内在地包含着内容；课程作为内容，是教学的内容，脱离了教学的课程是"空置"的内容。教学与课程是内在统一的，课程实施就是教学。

二、家长学校课程实施的总要求

家长学校课程是教师与学生、学生家长合作开发与实施的。教师、学生和家长既是活动方案的开发者，又是活动方案的实施者。有效实施家长学校课程应注意下列总体要求：

1. 正确处理家长自主和教师主导的关系

倡导家长对主题的自主选择和主动实践是实施家长学校课程的关键。第一，家长要形成问题意识，善于从日常生活中发现自己感兴趣和急需要解决的问题；第二，家长要善于选择自己感兴趣的主题和课题；第三，在课题的探究过程中要遵循"亲历实践、深度探究"的原则，倡导亲身体验的学习方法，引导家长对自己感兴趣的主题持续、深入地学习，防止浅尝辄止。

教师要对家长的活动加以有效指导。在指导内容上，家长学校课程的指导在根本上是引导家长从问题情境中选择适合自己的学习主题，帮助家长找到适合自己孩子的教育方法和实践途径。在指导方式上，家长学校课程倡导团体指导与协同教学。不能把家长学校课程的指导权只赋予某一学科的教师或班主任，或专门从事心理教育的心理老师，而应通过有效的方式将所有教师的智慧集中起来，对家长学校课程活动进行协同指导。总之，教师既不能"教"家长学校课程，也不能推卸指导的责任、放任家长和学生，而应把自己的有效指导与鼓励学生家长自主选择、主动实践有机结合起来。

2.恰当处理统筹规划与课堂生成之间的关系

家长学校课程要集中体现班级和学校的特色，学校应对家长学校课程活动进行统筹规划。建议每一所学校根据本校和本校所在社区的特色推出三类相互衔接的计划，即"学校家长学校课程活动计划""年级家长学校课程活动计划""班级家长学校课程活动计划"。

但随着课程活动过程的展开，家长在与教育情境的交互作用过程中会产生出新的目标、新的问题、新的价值观和新的对结果的设计，有效实施家长学校要求教师首先要认识到这些生成性目标与生成性主题产生的必然性，肯定其存在价值，并加以运用，从而将活动引向新的领域。各学校对家长学校课程的统筹规划不能限制其生成性，而应当使其生成性发挥得更具方向感和更富有成效。

三、家长学校课程的实施与组织

1.家长学校课程实施的原则

（1）人本性原则

人本课程观的核心思想是以尊重人的个性为根本出发点，把促进学习者各项基本素质全面发展作为课程设计的中心，以整体、优化的课程结构观为核心内容，在课程选择使用上以人为本，重视家长的学习需求，尤其重视不同层次家长的学习需求，使家长的学习需求得到尊重和满足。

（2）整体性原则

家长学校课程的开发要从整体上把握课程的目标与结构，学校课程的开发，学科课程应得到充分重视，活动课程应成为学校课程的重要组成部分，开发潜在的课程资源，重视隐藏在课内外和校园文化中潜在的课程因素及对家长获取知识和技能的作用，使家长能够学习到整体、系统性的知识。

（3）发展性原则

家长学校课程开发的发展性原则是针对学校课程的价值而出台的，课程最大价值在于促进学习者成长、教师成长、学校发展、社会发展。学校利用自身资源，构筑有本校特色的适合本校家长教育风格特色的课程。

（4）科学性原则

深入系统地学习与课程改革相关的理论，借鉴外来的有益经验，结合本校、本班实际，实事求是，以科学的精神和严谨的态度，解决遇到的实际问题和困难，检查、调查、研究，科学决策，边实验边总结，创造性地开展工作。

2.家长学校课程实施的阶段

从"过程"角度讲，家长学校活动课程实施大致包括实施准备、实施过程、活动总结三个阶段。

（1）实施准备阶段

课程准备阶段是课程展开前老师和家长共同进行的工作，包括相关课程活动的情境创设。具体内容有教师对家长生活、学习基础、直接经验的研究，能够引起家长积极参与活动的动机和欲望的有关活动主题的故事，活动方案设计、活动教材与活动工具的准备工作。

（2）课程内容实施阶段

课程实施阶段的关键，是教师引导下家长独立思考、主动实践、同伴协作三者相结合。这要求家长按照活动设计思路，自主地投入活动，动脑动手，积极完成课程流程。在此过程中，教师要尽可能创设课程条件，观察和记录家长活动状况。

（3）总结阶段

主题课程结束时，教师要引导家长对所完成的活动任务做出评价，反思整个活动过程，总结心得和体悟，发现经验与问题，使家长在实践的基础上进一步升华自己的认知和情感。例如在本书的实践篇每节课设置自主学习任务单，也能为下一阶段活动主题设计与实施积累经验。总结和评价有助于家长回顾、梳理整个活动过程，总结自己的收获，学会了哪些和孩子相处的技巧，回家试着将这些技巧用在日常生活中。

在活动总结阶段，教师需要思考：最理想的活动环节有哪些？哪些活动最能够帮助家长获得个体经验？应该让家长进一步理解哪些概念，如何理解？家长需要完成的任务有：系统回顾和反思活动全过程；评价活动效果，对活动成果做出评价；选择自己最理想的收获和经验与大家分享。

3. 实施中教师的有效指导

在家长学校课程实施的全过程中，要合理地发挥教师的指导作用。教师的指导任务贯穿综合实践活动的全过程，包括对家长活动主题、课程任务实现的指导、活动过程中的指导、总结交流阶段的指导。

（1）对家长学习主题、疑惑问题的指导

在课程主题、项目或课题的确定阶段，教师应针对家长的问题、困惑和薄弱方面基础及兴趣和爱好、所处的特定家庭背景和条件，引导家长参加适合的活动主题、项目或课题。刚开始时，教师可提供若干有益的主题，供家长选择。此后随着家长能力的不断发展，教师可以把重点放在家长参与课程有所收获的方向上。

（2）课程过程中的指导

在课程实施阶段，教师要指导家长进行经验的分享，针对家长的实际和相关的课程资源。在课程开始阶段，可结合实例对家长进行一对一的谈话，帮助家长尽快融入课程活动中来。在实施过程中，教师要及时关注家长开展活动的情况，有针对性地指导、点拨和帮助，促进家长自我教育，并在有必要时调整课程计划。教师要注意争取家长和社会各方面的关心、理解和参与。

（3）在家长总结交流阶段的指导

在活动总结阶段，教师应指导家长对活动过程中的资料进行筛选、整理，形成可实际操作的方法指导，指导家长正确地开展家庭教育，并进行不同方式地表达和交流。在总结时，要引导家长着重对活动过程中的体验、认识和收获进行总结和反思。

家长学校课程评价

一、课程的评价理念

1. 发展性

反对家长学校课程的评价通过量化手段，对家长进行分等划类的评价方式，主张采用"自我参照"标准，引导家长对自己在课程中的各种表现进行"自我反思性评价"，更多关注家长在情感、意志、兴趣、方法掌握以及行为改变方面的综合改变。教师在家长教育中既要对家长进行评价，还要促进家长自我评价。为促进家长的自我改进，教师应将孩子引入其中，因为孩子既是家庭教育的对象，也是家长成长的见证人。孩子的感受是家长评价的素材，孩子的评判是家长评价的重要参照。

2. 整体观

家长学校课程活动评价的整体观要求，在评价中把课程、教学和评价进行统整，使它们融合为一个有机整体，贯彻到活动进行中去。一方面，将家长在课堂中的各种表现和收获，如与孩子的相处技巧、教育观念转变、理念更新等作为评价他们学习情况的依据；另一方面，注重把评价作为师生共同学习的机会，提供对课程修改有用的信息，实践于教学。

3. 多元化

包括评价标准的多元性和评价主体的多元性。家长学校课程评价强调多元价值取向和多元标准，肯定家长与孩子交往的多元方式。允许对问题的解决可以有不同的方案，而且表现自己所学的形式也可以丰富多样。评价者要尽量使用家长及一般人能理解的语言描述来表现，避免将评价简化为分数或等级。此外，评价主体的多元化也是被积极提倡的。教师、家长、校外指导教师都可以作为评价者。

4. 过程性

家长学校课程活动的评价要重视对家长活动过程的评价。对家长进行评定的任务应该揭示学生在活动过程中的表现，以及他们是如何解决问题的，而不仅是针对他们得出的结论。即使最后结果按计划来说是失败的，也应从家长获得了宝贵经验的角度视之为重要成果，肯定其参加课程的价值，营造其体验成功的情境。

（二）课程的评价方式

家长学校主题活动课程的评价方式多种多样。但无论何种方式，其运用的先决条件为观察。通过观察，记录和描述家长在活动课程过程中的表现，并以此作为评价家长的基础，这是家长学校课程活动各种评价方式运用的基本要求。

在具体方式上，可采取自我阐述、交流讨论、观察记录、汇报、表演、演示、成果展示、竞赛、答辩、调查问卷、实际操作、评比、评语、检查等。

（三）课程的评价内容

评价的基本内容一般由以下几个方面组成。

1. 家长参与家长学校课程的态度

它可以通过家长在活动过程中的许多外显行为表现出来。如是否认真参加每一次课题组活动，努力完成自己所承担的任务，做好资料积累和分析处理工作，主动提出活动设想、建议，在学习中不怕困难和辛苦，家长们在活动中的合作精神等。主要对家长在参与小组及班级活动中的合作态度和行为表现进行评价。如是否乐于帮助其他家长、主动和家长配合、认真倾听不同家长的观点和意见，对班级和小组的学习做出积极的贡献等。

2. 家长创新精神和实践能力的发展情况

考查家长在活动中，从发现和提出问题、分析问题到解决问题的全过程所显示出的探究精神和实际操作的能力，可以根据家长在学习过程和结果中的实际表现予以全面和客观的评价，也可以根据家长参与活动前后的比较和几次活动的比较来评价其发展状态。

3. 家长对学习方法和实用技巧的掌握情况

主要评价家长提取关键信息和应用实用技巧及迁移的能力。另外，还要注重对家长学校课程的指导教师的评价、对学校的评价。对教师的评价侧重于对教师在活动中的组织、规划、管理、指导等方面的能力、实效。对学校的评价，侧重于对学校落实课程状况的评价，包括家长学校的课时、师资、课程资源的开发与利用、学校对家长学校课程实施的管理等方面的评价。

03

实践篇

第六章　知己知彼

《家庭教育促进法》解读

一、设计理念

2021年10月23日，第十三届全国人大常委会第三十一次会议通过了新制定的《中华人民共和国家庭教育促进法》（以下简称《家庭教育促进法》），并于2022年1月1日正式实施。

家庭教育是教育的开端，关乎未成年人的健康成长和家庭的幸福安宁，也关乎国家发展、民族进步、社会稳定，家庭教育的重要性自不待言。但目前多数家长对该法案内容尚未厘清，自身权责义务尚未明确。因此，对《家庭教育促进法》的解读是在帮助家庭教育最关键的责任主体——家长，更好地落实。真正将家庭教育从学校教育的附庸地位中解放出来，实现学校教育和家庭教育相互配合。

二、教学目标

认知目标：理解《家庭教育促进法》颁发的意义与实质内容。

技能目标：学习使用科学的家庭教育方法来科学育儿，提高家庭教育质量。

情感目标：重视科学育儿的方法，为孩子营造温暖包容和谐的家庭氛围。

三、教学重难点

教学重点：帮助家长树立正确的家庭教育理念。

教学难点：建立自觉学习并实践科学家庭教育的意识。

四、教学对象

全阶段学生的家长

五、教学准备

PPT

六、教学时长

60分钟

七、教学内容

（一）引入家庭教育的概念（10分钟）

师：欢迎大家参与本期家长课堂，感受到大家对孩子的重视以及对学校开展工作的配合。首先我想问大家，什么才是真正意义上的家庭教育呢？

【PPT呈现主题】

家庭教育知多少
——伴随一部法律的出台

师：据全国妇联家庭教育状况调查显示，50%的家长不知道用什么方法教育孩子。多数父母存在不同程度的养育焦虑，可能存在过于关注孩子学习，缺乏对孩子思想品德、行为习惯的养成和对劳动、运动等能力的培养。到底什么才是家庭教育呢？

【PPT展示、教师讲解】

什么叫家庭教育

家庭教育是父母或者其他监护人为促进未成年人健康成长，对其实施的道德品质、身体素质、生活技能、文化修养、行为习惯等方面的培育、引导和影响。

师：家庭教育涉及很多方面，但最重要的是品德教育，这是如何做人的教育。广大家庭都要重言传、重身教，教知识、育品德，身体力行、耳濡目染，帮助孩子扣好人生的第一粒扣子，迈好人生的第一个台阶。要知道，学校教育是无法完全取代家庭教育的，但二者如果能够求同存异、相辅相成，完全可以成为优质的合作伙伴关系。学校教育与家庭教育的不同之处主要体现在以下几个方面。

【PPT呈现，教师讲解】

	家庭教育	学校教育
目的	提供爱与安全感	传授知识与技能
历程	自然历程	设计的历程
关系	亲子关系	师生关系
内容	不特定，变数多	特定

师：未成年人是国家的未来、民族的希望。而家庭是人生的第一个课堂，家长更是孩子第一任老师，家庭和家长在未成年人健康成长中，发挥着不可替代的重要作用。

（二）介绍教育法的出台（15分钟）

师：习近平总书记多次强调"家庭是人生的第一所学校，家长是孩子的第一任老师，要给孩子讲好'人生第一课'，帮助扣好人生第一粒扣子""家长应该担负起教育后代的责任""家长要时时处处给孩子做榜样，用正确的思想、行动、方法教育引导孩子"。

家庭教育最关键的责任主体是家长，家庭教育的对象是孩子。

推动家庭教育的具体方式有很多，立法是最有力、最稳定的一种方式。2021年10月23日，第十三届全国人民代表大会常务委员会第三十一次会议通过《中华人民共和国家庭教育促进法》，自2022年1月1日起施行。关于这部法律颁布的意义及其实质改变，值得我们一起探讨。

【PPT呈现，教师讲解】

《中华人民共和国家庭教育促进法》

目　录

第一章　总　则

第二章 家庭责任

第三章 国家支持

第四章 社会协同

第五章 法律责任

第六章 附 则

本法自2022年1月1日起施行

师：《中华人民共和国家庭教育促进法》出台的目的是发扬中华民族重视家庭教育的优良传统，引导全社会注重家庭、家教、家风，增进家庭幸福与社会和谐，培养德智体美劳全面发展的社会主义建设者和接班人，引导全社会注重家教家风的建设。

【PPT呈现，教师讲解】

法律明确：

未成年人的父母或者监护人负责实施家庭教育。

国家和社会为家庭教育提供指导、支持和服务。

认真研读家庭教育促进法，切实履行职责，提升家庭教育水平，是我们共同的责任。

师：制定《家庭教育促进法》，就是以法治的方式促进家庭教育发展，对于弘扬中华民族优秀传统家庭美德、培育和践行社会主义核心价值观、彰显文化自信具有重要时代意义。

（三）教育促进法亮点解读（30分钟）

师：《家庭教育促进法》的落实是真正地将家庭教育由旧时期的传统"家事"上升为新时代的重要"国事"；同时贯彻落实中央关于减轻义务教育阶段学生作业负担和校外培训负担的文件精神，改变了家庭只是学生课堂的延伸、家长只是学校老师的助理的状况，彰显出家庭教育的重要地位和作用，将家庭教育从学校教育的附庸地位解放出来，真正实现学校教育和家庭教育相互配合。

以下是对《家庭教育促进法》五大亮点的介绍。

亮点一：《家庭教育促进法》精准于未成年人的健康成长。

家庭教育有广义和狭义之分，广义的家庭教育是家庭成员之间的相互教育、培育、引导和影响。家庭教育促进法精准于未成年人的健康成长，采取了狭义的概念，是指父母或者其他监护人对未成年人实施的道德品质、身体素质、生活技能、文化修养、行为习惯等方面的培育、引导和影响。

亮点二：未成年人的父母或者其他监护人负责实施家庭教育，是家庭教育促进法的实施主体。父母或者其他监护人应当树立家庭是第一个课堂、家长是第一任老师的责任意识，承担对未成年人实施家庭教育的主体责任，用正确思想、方法和行为教育未成年人养成良好思想、品行和习惯。

父母或其他监护人的职责：

1.遵循未成年人成长规律，树立正确的家庭教育理念；

2.应当与校方、社区密切配合，积极参加家庭教育指导和实践活动；

3.父母分居或者离异，应当相互配合履行家庭教育责任，任何一方不得拒绝或懈怠；

4.依法委托他人照护未成年人，定期了解未成年人学习、生活和心理状况，与被委托人共同履行家庭教育责任；

5.合理安排未成年人的学习、休息、娱乐和体育锻炼时间等。

亮点三：家庭教育通过立法变成国事，就需要建立一套工作机制进行推动。这种机制包括各级人民政府、司法机关以及群众自治组织。

1.各级人民政府指导家庭教育工作，县级以上人民政府妇女儿童工作机构组织、协调、指导、督促有关部门做好家庭教育工作；教育行政部门、妇女联合会按照职责分工承担家庭教育的日常事务；精神文明建设部门和公安、民政等有关部门在各自职责范围内做好家庭教育工作等。

2.司法机关、群团组织、基层群众自治组织结合自身工作，支持家庭教育工作。

亮点四：在立法过程中，特别将上一稿家庭教育概念条款中的"道德品质、知识技能、文化修养、生活习惯"修改为"道德品质、身体素质、生活技能、文化修养、行为习惯"，就是为了进一步厘清家庭教育和学校教育的界限，更充分地体现家庭教育的特点。只有学校教育才是以知识技能为主，家庭教育更重身体、品质、生活技能、行为习惯以及文化修养。家庭教育中的六大内容具体如下：

1.教育未成年人爱党、爱国、爱人民、爱集体，培养家国情怀；

2.教育未成年人崇德向善，培养良好社会公德、家庭美德、个人品德意识和法治意识；

3.帮助未成年人树立正确的成才观，引导其培养广泛的兴趣爱好；

4.引导未成年人养成良好生活习惯和行为习惯，促进其身心健康发展；

5.关注未成年人心理健康，帮助其掌握安全知识和技能，增强其自我保护的意识和能力；

6.帮助未成年人树立正确的劳动观念，参加力所能及的劳动，提高生活自理能力和独立生活能力。

师：国家也是为了我们广大父母们操碎了心，重点指明了家庭教育的哪些方式是最好的，是必须遵循的。仔细来看，最重要的还是要做父母的带好头。如果想让孩子爱学习，就让自己首先成为爱读书思考的人；想让孩子有礼貌，首先让自己成为尊重孩子、尊重他人的那个人；想让孩子有良好的生活习惯，周末可以尝试运动等方式让生活丰富起来。潜移默化，身教比言传更重要。未成年人的父母或者其他监护人实施家庭教育，应当关注未成年人的生理、心理、智力发展状况，尊重其参与相关家庭事务和发表意见的权利，合理运用以下方式方法。

亮点五：规范家庭教育的方式方法

1.亲子养育，加强亲子陪伴；

2.共同参与，发挥父母双方的作用；

3.相机而教，寓教于日常生活之中；

4.潜移默化，言传与身教相结合；

5.严慈相济，关心爱护与严格要求并重；

6.尊重差异，根据年龄和个性特点进行科学引导；

7.平等交流，予以尊重、理解和鼓励；

8.相互促进，父母与子女共同成长；

9.其他有益于未成年人全面发展、健康成长的方式方法。

师：爱孩子的前提是尊重，父母把孩子当成孩子，他就会永远长不大。要和孩子平等交流，靠说服而不是靠强压来让孩子遵从自己的意见。让孩子独立地面对问题和解决问题，对孩子的思考和行动予以尊重、理解。当孩子遇到困难时予以帮助和鼓励。还要做到尊重差异，因材施教，根据年龄和个性特点进行科学引导。不能简单粗暴地给孩子下定性的结论，指出孩子错误时要就事论事。

其次，爱孩子并不是不提要求。但提要求不是在孩子写作业时指指点点，而是帮助孩子树立远大的理想和价值观，不厌其烦地给孩子解释这个世界。让孩子知道哪些是对的，哪些是错的。人只有在面对自己熟悉的事物时才不会惧怕，才会有信心，对世界规则了解的孩子也会更加自信。

最后就是父母要产生合力，共同参与，父亲的理性和母亲的感性缺一不可。同时要相机而教，寓教于日常生活之中。

（四）结束语（5分钟）

师：本节课通过三个环节的学习，我们对《家庭教育促进法》进行了初步解读，从法律上明确了作为家长的权责和义务。家庭教育横贯人的一生，需要我们终身去学习。本节课只是一个引入，后续我们就家庭教育问题会继续进行探讨和交流，我们下节课见。

参考素材

1.《中华人民共和国家庭教育促进法》.
2. 陈栋.《家庭教育促进法》点亮家庭教育蝶变之路 [J]. 湖北教育（政务宣传）. 2021（10）.
3. 国家图书馆研究院.《中华人民共和国家庭教育促进法》发布 [J]. 国家图书馆学刊，2021，30（6）:8-8.
4. 何颖，何瑶.中小学校依法履行家庭教育指导服务职责的内涵要义与重点任务——以《中华人民共和国家庭教育促进法》为基础的讨论 [J]. 福建教育，2022（1）:4.
5. 谢先军."双减"下的家庭教育新使命 [J]. 湖北教育（政务宣传），2021（12）.

《家庭教育促进法》解读课堂学习任务单
学校：　　　　班级：　　　　姓名：
请根据教师指引和课堂所学，完成以下学习任务 **任务1**：请回顾本堂课内容，并写出自己对家庭教育的理解。 **任务2**：学习本节课后，您认为规范家庭教育的做法里，自己需要加强和注意哪一方面的教育方式？ **任务3**：请对本节课的课程设计、教学安排以及授课教师作出评价，提出您的宝贵建议，期待我们携手成长。

家长锦囊：尊重青少年发展规律及个体差异

一、设计理念

常言道，"知己知彼，百战不殆"，行军打仗是如此，家庭育儿也不例外。2021年10月颁布的《中华人民共和国家庭教育促进法》第五条中也提到，"家庭教育要尊重未成年人身心发展规律和个体差异"。因此，家长若要科学育儿，了解青少年心理发展的阶段特点与规律是重要的也是必要的。

作为家长，我们自孩子呱呱落地之刻起，便陪伴着他从稚嫩婴孩成长为成熟大人，生理的发育和变化易于观察，但心理的动态和发展却相对隐蔽，较难直接觉察。为了解决许多家长自述"不懂孩子""不懂《发展心理学》"的苦恼，本课重点以选取青少年不同阶段心理任务、道德感、自我意识等心理品质为切入点，向家长科普青少年心理发展阶段规律，以期望家长朋友们可以更懂孩子，更理解和贴近孩子。

二、教学目标

认知目标：了解孩子所处阶段的典型心理特点，了解其发展规律。

技能目标：在理解不同阶段孩子的心理特征的基础上，能够顺应孩子心理发展规律进行家庭教育。

情感目标：树立尊重和掌握孩子心理发展阶段特点的观念，增强对孩子的理解与包容。

三、教学重难点

教学重点：对青少年重要心理品质发展规律及其阶段性特点的讲解与介绍。

教学难点：让父母理解理论的同时，联系自己的实际育儿经验，让家长有所启迪和感悟。

四、教学对象

各学段学生的家长

五、教学准备

PPT、学习任务单

六、教学时长

60分钟

七、教学内容

（一）导入阶段："孩子，我最想知道……"（10分钟）

提问："关于自己的孩子，您最想了解和知道的是什么？"

【家长互动】

师：通过这个活动，我们发现，有很多的家长都在好奇"孩子到底是怎么想的""孩子为什么会"。每个孩子都是独特的，很多问题我们没法给予回答，但每个年龄阶段的孩子也有共通之处，那便是我们青少年心理发展的普遍规律。让我们一起走近今天的课堂，了解更多吧！

（二）家长知多点（40分钟）

1. 不同阶段的心理任务及特点

【PPT呈现，教师讲解】

0—3岁 母婴关系，良好依恋，心理内核

3—6岁 自我初成，情绪优先，参与社会

6—9岁 走向社会，参与规范，探索兴趣

9—12岁 少年初成，丰富感受，独立思考

12—15岁 身心变化，快速升级，陪伴尊重

15—18岁 青年初成，播种志向，自我同一

师：具体而言，3岁前，孩子最重要的关系便是母婴关系。此时，母亲能够及时感知孩子的需要，并做出回应，有利于建立良好的依恋关系，让孩子形成对世界的安全感。

而在这一过程中，爸爸也要做好陪伴，给予母亲多一点支持，进而多陪伴自己的孩子，父母双方的角色与责任担当在此阶段都是非常重要的。

3—6岁，孩子开始学会走路，开始学习说话，具有了一定的自我控制能力与社会交往能力，迎来了自我意识的第一次飞跃，心理自我初步形成，开始有了"我"的概念。（具体表现：孩子开始学习交流、学习独立完成某些任务，如吃饭、洗脸等）。

在这一阶段，我们应该多给孩子一些"独立"的"表现空间"，比如鼓励孩子自己穿衣服、吃饭、自己挑选想要的礼物等，并及时给予积极反馈。就算孩子失败了也尽量用鼓励代替批评指导，塑造尊重孩子、信任孩子的良好氛围，提升孩子的自主意识和责任意识，切忌过于"包办"。与3—6岁的孩子沟通一定要注意照顾好情绪，切忌忽略孩子的情感体验，这会影响孩子日后正常的情绪表达、情绪的流动等心理功能，后患无穷。

6—9岁，孩子开始走出家庭，进入校园。他们在校园扩展了自己的社交圈，在校园学习行为规范，也开始初步探索自己的兴趣所在。

6岁前，大部分孩子对父母言听计从，6岁后，接收信息和进行交流的渠道更加丰富，家长权威性下降（社会他人对孩子的影响更大），所以孩子会显得更调皮些，这是正常的。6—9岁，孩子的心理能力进一步发展，好奇心和探索心增强，有广泛而多变的兴趣但可能较难持久。（常见误区：认为"孩子没有耐心""孩子没有毅力"）

9—12岁，孩子开始进入青春期前期，成为一名小小少年。他们开始有更丰富的情绪感受，开始萌生了独立思考和做决定的意识。

此阶段，家长朋友们要注意，多一点耐心理解孩子这一阶段会有很多想法和渴望独立做主的心理状态，要开始试着把孩子当"小大人"对待，尊重他们的感受和选择。

<u>12—15岁</u>，初中阶段的孩子正是身心快速发展的飞跃期。生理发展快速趋近成人化，让他们拥有了越来越多的"力量感"，而相对滞后的心理发展又让他们介于"成熟与幼稚"之间"挣扎""横跳"，此时迎来了自我意识觉醒的第二次飞跃，进入了常见的"逆反期"。

此阶段，家长需要做好理解孩子的情绪和尊重孩子的想法，陪伴孩子顺利走过青春雨季。

<u>15—18岁</u>，高中阶段的孩子，身体发育、思维发展水平已逐渐趋近于成人，进入了以学习为重心的阶段，正是播种青春梦想的好时节。相较于初中阶段的敏感与纠结，高中阶段的孩子更为成熟，开始追求建立自我同一性。

【PPT呈现，教师讲解】

【自我同一性】埃里克森将青少年期定义为一个人形成同一性的关键期。自我同一性指的是个体在特定环境中的自我整合与适应之感，是个体寻求内在一致性和连续性的能力，是对"我是谁""我将来的发展方向"以及"我如何适应社会"等问题的主观感受。简单说就是，一个人怎么样理解我们的世界，他会有怎样相应的情感和反应，他的行为模式等。

2.重要心理品质的发展

师：孩子的心理品质发展，包括以下几个方面。

【PPT呈现】

情绪发展、认知发展、行为发展
身体发展、兴趣发展、道德发展

师：（1）情绪发展

家长朋友们应该多鼓励孩子表达情绪，虽有古言道"男儿有泪不轻弹"，但在孩子尚小时，应该鼓励他们积极将哭泣的行为转化成言语的描述与表达。不提倡过度隐忍和压抑情绪，这有助于孩子日后形成良好的情绪消化能力。

（2）认知发展

孩子的认知发展具有阶段性，我们应允许和鼓励孩子独立思考，形成自己的看法与见解，以及对外部世界的理解。

（3）行为发展

孩子的行动能力和行为控制水平，都有一个随年龄增长而进步的过程，家长朋友应顺应其规律，不"揠苗助长"。

（4）身体发展

身体机能的发展随孩子年龄增长而逐渐增强，在中年后又随年龄减退是正常规律，家长朋友们在孩子发育的重要时期要多注意提醒孩子营养均衡，多做锻炼。

（5）兴趣发展

很多孩子上了大学后，虽然成绩还不错，但出现了很多的问题：荒废时间、人际相处紧张、生活自理能力差……尤其是上大学前没有自己兴趣爱好，没有自己的朋友交际圈的孩子。因此兴趣，表面是玩、是爱好，本质上是一个人对外部世界的最真实最贴切的感受方式，所以家长应该鼓励孩子发展自己的兴趣。

（6）道德发展

孩子的道德观发展，最初是由行为后果来判断好坏的，也就意味着，我们不能指望年幼的孩子能靠着自己的直觉作出正义的选择，这需要我们多加指导和教育。随着年龄的增长，孩子的道德观成型后会内化为自身行为的约束原则。

3.尊重孩子的个性差异

（1）如何形成

师：孩子的个性形成一部分原因是受先天条件的影响，即我们的性格。同时也受环境文化的影响，主要包括家庭影响、社会影响和居住环境的影响，这里面也包括孩子的同辈群体以及家族群体的文化背景和特点等影响。同时不同的成长经历也会给孩子的性格养成打上深深的烙印。

（2）智力发展

【PPT呈现】

韦氏智力量表												
分类	言语理解			知觉推理			工作记忆			加工速度		
分测验	类同	词汇	理解	常识	积木	图画概念	矩阵推理	填图	背数	字母数字	算术	译码	符号检索	划消
主要测量能力	言语推理能力	言语理解能力	推理判断能力	知识广度及记忆	空间理解能力	推理分类能力	视觉推理能力	视觉信息观察	注意力、短时记忆	短时记忆能力	心理运算能力	手眼协调能力	符号辨别能力	视觉分辨能力

师：根据多元智力理论，人的智力有多个种类，不同的人所擅长和领先的智力类型都会有所区别，而能力表现的早晚也会有差异（如"人才早熟""大器晚成"），因此我们要学会尊重和"扬长避短"，多欣赏和肯定孩子做自己擅长的事。

（3）尊重差异，拒绝不当比较

师：过度地将孩子与同辈进行比较，可能会破坏孩子的自信心与自尊心，甚至会伤害亲子间的关系。

4. 心理发展健康的3个要素

师：爱、安全、尊重是影响学生心理健康发展的三要素。

【PPT呈现】

心理健康发展的3要素：爱、安全、尊重

（1）我们真的爱孩子吗

作为家长，我们对孩子的爱应该在生活中的点滴里体现，正向积极地回应孩子的需求，关照其情绪。需要注意的是，对孩子的爱，不应抱有过多的期待和干涉，这会给孩子很大的压力。

（2）孩子的成长需要安全感

在家庭中，孩子的安全感常来源于父母稳定的陪伴、肯定、鼓励。成年人自身的问题应该自己解决，家长不应随意对孩子发脾气。

（3）尊重和溺爱不一样

我们应认识到尊重和溺爱的区别。尊重是在评估他的行为是安全的，是合法合理的后，在态度上肯定和支持他，不做过多限制和干预。而溺爱则是无底线地放纵、为他错误的行为打掩护。

尊重应该从小就开始，我们应该常常反思一下自己：周末，孩子想多睡一会儿，那么我们为什么非要叫醒……

5.健康养育5策略

师：在这里，我给大家讲解一个关于健康养育的5个小策略。

【PPT呈现，教师讲解】

（1）稳定生活：相对稳定的生活环境与规律的作息有益于孩子形成稳定的人格和健康的体魄。

（2）关爱赏识：多多给予孩子关心和欣赏，促进自信心发展的同时也增进感情。

（3）亲密关系：积极营造亲密和谐的亲子关系。

（4）陪伴跟随：尊重孩子成长的独立性、自主性，不做孩子人生的操盘手，做好陪伴者。

（5）共同成长：我们对孩子有期望，同样孩子对我们也会有，在督促孩子进步的同时，也要树立自己的人生追求，与孩子共同成长，言传身教做孩子最好的老师。

（三）课堂练习（8分钟）

1.判断是非，并说明理由

【PPT呈现】

（1）和两三岁的孩子讲道理而不照顾其情感。（　）

（2）要求上初中的孩子预习高中学习内容。（　）

（3）积极配合孩子的兴趣发展，课余协助孩子丰富生活。（　）

（4）孩子要成为一个坚强的人，就应该忍得住自己的情绪，不外露。（　）

（5）青春期的孩子，叛逆就是性格有问题。（　）

2.红黑大集合

【活动规则】请在学习单给定的区域，分别写下自家孩子的10个优点与缺点。鼓励家长多赞赏和肯定孩子的优势，扬长补短。

（四）课堂总结（2分钟）

师：希望通过今天的课堂，能让家长朋友们了解、尊重孩子发展的规律，科学育儿！

参考素材

1."幸福中区·家课堂"（第一期）| 尊重青少年心理发展规律与个性差异 https:// mp.wei×in.qq.com/s/9lNWRLu8h7eB3cLM8EHS1A.

2. 林崇德. 发展心理学 [M]. 北京：人民教育出版社，2009 年 3 月第二版.

《家长锦囊：尊重青少年心理发展规律及个体差异》
课堂学习任务单

学校：　　　　　班级：　　　　　姓名：

请根据教师指引和课堂所学，完成本节课学习任务单

任务1：导入活动：《孩子，我最想知道……》

任务2：判断是非，并说明理由

（1）和两三岁的孩子讲道理而不照顾其情感（　）

（2）要求上初中的孩子预习高中学习内容（　）

（3）积极配合孩子的兴趣发展，课余协助孩子丰富生活（　）

（4）孩子要成为一个坚强的人，就应该忍得住自己的情绪，不外露

（5）青春期的孩子，叛逆就是性格有问题（　）

任务3：红黑大集合

红区（优点）	黑区（缺点）

任务4：请对本节课的课程设计、教学安排以及授课教师作出评价，提出您的宝贵建议，期待我们携手成长。

家庭亲子关系自评估

一、设计理念

个体无法独立于环境存在，个体毕生的发展都与其所处的环境息息相关。生态系统理论指出，强调发展个体嵌套于相互影响的一系列环境系统之中，在这些系统中，系统与个体相互作用并影响着个体发展。家庭就是紧邻个体的一个微观系统，特别是家庭中的亲子关系相互作用，能够对个体发展产生直接影响。随着时代的变迁，家庭传统教育理念逐渐受到挑战，传统的教育模式也日渐浮现出问题。现如今儿童青少年的心理健康问题也逐渐低龄化，家庭亲子关系冲突也层出不穷，这不得不让我们重新审视家庭环境里亲子关系的现状。

家庭教育对个人的影响既早又深，因此如何让父母能积极培育下一代，建立一个温馨、和谐、民主的家庭环境与气氛，建立良好的亲子关系，使父母与孩子快乐成长，为当前我们必须正视的主要课题。

二、教学目标

认知目标：帮助学生的家长认识到什么是良好的亲子关系以及良好亲子关系的重要性。

技能目标：学习并使用更多可以维护、改善亲子关系的小技巧。

情感目标：学会换位思考理解孩子的心理，重视孩子与家长的互动关系。

三、教学重难点

重点：帮助家长在其日常与孩子的互动过程中意识到亲子关系的重要性。

难点：灵活掌握维护和改善亲子关系的沟通和互动技巧。

四、教学对象

全阶段学生的家长

五、教学准备

PPT

六、教学时长

60分钟

七、教学内容

（一）引入亲子关系（15分钟）

师：欢迎大家来参加我们本期的家长课堂，今日课堂我们要来聊一聊我们每个家庭里都有，但却看不见摸不着的亲子关系，它听来好像有些抽象，但却无时无刻不在影响着我们与孩子的互动和对话。那就让我们先从一个简单的小测试开始，看看大家对自己的孩子有多少的了解吧！看看这些问题对您来说回答起来困难吗？

【PPT呈现】

1.他/她最喜欢的食物是什么？

2.他/她最喜欢听的音乐是什么？

3.他/她最喜欢的偶像是谁？

4.他/她最喜欢做的事是什么？

5.他/她最喜欢的颜色是什么？

师：看到有些家长很容易就脱口而出，还有些家长看起来有些不确定。其实从对孩子的了解程度就可以间接反映出彼此间的亲子关系如何，是温暖的，彼此靠近的，还是严厉的，彼此之间有隔阂的。那今天我们就一起看看什么是亲子关系，以及它为什么如此重要。

【PPT呈现，教师讲解】

"亲子关系"，是指父母和子女之间的关系，

是我们每个人来到世间的第一个人际关系，

它对我们每个人的身心健康都是十分重要的。

师：亲子关系，顾名思义就是指双亲和孩子的关系。它对我们每个人的身心健康都是十分重要的。这一阶段的亲子关系是孩子一生当中能否走向成功的最重要的关键时期。这一时期对孩子性格的形成、品质的培养、意志的磨炼、与人交往模式的建立，都起到了决定性的作用。每个家庭的亲子关系是不一样的，每个人对于亲子关系的理解也是不一样的，一般来说，亲子关系分为三大类。

【PPT呈现，教师讲解】

1.人身从属关系 2.继承契约关系 3.相对平等关系

师：在没有进入现代社会之前，很多社会文化下，孩子都是从属于父母和家族的。甚至现代很多国家，人们还将孩子看作从属于自己财产中的一部分。孩子的一切大小事务都是由父母来决定的，这体现的是一种人身从属关系。

另外一些地区和家庭遵循着一种契约关系，也就是所谓的"我养你小，你养我老"的契约，孩子在被抚养成人后，会作为家庭的继承人来对父母承担赡养义务，这体现的是继承契约的关系。

但随着文明社会的日益先进，伴随国家出台了更健全的养老社会保障体系。平等的亲子关系逐渐显现，父母对孩子单项的付出和抚育，不再强调继承关系和养老回报，这反而造就了孩子的自我发展和相对平等的亲子关系。总而言之，以上的三种亲子关系在当今依然存在。受社会环境与父母自身认知影响，就会形成哪一种亲子关系。您更认同哪一种亲子关系呢？

（二）亲子关系的问题与自评估（20分钟）

师：其实"关系"就像一只看不见的手，在无声无息地影响着人们的行为。尤其是父母与子女"神奇"的亲子关系，对一个人的影响是终生的。这一时期对孩子性格的形成，品质的培养，意志的磨炼，与人交往模式的建立，都起到了决定性的作用。即便如此，当今社会依然还会有很多亲子关系问题存

在，基本可以总结为以下四类。

【PPT呈现，教师讲解】

1.亲子间情感疏离 2.孩子不愿交流

3.孩子叛逆不听话 4.亲子冲突不断

师：一是孩子和父母不亲近，亲子之间的情感处于一种疏离状态，没有温暖的亲密感。或者孩子宁愿将心事向朋友诉说或写日记里，也不愿和父母交流。再严重些可能会表现出一定的叛逆行为，家长说的话，孩子不听，甚至和父母对着干，尤其是青春期的孩子。最后更让人心痛的就是父母与孩子之间不断爆发各种冲突，包括价值观思想层面、行为层面等。相信"不写作业母慈子孝，一写作业鸡飞狗跳"的闹剧在很多家庭中都在频繁上演。对于我们的亲子关系状况，让我们现在用更加正式、科学的测试题一起来看看。

【PPT呈现测评量表】

亲子关系自评量表（见素材库）

【PPT呈现测试结果】

如果您的总分在80分以上，那么恭喜您，你们的亲子关系整体状态很好，请继续保持下去，也请有心得的父母给我们分享一下您和孩子保持良好亲子关系的秘诀是什么。

如果您的总分在60~80分之间，那表示你们的相处还算良好，但是还可以更好，需要学习一些技巧来进一步提升亲子关系。

如果您测试的总分在60分以下，那大家要注意了，这表示你们的亲子关系已经有了危机，必须马上调整。我们今天也会交给大家如何改善并维持良好的亲子关系。

（三）提升亲子关系技巧教授（30分钟）

师：那么有的家长看到测试结果，也许会问："亲子沟通究竟有哪些技巧呢？"

【PPT呈现图，教师讲解】

师：其实这里有一个亲职金字塔可以帮助我们更好地一目了然。为什么是亲职两个字呢，其实这是中国台湾学者的说法。因为在中国台湾是有"亲职教育"的，它是指每一个有孩子的家庭里，父母养育孩子所需要接受的"职业教育"。

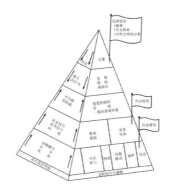

其实关于这个金字塔里我们可以聊的有很多，那我们今天会着重强调如何打好地基，如何将金字塔的底层给牢固住。大家应该能看出来底层的这些技术都是围绕打造良好的亲子关系来使用的。美国著名育儿专家劳拉博士也提出：育儿中要把80％的力气，花在搞好亲子关系上。只有在良好的亲子关系下，金字塔上面的规则才会真正发挥良好的约束作用。

师：那为了搞好亲子关系，具体可以怎么做呢？其实金字塔里已经给了大家提示。

【PPT呈现，教师讲解】

陪孩子玩，参与孩子的游戏；通过倾听，与孩子情感对话，陪伴孩子解决问题；赞赏孩子的好行为等给予孩子积极的关注。

师：在这里，我们可以看到父母对孩子的积极关注就是维护良好亲子关系的秘籍，今天我们会从两个层面给到积极关注的方法并附带小建议。

师：第一个层面的技巧叫夸奖，我先问一下大家，您平时经常夸赞孩子吗？您都在什么时候赞美孩子。

【PPT呈现，教师讲解】

1.及时夸赞

2.使用具体、描述性的语言夸赞

3.不对孩子提要求、提过去

师：的确，含蓄内敛是东方人一贯的情感表达方式，我们很少大声地表达爱和赞赏，很多都是无声的、默默的。但对于孩子来说，为他们营造轻松的家庭氛围、和他们建立良好的亲子关系，直接地告诉孩子，您觉得他哪里做得棒，哪些行为让您觉得特别的骄傲是非常重要的。这里有关于夸赞的要求，大家可以根据自己的情况自行配置。

首先，及时夸赞，比如在孩子做得好的时候立即夸赞，竖起大拇指或者说"你做得真不错"。

其次，还可以使用具体、描述性的语言来进行夸赞（使其有画面感）。比如，妈妈刚刚一叫你过来收拾玩具，你就跑过来了，真像一个听从指令的小标兵。

最后，就是在前面的基础之上不再对孩子提要求，提过去。很多父母很有意思，好不容易夸了一次孩子，非要在后面加上一句"继续努力，下次考得更好"，或者说"你要是早这么努力肯定班级第一了"，那这样夸赞的效果就会大打折扣。

师：第二个层面的技巧就叫亲子陪玩。现在太多父母和教育工作者最热衷的主题就是学习，把所有的时间都花在了孩子的家庭作业上，或者安排一些有目的的活动，比如读写、做数学、轮滑、芭蕾、编程或者特殊的体育项目，孩子非结构化的游戏时间经常被放弃。但其实，非结构化的亲子陪伴时间对孩子的成长来说也是十分珍贵的。所以在真正亲子陪玩时间里，我们要多多关注孩子好的行为、好的想法，表现出我们喜欢和他们在一起，我们听到了他的创意和解决问题的方法。这些都是在无形中建立一种积极的关系，也是在向孩子传递我们对他们的爱是无条件的。

【PPT呈现】

1.通过眼睛看、耳朵听、适时地重复与提问来表达对孩子的关注

2.跟随孩子们的引领

3.享受过程，放弃输出

4.不给指令和教导，不试图教孩子东西

师：结合PPT呈现的内容，我从4小点来和大家分享一下如何做到有效亲子陪玩。

1.最重要的一个操作要领——关注原则。当孩子玩的时候，大部分家长会抓紧时间赶快去忙点自己的事，比如去忙工作、刷刷手机。这种情况下，父母没有让孩子知道我们更关注他们安静地玩儿，结果孩子觉得安静地、很乖地玩儿会被忽视，只有制造噪声、捣乱才能吸引家长的注意力，孩子由此就学会了用不当行为来吸引关注。对孩子来说，即使是消极地关注，也比没有关注强，

这是很多问题行为产生的基本原则。

这时我们可以通过看着孩子的一举一动，听到他说的每一个想法，适当地进行重复或提问，比如可以问"你搭的这个是什么呀""大炮能打多远"，通过这些问题对孩子的作品表示出兴趣，进一步表达我们对他的关注。

2.在这个过程中要跟随孩子的引领，做一些孩子让我们做的事，可能是帮他扶着底座，可能是扮演一个士兵。要注意孩子才是这场游戏中的主角，要细心地倾听孩子的想法，恰当地给出回应。

3.放下价值观的单向输出，不企图教会孩子什么，就只是单纯地享受和他在一起的时光。总的来说，我们要时刻去评估我们与孩子之间的亲密关系如何。如果金字塔底层的地基没有打牢，那再多的规矩和建议，孩子也会当成耳旁风，不以为然。

4.在与孩子互动过程中，应将自身与孩子的交流建立在平等状态的基础上，引导彼此身心放松，从而情感愉悦地双向互动。在孩子遇到困难时，拒绝说教和敷衍，换位思考，给予孩子真心地帮助。

（四）小结（5分钟）

师：在科学的教育理念中，要把孩子教育好，最关键的就是要处理好亲子关系。家庭教育实际上是一门"动心"的艺术，如果不能把工作做到孩子的心坎上，其教育的效果往往会苍白而无力。因此，在教育孩子的过程中，每位家长都应努力探索一些"心理规律"的积极或消极影响，并趋利避害地发挥它们的作用，从而科学地引导孩子成为自己理想中想要成为的人。父母是孩子的第一个教师。称职的父母不但要具有爱心，还要有教育理念及知识，在善意的基础上，激发孩子正向发展、乐观进取，同时要有良性互动的亲子关系。请认真完成以下的学习任务单，进一步地了解孩子、关心孩子、赞赏孩子，随时吸收新知识，增进教养孩子效果，进而建立一个相互悦纳、和谐、幸福的家庭。

附：

亲子关系自评量表

尊敬的家长：

您好，为了帮助您更深入地了解孩子的内心，融洽亲子关系，请您认真完成本次自我测评量表，谢谢合作！

请在每一个问题后的方格中，依问题所描述的符合度在相应的选项下面打"√"。

序号	题目	1 很不 符合	2 不符合	3 尚符合	4 符合	5 非常 符合
1	不管我的工作或生活再忙碌，每一天我都会留一些时间给子女。					
2	我能经常保持愉快的心情和孩子相处。					
3	我认为孩子是有理性的，能自己面对和解决问题。					
4	和孩子对话时，我甚少使用"你应该……""你最好……否则……""你再不……我就……"的语气和孩子交谈。					
5	我觉得孩子能快乐健康地生活，比成绩好更重要。					
6	我觉得孩子犯错和惹麻烦是成长必经的过程。					
7	孩子说话时，我能耐心专注地听完。					
8	我能经常和孩子有亲密地接触（如摸头、拍肩、拍手、相互拥抱……）					
9	即使孩子犯了错，我也不会因此就认为他（她）是个坏孩子。					
10	我经常给自己和孩子充裕的时间，避免催促孩子。					
11	不论孩子发生什么事，我都能以孩子的立场，分享孩子内心的感受。					
12	亲子间有冲突时，我不认为一定是孩子的错。					
13	我能给孩子充分的自主空间，决定自己的事。					
14	我要求孩子做的事情，我自己都能做到。					
15	我答应孩子的事情，我一定都会履行。					
16	我与孩子谈话时，我能了解孩子内心真正的感受。					
17	我了解孩子内心的喜好和厌恶。					
18	孩子愿意主动地告诉我，他在外面发生的事情和内心感受。					
19	和孩子谈完话，我甚少批评或指责孩子的想法。					
20	我满意我目前的家庭和孩子的状况。					

评分方法：

本量表的每个题目分为5个维度，分别为"很不符合""不符合""尚符合""符合""非常符合"，选择"很不符合"得1分，"不符合"得2分，"尚符合"得3分，"符合"得4分，"非常符合"得5分。将量表20个题目的得分相加，就是这次测量的总分。

结果分析：

如果总分在60分以下，表示你们的亲子关系已有了危机，必须马上调整；

若总分在60~80分之间，表示你们的相处还算良好，但是还可以更好；

若总分在80分以上，恭喜您，你们的亲子关系很好，请继续保持下去。

参考素材

1. 凌笋昂. 提升亲子关系 帮助子女成长 [J]. 心理与健康，2014（1）:3.

2. 李中莹. 李中莹亲子关系全面技巧 [M]. 中国华侨出版社，2013.

3. 程灵. 巧过心桥，优化亲子关系 [J]. 新教师，2020（10）:3.

《家庭亲子关系自评估》课堂学习任务单

学校：　　　　班级：　　　　姓名：

请根据教师指引和课堂所学，完成以下学习任务

任务1： 了解和评估自己及伴侣与孩子之间的亲子关系，找到自己与孩子关系不够亲密融洽的主要原因或做法。

任务2： 总结提升亲子关系技巧的核心原则，以及要向孩子传递出什么信息。

任务3： 请对本节课的课程设计、教学安排以及授课教师作出评价，提出您的宝贵建议，期待我们携手成长。

认识和读懂孩子

一、设计理念

面对宛如一张白纸的孩子心灵，不同的家庭教育可以在上面绘制不同的底色，绘画不同的图画，从而塑造孩子不同的品性。每位家长都期望自家的孩子能成"龙"成"凤"，将来成为有用之才。但现在很多父母，在如何教育子女成才的问题上，仍摆脱不了传统观念的束缚，在教育方法上走入了误区，一味地要求孩子这样或者那样，去实现一个又一个他们为孩子设定的目标，而从不考虑那是否适合孩子的天赋条件和自身特点，结果使孩子无法健康成长。

因此，家长在面对教育孩子这件事情上，首先就要做到全面了解自己的教育对象，找准教育的目标，有的放矢地从孩子的需要入手，考虑科学明智的教育手段。在老师的引导下，从孩子的个性化发展来选择适合孩子的教育方式。

二、教学目标

认知目标：帮助学生家长认识到以往家庭教育中存在的误区，了解孩子的需求。

技能目标：学习并运用有效沟通的方法与孩子建立良好关系，贴近孩子。

情感目标：通过案例分析实践，能够做到对孩子换位思考，做到同感共情。

三、教学重难点

重点：帮助家长了解孩子的需求以及正确的教育方式。

难点：能够在日常生活中做到理解孩子、尊重孩子。

四、教学对象

全阶段学生的家长

五、教学准备

PPT

六、教学时长

60分钟

七、教学内容

（一）热身小活动（15分钟）

师：欢迎大家再次来到家长课堂，今天我们谈论的话题将聚焦于孩子，意图帮助大家更进一步地了解和读懂我们的孩子，因为读懂孩子和理解孩子是有效实施教育的前提。我们可以先从一个小测试题开始，看看大家是否能够深入了解自己的孩子。

【PPT呈现，教师讲解】

1.描述自己的孩子

2.描述孩子的气质类型

3.找出孩子的兴趣爱好

师：假设您偶遇了一个老友，他从未见过您的孩子，当他要求您讲讲孩子的情况时，您会如何描述呢？请写下所有您能想到的可以用来描述孩子的形容词（包括您认为孩子的优点特质以及您认为孩子的不足）。

师：接下来请再想一想您孩子的气质类型是哪一种，是偏向外向开朗还是内向害羞呢？是喜欢社会交往多一点还是相对喜欢独处？是比较容易满足还是相对苛刻难沟通？是遇事机智灵活还是固执己见？和人相处是高敏感倾向还是心直口快的情况更多？做事情是比较悠然自得还是容易紧张不安？请您把想到的写下来。

师：最后请回答您的孩子喜欢做什么？它可能不是您期待的，甚至和您的喜好有很大的差别，但是请如实思考，如果您的孩子可以任意地做选择，他（她）会选择去做什么事情？他（她）在空闲时间都会做些什么？现在他（她）有多长时间可以做自己喜欢的事呢？请写下您的答案。不知道的家长请在回家后对孩子做个采访，走到孩子的房间看一看，尝试真正地去了解孩子真实的一面以及他（她）的兴趣所在。

师：这样简短的测试题，就可以看到我们每位家长对孩子的了解程度。一个人的气质类型是没有好坏之分的，一个人的兴趣爱好也是独特自然的。每个孩子都有个体差异，孩子之所以是您的孩子，就是因为他是不同的，所以看到我们孩子的独特性，让孩子尽情发挥自身的潜能，才是我们应该思考的问题。看到最真实的孩子，这是认识孩子的第一步。

（二）读懂孩子的需求（40分钟）

师：看到最真实独一无二的孩子，我们还要学会读懂孩子的情绪和需求。我们再来看一个常见案例，当孩子做出不符合我们内心想法的行为时，当我们内心泛起很大的情绪波动时，您是会说出自己的情绪并解决问题，还是一股脑地发泄自己的情绪呢？如果只是一味地大声喊叫，将情绪发泄到孩子身上，这种做法不仅不能解决本质问题，更会深深地伤害我们与孩子之间的亲子关系。

【PPT呈现，教师讲解】

当我们看到孩子的作业没有完成，却在网上玩游戏的时候，很多家长气不打一处来，直接怒吼："作业写完了吗就玩游戏，你怎么就这么不听话啊，一点学习自觉性都没有，你看看别人，根本不让家长操心，你真是要气死我了！"

师：所以，为了更好地聚焦于解决问题，我们要对自己进行"例行询问"，帮助自己清晰目标，在不伤害亲子关系的前提下共同协商解决问题。现在大家可以想一想，您会如何应对呢？比如"妈妈看到你作业没有做完，就开始玩起游戏，妈妈感到有些担心，我们之前约定好写完作业后会有专门的游戏时间，妈妈希望你现在把电脑关了，先把作业完成。"我们可以尝试引导孩子去思考他此刻的状态是怎样的。

【PPT呈现，教师讲解】

1.你正在做什么？

2.你的目标是什么？

3.现在的状态是什么？

4.现在的状态距离目标是远是近？

5.如果是远，你该做哪些改变？

师：如果孩子有很大的情绪要向您宣泄，您该怎么做呢？大家是会讲一堆大道理安抚孩子情绪，还是置之不理等他自己平静下来呢？比如孩子回家后烦躁地说道："我们老师真是的，布置这么多的作业，简直疯了。"大家想想您会怎么应对呢？

总的来说，情绪是没有对错之分的，当孩子有了这些负面情绪，甚至被这些负面情绪所控制时，我们不必着急纠对错、讲道理，而是要让孩子感受到我注意到了你有情绪，同时我接受有这个情绪的你，爸爸妈妈尊重并接受你的感受，我们彼此是一个战壕的，你依然能够得到父母的理解和支持，我们会共同面对这个问题。以下是倾听三部曲的思路，我们一起看看可以如何应对。

【PPT呈现，教师讲解】

1.肯定孩子的情绪，共情孩子的感受；

2.让孩子充分表达情绪，父母做好倾听；

3.引导孩子，共同策划更好解决问题的方法。

师：比如"从你的话中，妈妈能感受到你很生气。来，跟妈妈说说，到底是哪个老师布置了这么多作业……""嗯，老师布置的作业的确有点多，不过老师也真是用心良苦，为了让你们掌握所学知识布置这么多作业。那你觉得这么多的作业你需要多长时间能完成呢？""这么棒，那你想先从哪门作业开始呢？妈妈会陪你一起来完成这些任务！"

师：可为什么我们的生活中总会伴随着各种情绪的涌现呢？这其实跟我们每个人的需求是否得到满足息息相关。我们知道人有各种需求，需求是否得到满足，是决定其情绪积极性的关键。需求得到满足，产生正情绪；需求得不到满足，则产生负情绪。比如我们一日三餐是为了满足温饱的需求；一个人在众人面前滔滔不绝侃侃而谈，是为了满足被认同、被肯定的需求。而如果父母能够真正看见和读懂孩子的需求，尤其是情感上的需求，会对孩子的一生带来积极的影响。因此，在生活中，唯有了解孩子的心理，用合理的方式满足孩子的有关需要，才能使孩子产生快乐情绪，其乐融融。

生活中有一些父母，读不懂得孩子的需求，当孩子渴望父母的陪伴与关心，找爸爸妈妈玩时，父母却只会玩手机，让孩子一边玩去；青春期的孩子，开始有了自己的小秘密，渴望被尊重，有自己的个人空间，可父母却想掌控一切，孩子去哪里了、交什么朋友，事事都要知道。这些看不见、不尊重孩子需求的行为，都可能导致孩子内心受伤，影响亲子关系。

当孩子出现某些问题，可能就是因为他的合理需求没有被满足。比如没有满足孩子对您依恋、渴望陪伴的需求，他可能就不停地大喊大叫或用其他不当行为来吸引父母的关注；如果总是不允许孩子表达自己的负面情绪或者不接纳孩子的情绪表达，久而久之，他会变得更加"易怒"、情绪失控或是抑郁封闭；如果总是不让孩子做决定，他可能会变得更加"叛逆"，任何事都想和你反着来；如果不能满足孩子的成就感、归属感，他可能会不加选择地加入某些团体或出现"网瘾"……

这样的例子还有很多，所以懂得分析孩子行为背后的需求，多从他们真正的需求出发来寻找应对策略。比如孩子做作业磨蹭拖延，是不是父母在陪他做作业时习惯性指责，使得他对自己缺乏自信，被认同、肯定的需求没有得到满足呢？此时我们需要调整教育方式，多给孩子肯定，和他一起寻找好的学习方法，让孩子对学习逐渐积累起信心，从而改掉磨蹭拖延的行为。

当然，尊重孩子的需求，不等于无条件满足孩子的各种需求。当父母的精力无法满足孩子时，首先可以表达对他的理解，比如"妈妈知道你想让我陪你"，再跟孩子表达清楚自己的感受和不得已，"但是妈妈还有很多工作要做，实在着急，不能一直陪着你。"接着共同商量出一个平衡的办法，"可不可以你在床上看看绘本，妈妈在你旁边工作，陪你一起？"父母多学习、善于观察、平时注重沟通、学会倾听，才能走进孩子的内心，更了解孩子。除此之外还可以通过对话引导孩子表达自己的需求，这样亲子之间的交流会顺畅很多，教育也更加省心。

（三）小结（5分钟）

师：本节课的内容也要接近尾声了，接下来请大家认真参照以下的教育方向，建立一个和谐美满的家庭。

【PPT呈现，教师讲解】

多鼓励、肯定孩子

蹲下来与孩子平等沟通

用心去陪伴孩子

控制住自己的情绪

积极处理好与爱人的关系

让孩子成长为自己想成为的样子

师：从此刻起，您可以尝试多鼓励、肯定孩子，而不是批评、指责、埋怨孩子。因为只有鼓励和肯定才能带给孩子自信和力量，批评、指责、埋怨只是在发泄我们的情绪，伤害孩子的心灵；

从此刻起，请您学会蹲下来与孩子平等沟通，而不是居高临下地指使孩子，因为强制打压只会带给孩子更强烈的叛逆和反抗；

从此刻起，请用心去陪伴孩子，而不是心不在焉地敷衍孩子，因为只有真正地陪伴才能让孩子感受到爱的温暖；

从此刻起，请学会控制自己的情绪，和孩子在一起安静平和地处理好每一个当下，因为脾气和暴力只代表自己的无能和对孩子的伤害；

从此刻起我要积极地处理好与爱人的关系，创造一个和谐的家庭环境，绝不让夫妻矛盾影响和伤害到孩子；

从此刻起我要让孩子成长为他要成长的样子，而不是我期待的样子，因为孩子是经由我来到这个世界去完成他的梦想和使命。

参考素材

1. 郭红梅 . 读懂孩子 理解孩子 教育孩子 [M]. 朝华出版社，2009.

2. 朱棣云 . 读懂孩子，教育可以很智慧·认知发展 [M]. 浙江少年儿童出版社，2015.

3. 朱棣云 . 读懂孩子，教育可以很智慧：情感发展 [M]. 浙江少年儿童出版社，2015.

4. 彭霞 . 读懂孩子成长的独特和多面性 [J].《青春期健康》，2021，18.

《认识和读懂孩子》课堂学习任务单

学校：　　　　　班级：　　　　姓名：

请根据教师指引和课堂所学，完成以下学习任务

任务1：请根据本节课内容，回忆自己与孩子的相处过程中，哪些是孩子提出的合理需求，自己当初是如何应对的，今后会如何应对？

任务2：总结并整理自己会做哪些具体的行为来表达出您对孩子的理解和支持。

任务3：请对本节课的课程设计、教学安排以及授课教师作出评价，提出您的宝贵建议，期待我们携手成长。

家长"生活态度取向"与养育风格

一、设计理念

心理学家埃里克森曾提出著名的"人格发展理论",埃里克森认为,人的发展是按阶段依次进行的,如果人的生命是一个周期,那么可划分为八个阶段。一个孩子的人格健全发展,从婴儿时期到青春期都需要父母好的反馈。家长如何对待孩子,很大程度上关系着孩子的自我认知和性格养成。

在我校日常心理辅导过程中,发现近一半心理问题学生成因均源于家庭问题或亲子问题。那家长需要如何做才是行之有效的家庭教育呢?实践发现,有意而为之的家庭教育并不能起到良好的效果,父母是孩子的一面镜子,家庭教育关键是父母在日常陪伴和生活中所传递出的"生活态度取向"。但多数家长单纯地认为:我给他好吃好穿供他读书,他怎么还这个样子?没有意识到自己存在的问题。因此,对家长进行"生活态度取向"的教育是必要的,家长应该学习、思考、优化自身的"生活态度取向",从而身体力行助力孩子健康成长。

父母的"生活态度取向"有安逸、控制、取悦、力争优秀四种,这些取向影响着家长的行为,也深刻影响着孩子的性格、世界观以及处事方法。同时根据布朗芬·布伦纳的社会生态系统理论,家庭作为孩子社会生态系统的最小单元,发挥着重大作用。本节课意在通过讲授,引导家长认识到不同"生活态度取向"的优缺点与改进方法,进而重新审视和优化自己的家庭教育环境以及亲子关系。

二、教学目标

认知目标:学习"生活态度取向"的定义,四种取向的优缺点,明晰该取向在家庭教育中的重要性。

技能目标:掌握基于"生活态度取向"下符合家庭实际情况的家教方法和

技巧，学会优化自身的"生活态度取向"。

情感目标：激发家长正确"生活态度取向"下对家庭教育的重视程度，对家庭教育投入更多的精力和关注，营造温馨和谐的家庭氛围。

三、教学重难点

帮助家长意识到自己当前的"生活态度取向"，看到会带给孩子的影响，习得正确的生活态度取向。

四、教学对象

全阶段学生的家长

五、教学准备

PPT

六、教学时长

60分钟

七、教学内容

（一）导入：被退回的快递（10分钟）

师：首先欢迎大家在百忙之中来到我们这一期家长课堂，希望通过今天的学习交流，能够在家庭教育道路上有所收获和成长。让我们在正式进入课程之前，先来做一个名为"被退回的快递"小测试，给大家一分钟时间思考。

【PPT呈现，教师讲解】

您结束了一天忙碌的工作，拖着疲惫的身体回到家里。一打开门，发现房间被小朋友搞得乱七八糟。您的火一下子就冒上来了。这时候，门铃响了。您打开门，看到快递员给您送来4个包裹。这4个包裹分别是压力和痛苦、拒绝和打扰、批评和屈辱、无意义和不重要。

您皱了皱眉头，心里很是疑惑，这4个盒子您都不喜欢。可是，您只能选择退回一个，其他3个必须收下。您最想退回哪一个呢？

师：相信大家心目中都已经有了答案，请问是什么呢？让我们一起来揭晓这个测试的结果吧！

【PPT呈现测试结果】

选择退回"无意义和不重要"的你，是力争优秀型家长（狮子）。

选择退回"批评和屈辱"的你，是控制型家长（老鹰）。

选择退回"拒绝和打扰"的你，是取悦型家长（变色龙）。

选择退回"压力和痛苦"的你，是安逸型家长（乌龟）。

师：大家看到自己的家长类型了吗？也许有人会问，每种类型包含哪些内容呢？这就是我们今天要来学习的内容。

（二）初识"生活态度取向"（15分钟）

师：其实，测试结果中的四种类型就代表了家长们四种不同的生活态度取向。有关于生活态度取向，我有三点想分享给大家。

【PPT呈现，教师讲解】

1.首先，什么是生活态度取向呢？每个人从孩提时代开始，就积累着大量潜意识的决定，这些决定逐渐形成了您的生活态度取向，影响着您作为一个家长的行为。

2.其次，生活态度取向代表着您在生活中做出以何种方式找到归属感和价值感的决定，表现为在社会生活中的交往风格、行为方式、思维特点等。

3.那么现在，您的孩子也正在形成他们的生活态度取向。而您就是孩子做出行为选择的模板，是孩子成长之镜，您的一言一行都会深刻影响着孩子生活态度取向的形成。

师：让我们共同来学习下四种不同生活态度取向的相关知识吧！

【PPT呈现表格，教师讲解】

取向	最担心的	采取措施避免担心的事情发生	优点	缺点	结果
安逸	情感与身体上的痛苦与压力。	追求安稳、寻求他人帮助、怎么容易怎么做、不上进。	随和、很少索求、只求管好自己、不喜欢惹麻烦、和事佬。	不能发展自己的才智、效率不高、不追求成长。	效率越来越低、没有耐心、缺乏自我成长。
控制	羞辱、批评、意外。	把握自己、把握局势、把握周围的人。	有领导组织能力、高效率、坚持不懈。	僵化、没有创造力、冲动、强势。	别人不愿意与之交往或靠太近，感到拘谨。
取悦	拒绝、抛弃、争吵。	讨好他人，积极型—要求别人认可；消极型—博取怜悯。	友善、折中、谦和、体谅、自愿。	不考虑别人是否愿意他去讨好；不关心自己。	对自己和他人都缺乏尊重，易怨恨他人。
力争优秀	无意义、无关紧要。	做得更多、做得比别人好、让自己有价值和竞争力。	有见识、理想主义、坚持不懈、有社会责任感、能把事情做好。	工作狂、超负荷、太投入、把太多责任揽给自己。	招架不住、时间不够用、压力大。

（三）"生活态度取向"与养育风格（20分钟）

师：以上学习，我们知道了什么是生活态度取向和四种取向的特点及利弊。请问各位家长，您是何种生活态度取向呢？家长的不同"生活态度取向"会怎样影响孩子呢？这是本节课学习重点，我们通过案例的方式呈现。

1. 安逸型

【PPT呈现，教师讲解】

小米的妈妈经常把很多决定留给小米去做，并且面对孩子们的要求，太快就让步，因为这似乎更容易。但奇怪的是，采取容易的办法并不总是能使生活更容易。

师：看到这里，请大家结合所学判断一下小米的妈妈是什么生活态度取向？是的，安逸型。我们继续看小米的妈妈，这样的做法会怎样，她是如何改进的？

【PPT呈现，教师讲解】

小米的妈妈开始遭受到了巨大的压力和不安逸，因为孩子们知道对付妈妈的唯一方法就是"情感专制"（耍赖发脾气）。随后妈妈转变了方法，她开始花时间教孩子相互尊重和必要的生活技能，讨论如何支配零花钱，让孩子们体验他们的选择带来的后果，并制定了每个人都要遵守的家庭规则。

师：结合案例，对于安逸型的生活态度取向对养育风格的影响，我们来进行一个总结。

取向	可能的养育优势	可能的养育劣势	可能需要加强的地方
安逸型	能让孩子看到随和、和善的好处，享受生活。	骄纵，这很可能把孩子惯坏，并让孩子学会索要无度，对什么都无所谓不感兴趣。	建立日常惯例；设立目标；共同解决问题；交给孩子生活技能；允许孩子体验他们的选择所带来的自然后果。

2. 控制型

【PPT呈现，教师讲解】

小明和大明的爸爸习惯于告诉孩子做什么，如何做以及何时做，并且绝不允许顶嘴。

但是大明一直在反抗，只要能蒙混过关就尽量少做事，并总是挑战爸爸的底线；而小明则变成了讨好者，总是希望通过讨父母的欢心而获得赞同，却不知道自己的幸福是什么。

师：小明和大明的爸爸是什么生活态度取向的人呢？控制型生活态度取向。那请家长们思考一下，小明和大明的爸爸应该如何做呢？

【PPT呈现，教师讲解】

小明和大明的爸爸开始通过家庭会议让孩子参与解决问题，帮助孩子探讨不同决定所带来的后果，并且在无条件的爱的环境中允许试错，将更多的权力交给孩子。

师：结合案例，对于控制型的生活态度取向对养育风格的影响，我们来进行一个总结。

中小学家长学校建设与课程开发指南

【PPT呈现，教师讲解】

取向	可能的养育优势	可能的养育劣势	可能需要加强的地方
控制型	会培养孩子组织能力、领导能力、坚韧、果断、自律。	可能引起孩子的反叛和抗拒，也可能让孩子变成讨好者。	放手，给孩子一种选择；问孩子一些启发式问题，与孩子一起探讨做决定。

3. 取悦型

师：乐乐的父母呢？

【PPT呈现，教师讲解】

乐乐的父母花费大量的精力和努力，从形式上试图让他的孩子们相互之间友好相处，并且对待爷爷奶奶、邻居、老师要好。他们更关心孩子们怎样对待别人，而不是帮助孩子学会如何处理自己的感觉，同时他们也会最大可能满足孩子的需求。

师：各位判断一下，乐乐的父母是什么类型的生活态度取向呢？取悦型生活态度取向。那接下来会发生什么，又是如何应对的呢？

【PPT呈现，教师讲解】

乐乐的父母发现，他们不但没有获得孩子的爱，孩子自己也不知道该如何表达自己的情绪和需求。后来，他们开始与孩子一起真诚地表达自己的感受，每个人以自己的感知和态度来面对不同的人。

师：让我们来总结一下取悦型生活态度取向的养育风格特点。

【PPT呈现，教师讲解】

取向	可能的养育优势	可能的养育劣势	可能需要加强的地方
取悦型	能教给孩子友善、体谅、谦和、折中。	逆来顺受、内心积怨，一旦爆发愤怒，容易极端。	让孩子自己解决问题，真诚地表达自己的情绪，让孩子学会向无礼要求说不，让孩子学会拒绝。

4. 力争优秀型

师：皮皮的母亲是这样的。

【PPT呈现，教师讲解】

皮皮的母亲总是向孩子们讲她的杰出成就，以及她对孩子们的期望，希望孩子能够超越她，同时她也是个工作狂，不能时常陪伴家人。

088

师：请大家判断皮皮的母亲是何种生活态度取向呢？力争优秀型。

【PPT呈现，教师讲解】

她的孩子变成了学校里的捣乱大王，孩子认为不能做到爸爸那样最好，那就成为最坏。另一个孩子则变成了一个完美主义者，不能忍受失败。

师：看过这个案例，大家对力争优秀的生活态度取向有什么思考呢？皮皮的父母该如何做呢？

【PPT呈现，教师讲解】

慢慢地，皮皮的父母意识到了问题所在，开始花尽可能多的时间陪伴孩子，一起讨论事情，言语变得很幽默，甚至一起不论成败地尝试做一些事情。孩子们感受到了犯错误原来也不是多么可怕的事情，一家人更注重在一起的快乐与合作，而不再仅仅强调结果是否完美。

师：让我们来总结一下力争优秀型生活态度取向的家长在养育风格上的特点。

取向	可能的养育优势	可能的养育劣势	可能需要加强的地方
力争优秀型	为孩子树立成功和成就的榜样，激励孩子努力向上。	说教使人反感，期望太高，孩子力不从心，导致孩子过度完美化，不能承受挫折。	放弃自己对成功的理解，走进孩子世界，无条件地接受和爱孩子，享受努力的过程，尊重孩子的想法。

（四）课堂任务（10分钟）

师：通过4个小案例，我们学习了4种生活态度取向的养育风格、优势、劣势以及需要改进的地方，是不是也引起了各位家长对自身养育风格的思考呢？

【PPT呈现，教师讲解】

1.您是何种生活态度取向？

2.您最大的优点是什么？

3.您最大的缺点是什么？

4.您的生活态度取向对于孩子成长的优势和劣势是什么？

5.您打算如何调整家庭养育风格和策略？

请利用课堂时间完成我们的学习任务单。

（五）总结（5分钟）

师：其实，生活态度取向本身并没有绝对的对错，只是您是孩子的镜子，是他成长的第一任老师，您的生活态度取向会深刻地作用于孩子的成长。想要教育孩子，那么我们先要正确地认识自己。

所以，本堂课意在带领大家认识到家长的不同生活态度取向对家庭教育的不同影响和相应效果，大家可根据家庭实际情况以及今天的所学进行调整和改变，形成最适合你和孩子的教养方式和风格，让我们共同助力孩子成长。我们要在孩子成长过程中不断发现问题、反思问题、及时改正，在每一个阶段用最适宜的、最自然的方式进行家庭教育，实现教育的润物细无声。

参考素材

1. 简·尼尔森. 正面管教 [J]. 人力资源，2021（06）.

2. 简·尼尔森（Jane Nelsen）. 正面管教：如何不惩罚、不娇纵地有效管教孩子 [M]. 玉冰，译. 北京：京华出版社，2009.

3. 甄颖. 行之有效的正面管教工具 [M]. 广东教育出版社，2013.

《家长生活态度取向与养育风格》课堂学习任务单

学校：　　　班级：　　　姓名：

请根据教师指引和课堂所学，完成以下学习任务

任务1：请问在《被退回的快递》测试中，你的测试结果是什么呢？

　　1. 退回的快递是：

　　2. 对应的动物形象是：

任务2：学习本节课后，您认为您的生活态度取向是哪一种？生活中的哪些细节能够体现您的这种取向呢？尽可能举出实例。

　　1. 您的生活态度取向是：

　　2. 在生活中有哪些细节体现：

任务3：学习了不同生活态度取向的教养风格和影响，请思考。

　　（1）您的生活态度取向最大的优点是：

　　（2）您的生活态度取向最大的缺点是：

　　（3）您的生活态度取向可能对孩子造成的影响：

　　（4）作为孩子成长之镜，请制定您的家庭教育改进行动计划：

任务4：请对本节课的课程设计、教学安排以及授课教师作出评价，提出您的宝贵建议，期待我们携手成长。

第七章　亲子沟通

"有话好好说" ——用好非暴力沟通

一、设计理念

家庭，本应是人生遭遇坎坷曲折之时的避风港，是心灵休憩获取滋养能量之地，但俗话说"家家有本难念的经"，矛盾冲突在各个家庭中都常有出现。时常有家长吐槽："哎呀，孩子大了真的是越来越不听话，稍微说一两句就脾气大得要翻天，非常的不耐烦。""有时候我真想不明白，好端端的一个孩子，现在怎么油盐不进，说什么都不听，还恶语相向。"

根据埃里克森发展阶段理论，青少年正处于自我意识飞涨，逐步建立起更完善的自我同一性和独立人格的过程。在这一阶段中，孩子对于父母的评价性言语会变得十分敏感。如曾有孩子吐槽："是，她（妈妈）一开口就是'要是只知道玩手机不思进取那这个学你干脆别上了'，明明我都半个月没看手机了，才刚拿到手15分钟，玩一会儿我就是个无可救药的孩子了吗？"

著名的沟通专家马歇尔·卢森堡博士（国际性缔造和平组织非暴力沟通中心创始人和教育服务主管），提出了非暴力沟通的四个要素：观察、感受、需要、请求，为提高人与人之间的沟通效率提供了宝贵的科学方法论指导。

本节课旨在通过授课，引导家长正视和反思在以往亲子相处中出现的暴力性言语行为，学习和掌握"非暴力沟通"的要素与技术，提升与优化和孩子沟通时的正向表达能力，进而促进亲子关系，建设和谐家庭氛围。

二、教学目标

认知目标：了解"暴力沟通"的特点及"非暴力沟通"的4个要素，认识到在家庭教育中科学沟通的重要性。

技能目标：掌握"非暴力沟通"的方法技巧，学会优化自身的正向表达能力。

情感目标：激发家长对"非暴力沟通"的重视程度，对自身沟通表达，尤其是在家长角色下的沟通表达进行反思，投入改变的动力和精力，营造沟通顺畅的良好家庭人际氛围。

三、教学重难点

教学重点：形成对"暴力沟通"危害性的认识，了解"非暴力沟通"的4个要素，并掌握在日常亲子沟通中的应用技巧与方法。

教学难点：让家长在课堂中多多代入自身实际的亲子沟通情境进行思考，并在课堂中进行积极的实战演练，进而在日常生活中进行应用。

四、教学对象

各学段学生的家长

五、教学准备

PPT、学习任务单、纸盒（小木箱）、纸条、笔

六、教学时长

60分钟

七、教学内容

（一）导入：课前小调查（5分钟）

师：欢迎大家参与本期家长课堂，在正式开始前，我们来做一个小调查：首先，给大家1分钟时间思考一下，在和孩子沟通交流的时候，自己和孩子能做到"有话好好说"的相处百分比是多少呢？（提问互动）

调查发现"有话"当然要"好好说"，但是面对孩子时，却变得困难重重。那么今天，我们将一起学习一种科学而好用的沟通技巧——"非暴力沟通"技术。

【PPT呈现】

"有话好好说"

——用好非暴力沟通

（二）暴力言语需谨慎（10分钟）

师：言语本是人际交流和建立情感联结的重要纽带，但暴力性质的言语往往会让我们伤害自己最关心最亲密的人。如果在亲子相处中，您曾被言语所伤，或您也曾因不慎言语，而伤害过您的孩子，那么接下来，给大家3分钟的时间，在纸条中写下一句典型话语，然后投入我们讲台上的纸箱中。之后，随机从纸箱中抽取一些纸条（可当众朗读一下这张纸条），然后邀请家长分享听到/说出这句话时的感受。

【PPT呈现，教师讲解】

暴力沟通的四大特征

1.道德评判（自我中心）

2.进行比较（易对他人自尊心造成伤害）

3.回避责任（淡化我们应该承担的责任）

4.强人所难（把个人意愿强加在他人身上）

师：简而言之，如果有以自我为中心，带有过多评价性甚至是贬损性，或是掩盖/淡化自身过错而去指责他人，甚至是向他人提出不合理需要的言语的情况，都需家长们警惕掉入言语暴力的陷阱。

（三）"非暴力沟通"四部曲（30分钟）

师：马歇尔·卢森堡博士发现了一种神奇的沟通方式，依照它来谈话和倾听，能使人们"词可达意"，大大提高沟通效果，实现情意相通，和谐相处，这就是"非暴力沟通"。它具有以下四个要素。

【PPT呈现】

非暴力沟通的四个要素

非暴力沟通四部曲=我观察到……+我感觉……+我需要（是因为）……+我请求……

要素1：观察　要素2：感受　要素3：需要　要素4：请求

1. 非暴力沟通要素——观察

师："观察"，是指留意发生的事情，客观地描述所经历和发现的事实，不加以判断或评估。在我们的日常生活中，人们往往容易将观察与评论混为一谈，尤其是在带有负面性质的评论出现时，他人更容易倾向于听到批评，并陷入愤怒和反驳中去。

【PPT呈现】

观察和评论被混为一谈	分离出观察
"你要是心里没这个家，就别回来了。"	"我留意到你最近哪怕不加班，晚上也总是10点以后才回家。"
"你这个人真的非常邋遢，无可救药。"	"我看到你每次放假回家，第一时间都会把鞋袜乱脱在客厅沙发上。"

师：请大家比较一下，将观察与评论分离开后，有何不同呢？（可以邀请几位家长进行分享互动）。

可见，通过将观察的事实分离出来，放在沟通的首要位置，而不是急于评价甚至是批判他人，可以让我们更清晰地聚焦具体的问题，言辞也更易于被人接受，减少他人的敌对（反抗）心理，共同关注到问题的具体所在。

2. 非暴力沟通要素——感受

师："感受"，是以感觉为基础的由客观外界事物影响而产生的一种心理活动。它与"想法"有着很大的区别，"想法"往往带有人的主观臆测性，想法的表达容易带有评价、批评甚至指责，让听者产生反感，不利于良好沟通的进行。

【PPT呈现】

感受和想法被混为一谈	分离出感受
"我觉我嫁给了一块木头。"	"我感到了孤独，没有被很好地理解和共情。"
"我认为你就是不思进取。"	"我感到有些失望和无奈，也很担心你的成绩会下滑。"

师：此外，在表达感受时，适当示弱也有利于解决冲突。

因此，在进行沟通时，多尝试将"我认为/我觉得/我猜测……"替换为"我感到/我体会到……"会有助于他人更真实地了解到在矛盾产生后，我们的情绪感受，进而有利于他人产生共情与理解。

直接表达自己的感受和情绪，在初期会有一定的困难，也希望各位家长朋友可以多多尝试和练习，并多加积累表达感受的词汇。

【PPT呈现，教师讲解】

可用于表达我们的需要未得到满足时的情绪词示例：

害怕 担心 沮丧 为难 焦虑 泄气 迷茫 无奈 生气 厌烦 不满 震惊

失望 麻木 惭愧 尴尬 凄凉 紧张 郁闷 难过 沉重 嫉妒 苦恼 遗憾

疲惫不堪 心烦意乱 心神不宁 精疲力竭 萎靡不振 委屈难言 不耐烦……

3.非暴力沟通要素——需要

师："需要"，是人们内心的真实诉求，是对外界事物发展或他人行为的期待。著名心理学家马斯洛将人的需要分为了5个层次，"生理需要""安全需要""情感和归属需要"和"自我实现需要"，而人的需要满足与否，会影响其情绪感受。

在人与人的交流中，如果能够更精准地倾听（捕捉他人的真实需要），更精准地表达（觉察和说出自己的真实需要），那么很多的矛盾都会烟消云散。非暴力沟通技术强调，我们需要向沟通对象说出自己为什么会产生那样的感受，说出自己对事件或者他人的内心期待。这就是非暴力沟通过程的第三步：正视自己的需要，不要把一切矛盾都归咎于他人。

【PPT呈现】

需要表达练习：这两个例句该怎么调整，来合理表达自己的需要呢？

"你没完成任务我很失望。"

（2）"就为你成绩这点事情，爸妈真是伤透了心。"

师：接下来我们进行表达需要的小练习，欢迎各位家长朋友举手发表自己的修改想法（可进行互动后进行适当总结）。

4. 非暴力沟通要素——请求

师：在表达完观察、感受、需要后，我们就可以进一步提出自己对他人的期待/请求了。请大家思考一下，如何提出请求会更容易得到积极的回应呢？

【PPT呈现，教师讲解】

（1）明确谈话的目的（理清楚自己的需要，希望对方做什么）

我们的处境、对方的想法、希望采取行动等，对自己的认识越深刻，表达得越清楚，越可能得到令人满意的积极回应。

（2）提出具体的请求（明确而具体的让对方知道他需要做什么）

描述与说明（非抽象）、肯定的表达（非否定）

（3）请求反馈（"你能理解我的意思吗？"/"现在你觉得应该怎样去做呢？"）

寻求反馈来确认我们传达的信息被正确理解。

（4）了解他人的反应（双方进行新一轮相互沟通，以期达到最后的共识）

①对方此时此刻的感受

②对方此刻可能在想什么

③对方是否能接受我的请求

师：需要注意的是，在实际的家庭生活中，有不少家长未能将请求和命令加以区分，向孩子提出的诸多需要，往往让孩子觉得过于强硬甚至会产生逆反心理，进而"反其道而行之"。

【PPT呈现】

如何区分请求和命令

当我们的请求未能被满足时，用批评、指责来压制对方，或者利用对方的愧疚心来达到目的，这就是一种"命令"。"请求"，建立在相互尊重和要求合情合理的基础上，并不会因为拒绝请求而遭受责罚（愧疚）。

当人们面对请求时，会首要思考自己能否满足，但如果是面对命令，则很有可能产生反抗心理。

师：让我们一起来进行一项表达请求的练习，请判断是否合理并提出修改建议（互动环节）。

【PPT呈现】

（1）"你要是理解我，你就不应该顶嘴。"

修改："我希望你能够理解和支持我，立刻行动起来。"（例）

（2）"整天在房间里不出来，偷偷摸摸搞什么见不得人的？"

修改："我希望你可以多和我说说心里话，而不是整天关在房间里。"（例）

（3）"我就从来不是个让你满意的人，行了吧？"

修改："我希望你能直接告诉我，我也有做得不错的时候。"（例）

（四）实践演练获真知（10分钟）

【活动】随机邀请位几位家长，从纸盒中抽取2—3张纸条，运用今天所学，对纸条上的话语进行改造。

【PPT呈现，教师讲解】

非暴力沟通四部曲＝我观察到……＋我感觉……＋我需要（是因为）……＋我请求……

例句1："早知道你会这么叛逆，我就不该生下你。"

修改为：_____

例句2："我上了一天班精疲力竭，回到家还要给你房间打扫卫生，你倒好，只会躺着玩手机！"

修改为：_____

（五）课堂总结阶段（5分钟）

师：非暴力沟通，也叫爱的语言，被称为善意沟通、慈悲语言，还有一个名字叫"长颈鹿语言"，与之相对的便是视野狭窄、易发脾气的"豺狗语言"，也就是我们本节课介绍的"暴力语言"。"非暴力沟通"的常见话术，我们再来进行一次回顾。

【PPT呈现】

要素	话术
观察	"我听到/看到/发现/观察到……"（客观事实而非评价指责）
感受	"这让我觉得/我感到……"（情绪感受而非思想揣测）
需要	"因为我需要/我看重……"（自我分析加科学表达）
请求	"你是否愿意/你能否……"（态度合理要求恰当不强人所难）

师：语言的背后是思维，"非暴力沟通"在为我们的言语行为提供技术指导的过程中，也让我们一起反思亲子关系的实质。孩子虽然尚小，未能建立科学健全的三观，但他们依然拥有自己的话语权与选择权，家长应该以开放包容的姿态，学会进行科学的沟通教育，寻找策略来实现双方需要的一致满足，共同面对和解决生活中的矛盾分歧。

最后，感谢各位家长朋友的倾听，期待通过本堂课程的学习，我们都能成为更"知情达意"的优秀育儿家，用爱的语言孕育娇嫩的花朵，共创孩子与家庭的美好未来。

参考素材

1. 马歇尔·卢森堡. 非暴力沟通 [M]. 北京：华夏出版社，2018.

2. 苏哈·哈特，维多利亚·霍德森. 非暴力沟通亲子篇 [M]. 北京：华夏出版社，2019.

《"有话好好说"——用好非暴力沟通》课堂学习任务单

学校：　　　班级：　　　姓名：

请根据教师指引和课堂所学，完成学习任务单：

1.您与孩子进行沟通交流时，能做到有话好好说的情况占比如何？

2.请写下一句在您的亲子交流中，带有暴力沟通性质的典型言语。

3.上个任务中，您记录下的这句话，给人怎样的感受？存在着怎样的问题呢？

4.请尝试运用"非暴力沟通=观察+感受+需要+请求"的公式，试试重新改造下任务2中您记录下的这句话。

5.请对本节课的课程设计、教学安排以及授课教师作出评价，提出您的宝贵建议，期待我们携手成长。

"批评的智慧"——面质技术的魅力

一、设计理念

在心理咨询的临床实践中，我们发现，许多来访者面对自己的错误，都存在着一种强烈的心理防御机制，不愿意承认和面对自己的失误与过错，进而产生逆反、愤怒等情绪，阻碍咨询与个人成长的完成。在青少年心理咨询的过程中，我们也发现有许多孩子反馈到，"其实我也知道她（妈妈）说的方法是可行的，但当她指着我鼻子让我这样去做的时候，我就本能地想唱反调。"而在家长角度，我们常常听到的声音是，"这孩子就是经不起一点批评，一说他就'爆炸'。""我说得有理，他（孩子）不听我能有什么办法？"

基于这一现实，如何科学进行批评教育成为家校教育的重要课题。本课将以面质技术（咨询师指出来访者自身存在的情感、观念、行为等的矛盾，促使其面对或正视这些矛盾，最终实现统一的一种语言表达方式，这是心理咨询中常用的影响性技术，是一种事半功倍的批评艺术）为主题，通过案例讲解、实战演练等环节设计让家长朋友了解面质技术、掌握"批评的智慧"。

二、教学目标

认知目标：认识到"贬损性评价"的危害，了解亲子沟通"你—我信息"技术和"面质技术"。

技能目标：掌握"你—我信息"表达，能初步应用面质技术进行亲子沟通（批评教育），提高家长角色下进行批评教育的技巧。

情感目标：体会家庭言语暴力、贬损性评价对孩子的伤害，思考自身的批评教育表现，同时萌发学习批评教育技巧的学习动机。

三、教学重难点

教学重点：对"你—我信息"、面质技术等学习内容的有效理解与掌握。
教学难点：引导家长进行思考、感受与领悟。

四、教学对象

各学段学生的家长

五、教学准备

PPT、学习任务单

六、教学时长

60分钟

七、教学内容

（一）导入阶段：视频导入《嘘》（10分钟）

师：各位家长朋友们大家好，欢迎大家参加本期的家长课堂。在课前，请大家一起观看一个小视频，并在观看完毕后，以小组为单位进行讨论交流。

【PPT播放视频《嘘》】（一则关于家庭语言暴力的公益广告）

视频链接：请参见本章后文素材库。

视频播放完毕后，PPT呈现相应思考题，教师组织家长进行交流讨论（以小组为单位，分组形式可根据教室座位编排、家长人数等因素自由安排，建议每组人数6—10人）。小组交流结束后，可让每组派一位代表，进行发言。教师进行反馈和互动，说明科学批评的重要性，并引出本课主题《"批评的智慧"——面质技术的魅力》。

【PPT呈现，师生互动】

1.看完这则视频，您的感受如何？（请用3个情绪形容词概括）

2.您是否有所联想？（请简要描述联想内容）

3.您是否也曾用这种贬损性批评和孩子交流过呢？效果如何？

4.贬损性批评可能会对孩子/亲子关系产生怎样的影响？

（二）走近面质技术（30分钟）

1.什么是面质技术

师：所谓面质，就是面对面的沟通，这个面质不是通常意义上的当面质问。面质这个词来自拉丁语，意思是额头碰额头，面对面地沟通。而在心理咨询中，它是一种常用的技术手段，有助于减少来访者的心理防御机制，帮助来访者认识到自己的矛盾之处，找寻改变和成长的内在觉醒与动力。

【PPT呈现，教师讲解】

"什么是面质技术？"

面质技术，指咨询师指出来访者自身存在的情感、观念、行为等的矛盾，促使其面对或正视这些矛盾，最终实现统一的一种语言表达方式，是心理咨询中常用的影响性技术。

2.面质技术之"你信息"VS"我信息"

组织家长思考，当处于以下情境时，您会怎么做？

【PPT呈现，师生互动】

情境想象

（1）当您的孩子放学回家，您发现他又弄丢了自己的文具袋，您会说：

（2）当您的孩子瞒着您，在本应该写作业的时间偷偷打游戏时，您会说：

（3）当您的孩子又一次把您昨天刚收拾好的房间，弄得乱糟糟时，您会说：

师：好，通过各位家长朋友们的分享，我听到了许多典型的"你信息"答案，如"就知道玩手机，你真是死性不改""整天丢三落四的，再丢以后你就别想用文具盒了"等。这些重心指向自己或他人的不同言语，便构成了"我信息"与"你信息"。

【PPT呈现，教师讲解】

我信息	你信息
"我信息"是用来描述自身真实感受的，不带有责备、评判性。	与"我信息"相对的一种表达方式，忽略了自我真实感受的表达，往往直接向对方表明责备、评判。

师：接下来，让我们通过几组表达对比，加深对这两个概念的理解，并对比领略下它们的表达方式与效果差异。

你信息	我信息
"你不好好儿吃饭怎么行?"	"儿子，看到你不好好吃饭，我觉得会损害你的身体健康，我很担心。"
"你把垃圾丢在床底下，真的是邋遢死了，没见过你这么懒的。"	"看到你的床底下有很多垃圾，因为还需要我去清理，我觉得有点疲惫。"

师：各位家长朋友们，假如您是信息的接收者，您更倾向于听到"你信息"还是"我信息"呢？听到两种不同的发言，您可能采取怎样不同的回应呢？

师：经过上述的这些环节，我们可以很轻易地发现，前面的诸多情境中，许多无效或者反向沟通的言语几乎都是"你"字开头，或者包含"你"字，如"你不应该这样做""你为什么不能自觉点"。在他人产生不符合自己预期或价值观的行为时，优先考虑自己的需求，用真诚的"我信息"替代急于指责/指挥他人的"你信息"，可以让另一方更容易理解信息表达者的真实想法，并做出积极回应，如"我下班了感觉非常累，可以明天再陪你玩儿跳棋吗"，而不是"你真的很黏人，很不懂事"，相信孩子大概率会选择安静下来，不再纠缠父母。

希望在今后的家庭生活中，大家能够积极尝试用"我信息"替代"你信息"去和孩子进行沟通。

3.面质技术在亲子沟通中的应用

（1）亲子沟通中的面质技术

师：在心理咨询中，面质技术主要是用于引导来访者一步一步直面自己的内心冲突，聚焦于自己言行不一致、前后言语不一致、理想与现实不一致、求助者和咨询师的意见不一致等问题，帮助来访者整理自己的情绪谜团，形成对核心问题的清晰思路，进而谋求顿悟或改变。

在家庭生活中，我们无法要求家长熟练掌握一系列的咨询技巧，并能够成功应用于家人沟通中去。而面质技术，便是一种大有用武之地的工具，请大家看一段母女对话。

【PPT展示，教师讲解】

小橙："我真的很讨厌去学校。"

妈妈："去学校这件事让你觉得很难受，是因为遭遇了什么事情吗？"（<u>积极倾听</u>）

小橙："是的，在学校总得和小洋待在一起，我非常讨厌他。"

妈妈："你和小洋有了矛盾对吗？可是，我刚刚看到你非常用心地擦拭了一遍上次圣诞节他送你的礼物。"（<u>指出言行不一致</u>）

小橙："（沉默低头）嗯，其实也没有那么讨厌，就是觉得，他已经有了新的好朋友，不再像以前那样爱和我玩儿了。"

妈妈："听起来，可能你期待的并不是远离学校或者放弃小洋这个朋友呢。"（<u>指出前后言语不一致</u>）

小橙："嗯，你说得有道理，也许，我真正需要的是他能够和以前一样，活动课多和我一起打球，一起吃饭……"（<u>开始自我觉察内心真实诉求，找寻自我化解情绪谜团的动力</u>）

师：案例中，小橙的母亲能够较平和地利用积极倾听与面质技术（找寻不一致，启发孩子自我反思），为我们展示了一段成功的亲子沟通。然而在日常生活中，不乏父母在听到这句"我真的很讨厌去学校"之时，便会脱口而出"不读书你还想干什么"或是"你怎么这个样子"。当听到这样两句回应，也许孩子就会萌发出委屈、愤怒、叛逆等多种负面情绪。当然，也会有家长在前期还能耐得住性子积极倾听或理性面质，但言语来回间可能又会怒气"上头"，导致沟通前功尽弃，走向"火爆结局"。

（2）面质技术在批评教育中的应用

师："让孩子改正问题的最好方式，是让其自己发现问题、纠正问题。"

当孩子犯下错误时，家长的大声呵斥或是严厉批评，效果常有不佳。比

如，当孩子承诺将在周末完成整理书桌的任务，却因为拖延未能完成时，您会选择对他说以下哪句话呢？（互动）

【PPT呈现】

1."你怎么又懒又磨蹭呢？"

2."你似乎承诺过这周末要清理书桌，现在好像没有完成任务哦！是遇到了什么困难阻碍吗？"

师：面质技术在批评教育中的应用，其魅力在于不加以外界指责，逐步引导孩子自我进行反思，并将其引向"那么今后该做些什么"这个问题中去。其重点在于让对方更全面客观地看到自己面临或存在的问题，而不是指责对方。具体有三点注意事项。

【PPT呈现，教师讲解】

在实践应用面质技术时，有以下三点注意事项：

1.以良好的亲子关系/较平和的情绪状态为基础。

如果此项无法保证，那么建议家长先将情绪打包封印，待时机适宜后再做沟通。

2.以事实为根据。

切忌添油加醋、扭曲事实，或者反反复复翻旧账。

3.避免个人发泄和无情攻击。

（三）课堂实践："面质小剧场"（10分钟）

师：请各位家长两两组队，预设2个需要"批评教育"孩子的具体情境，轮流扮演家长或孩子，运用今天学习的面质技术，进行模拟对话。预留8分钟的时间进行两两对话，之后，随机邀请队伍进行对话展示，并由教师进行反馈或建议。

（四）课堂总结阶段（10分钟）

师：正如视频《嘘》的末尾"别让那句你的不经意，成为伤害我的利器"，杜绝家庭言语暴力，理应正确使用批评教育。不以贬损他人人格和一味发泄情绪为目的，就事论事来让孩子正面问题、解决问题，才能获得真正意义上的成长。

最后再向大家简单分享一些其他批评技巧。

【PPT呈现，教师讲解】

其他批评小技巧

1. 从称赞和诚恳入手

先诚恳地称赞和肯定他人的长处，再指出其不足，效果要比一针见血地批评更有效。

2. 间接提醒别人的错误

用间接方式提醒会使人因保留面子而乐于接受意见，比直截了当好。

3. 先谈到自己的错误

当与别人发生误会而双方又都有责任时，最好先责己，然后再指出别人的错误。

4. 提问而不是下命令

态度要诚恳，方式要委婉，比如问"你觉得这样做行吗"，而不是"你必须（赶紧）按我说的去做"。

5. 勇于接受批评

当别人善意批评自己，且言之有理时，勇于接受才能进步。

师：谢谢大家的倾听与参与，我们下期见！

参考素材

1.《嘘》视频链接：https://www.bilibili.com/video/BV1Kg4y1v7kM/?spm_id_from=333.788. recommend_more_video.1&vd_source=0d9a137285822743e7fba10fb9735dec.

2. 托马斯·戈登著 .P.E.T 父母效能训练 [M]. 琼林，译 . 中国发展出版社，2015.

《"批评的智慧"——面质技术的魅力》课堂学习任务单

学校：　　　　　班级：　　　　　姓名：

请根据教师指引和课堂所学，完成以下学习任务单

任务1：情境想象

（1）当孩子放学回家，您发现他又弄丢了文具袋，您会说什么？

（2）当孩子在本应该写作业的时间偷偷打游戏时，您会说什么？

（3）当孩子又把您昨天刚收拾好的房间弄得乱糟糟时，您会说什么？

任务2：知识速记（请认真记录本课的重要知识点）

（1）"你—我信息"

"我信息"：_____

"你信息"：_____

（2）面质技术应用的3个注意事项：

①_____

②_____

③_____

任务3：请对本节课的课程设计、教学安排以及授课教师作出评价，提出您的宝贵建议，期待我们携手成长。

夸奖有良方，助力娃成长

一、设计理念

东方文化讲究谦虚内敛，面对他人的夸奖，我们时常回应的都是"哪里哪里""运气使然"等。而"谦虚使人进步，骄傲使人落后"的理念，也让不少家长鲜少给予孩子夸奖。当遇到他人夸赞自家孩子时，不少家长也常常用"数落"孩子的不足之处来回应他人。然而，缺乏家庭肯定的孩子，容易产生自信心不足、自我效能感低下等诸多问题。另一方面，不少家长也学会了常常对孩子说"你真棒""你真聪明"。这些话看似在夸奖，时间长了孩子可能会觉得父母在敷衍他，起不到正向鼓励孩子，激发孩子内驱力的作用。因此，如何恰如其分地夸赞孩子，也成了新时期家长朋友们的必修课。

本课时以"夸奖有方"为切入点，旨在引导家长树立欣赏和肯定孩子的意识，学习和掌握科学夸奖的方式方法，进而学会以夸奖的力量来促进孩子成长。

二、教学目标

认知目标：理解和掌握夸奖技巧的内涵，形成反思与调节自己的夸奖模式。

技能目标：能够在课堂上掌握"1334"夸奖法则对孩子进行表扬，并在现实生活中迁移应用。

情感目标：树立欣赏和肯定孩子的育儿理念，认同夸奖需讲究方法的观念。

三、教学重难点

教学重点：对科学夸奖的重要性与必要性、夸奖孩子的方法技巧讲解。

教学难点：引发学员的思考、共情，并将课堂上所学技巧加以应用。

四、教学对象

各学段学生的家长

五、教学准备

PPT、学习任务单

六、教学时长

60分钟

七、教学内容

（一）导入阶段："夸夸小火车"（10分钟）

【活动规则】随机邀请一位家长上台进行1分钟的自我介绍（形式、内容不定），结束后，随机选中某一组家长进行开火车（接龙），依次对上台自我介绍的家长给予一句夸奖。本活动进行1—2轮后，邀请上台发言的家长和台下夸人的家长发表各自的感受，同时，也可以向家长发问"什么样的夸奖听着最舒服"。

【活动用意】点出被夸奖会感到快乐；被欣赏和学会欣赏，能够快速拉近人与人的距离，营造和谐的人际氛围；恰到好处地夸奖是一门学问。

（二）夸夸，让孩子更优秀（5分钟）

师：在孩子成长的过程中，需要自己走过漫长的努力期，需要不断培养追求进步的内驱力。而家长的肯定与鼓励，是孩子提高自信心的一针强心针和安慰剂。

【PPT呈现】

心理学家卡尔·皮克哈特说："缺乏自信的孩子不愿尝试新的或有挑战性

108

的事情，因为他们害怕失败或让别人失望。"

师：在孩子取得了好成绩，或表现好的时候，适当地夸奖孩子，能够增强孩子的自信心和积极性，让孩子自发地往这些好的方面去努力。

在孩子受挫、失败的时候，夸奖孩子在过程中表现出来的闪光点，会让孩子重新振作起来，继续勇往直前，内心变得更加强大。

父母对孩子的肯定、表扬，也会伴随孩子一生，化作孩子心中的一股能量，让他在未来失意、挫败的时候，还能爱自己、相信自己，不自暴自弃。

但日常生活中，夸奖经常被"滥用"或"错用"了，导致夸奖效果不佳，有时甚至会给孩子带来消极的影响，如让孩子变得骄傲自满、让孩子把自身价值感全然寄托于学习成绩等。

（三）夸奖有方（25分钟）

【PPT呈现】

斯坦福大学著名发展心理学家卡罗尔·德韦克和其团队在过去的10年里，一直在研究表扬对孩子的影响。他们对纽约20所学校，400名五年级学生做了长期研究。他们首先让孩子们独立完成一系列智力拼图任务，研究人员每次只从教室叫出一个孩子进行测试，每个孩子完成后，研究人员会把分数告诉他，并附一句鼓励或表扬的话。研究人员随机地把孩子们分成两组，一组孩子得到的是一句关于智商的夸奖，即表扬，比如，"你在拼图方面很有天分，你很聪明。"

另外一组孩子得到是一句关于努力的夸奖，即鼓励，比如，"你刚才一定非常努力，所以表现得很出色。"随后，孩子们参加第二轮拼图测试，有两种不同难度的测试可选，他们可以自由选择参加哪一种测试。一种较难，但会在测试过程中学到新知识。另一种是和上一轮类似的简单测试。结果发现，那些在第一轮中被夸奖努力的孩子中，有90%选择了难度较大的任务，而那些被表扬聪明的孩子，则大部分选择了简单的任务。

师：这个故事说明，表扬的方式不同，对孩子的影响（激励性）也不同，那么我们应该怎样正确表扬孩子呢？让我们一起来学习一下"1334夸奖法则"。

【PPT呈现，教师讲解】

"1334夸奖法则"

1个前提 3大原则 3大主题 4个步骤

1个前提：了解孩子，是正确夸奖孩子的基础。

师：很多父母口口声声说爱孩子，其实根本不了解孩子，他不知道孩子为什么不喜欢同桌、为什么不喜欢上学、为什么有心事，也不知道孩子究竟喜欢干什么。爱孩子就要懂孩子，夸孩子就要实事求是地认知孩子，过高或过低地估计孩子的实力，都会挫伤孩子的自尊心、自信心和学习兴趣。家长要深入了解孩子的智力、能力、习惯、性格、优点、特长、缺点、弱项等，这些是家长有效夸孩子的基础。家长不能把夸孩子当成监督孩子、管理孩子、奴役孩子的工具。

3大原则：

（1）夸奖要落到实处

夸奖要落实到值得被夸的具体的点，例如：家长笼统地表扬孩子，如"你真棒"，会让孩子无所适从。孩子帮助妈妈端了一次饭，妈妈与其兴高采烈地夸他"好孩子，你真棒"，不如告诉他"谢谢你帮妈妈端饭，妈妈很开心"。有针对性的具体表扬会让孩子更容易理解，并且知道今后应该怎么做，如何努力。

（2）夸奖后天努力而形成的品质和能力更容易激发孩子内驱力

例如"你真聪明"，这是家长惯用的评语。家长对孩子的每一个进步如果都用"聪明"来定义，结果只能让孩子觉得被认可是与聪明画等号的，一方面会变得"自负"而非"自信"，另一方面，他们面对挑战会采取回避态度，因为不想出现与聪明不相符的结果。这就是家长说的"一夸就骄傲""一夸就翘尾巴"的原因。

（3）夸事实不夸人格，就事论事不给孩子贴标签

例如"好孩子"这样的话是典型的"夸人格"，家长们会无心地将其挂在嘴边。但"好"是一个很虚无的概念，如果孩子总被扣上这样一个大帽子，对他而言可能也是一种无形的压力。

3大窍门：

（1）留心孩子的努力，学会肯定

为了达到激励孩子的目的，要真正做到"夸具体""夸努力"，就首先要对

孩子做事情的整个过程有所了解，亲眼看见孩子的良苦用心和付出的努力。当您在总结孩子成绩的时候，不妨详细把自己的所见所闻描述出来；如果没有看见，可以用心听孩子说，然后再予以肯定。

（2）夸孩子别嫌"啰唆"

"你真棒"是家长最省心、最随便、最"廉价"的第一反应，当然有时也是最没有效果的无用功。所以当了解了"夸具体"原则时，家长很难适应，不知道除了"你真棒"之外还能说些什么。这时，一定要用更多的话语描述孩子的努力，这会引起孩子的共鸣，夸奖的目的也就达到了。

（3）巧用夸奖预防针

夸奖不仅仅是事后对孩子的肯定，有时候在预见到孩子对某些事情（如做家务）可能有抵触时，可以事先夸夸孩子，用表扬来打"预防针"，可能会有意想不到的"疗效"。

4个步骤：

（1）陈述事实，就是把孩子做的事情简要陈述一遍，这是对孩子付出的认同和肯定。

（2）确认事实的可贵性，例如"你是一个诚实（勤劳）的孩子"，提升到一个品行塑造的高度。

（3）表达自己的内心感受，例如"很开心、很高兴""我真开心，我为你骄傲"，因为孩子成长的动因之一是"愉悦父母"。

（4）鼓励，指明继续努力的方向，让孩子继续努力，为孩子指明方向。

师：此外，关于夸奖，还有几点小技巧。

【PPT呈现，教师讲解】

其他技巧

1.从细微事件入手，常怀欣赏目光：要学会发现与欣赏自己孩子的长处。

2.重视生活能力，培养自立品质：成绩不是衡量孩子的唯一标杆，自立能力和品质并重。

3.前后对比，夸奖进步：点滴成长都值得被看到和被肯定。

4.不以结果为唯一评判标准，看到孩子努力过程中的闪光点，以此多鼓励孩子。

5.面对孩子的缺点，可以尝试着在孩子克服缺点时给予肯定，用负强化来激励他改正缺点。如当好动的孩子自觉安静学习半小时后，及时给予孩子肯定和奖励。

（四）课堂练习（15分钟）

师：各位家长朋友，学习完"1334"夸奖原则后，大家也许都跃跃欲试了。接下来，我们3人一组，轮流扮演"家长""孩子""观察员"的角色，进行夸奖实战演练。（观察员：观察亲子互动，并给出建议）

【PPT呈现】

情境1：孩子在最近的一次数学考试中，取得了前所未有的好成绩，他很担心下次成绩下滑。

情境2：孩子为父母做了一顿饭菜，但味道不算可口。

情境3：孩子参加了学校的志愿者活动，为学校的迎新工作做出了一定奉献。

各小组讨论结束后，可以邀请家长分享活动感受/心得体会。

（五）课堂总结（5分钟）

师：不吝啬对孩子的赞美与肯定，让孩子成为一个更自信，更有上进心的，有内驱力之人，相信今天的内容能让家长朋友们都有所收获。巧用"1334"法则的同时，各位家长朋友们也要注意夸奖的及时性（尽量在孩子做出成绩后的第一时间给予肯定）！

参考素材

1. 怎么夸孩子效果才好？这3个关键点，让孩子越夸越优秀！

（来源：人教教材培训 微信公众号）https://mp.wei×in.qq.com/s/zqiut29fwgmpHWMJbJaJdw.

2. 牢记1334夸奖法则，教你夸出优秀孩子！

（来源：智慧家教 微信公众号）

https://mp.wei×in.qq.com/s/9FZrY1qVf0aqz6S-d_svYQ.

《夸奖有良方，助力娃成长》课堂学习任务单

学校：　　　　　班级：　　　　　姓名：

请根据教师指引和课堂所学，完成学习任务单

任务1：导入活动《夸夸小火车》，您有何感受与想法呢？

任务2："1334"夸奖法则（要点速记）

（1）1个前提：　　　　　　　（2）3个原则：＿＿＿＿＿＿

（3）3个窍门：　　　　　　　（4）4个步骤：＿＿＿＿＿＿＿＿

任务3：课堂练习

情境1：孩子在最近的一次数学考试中，取得了前所未有的好成绩，他担心下次成绩下滑。

　　　　我会对孩子说：

情境2：孩子为父母做了一顿饭菜，但味道不算可口。

　　　　我会对孩子说：

情境3：孩子参加了学校的志愿者活动，为学校的迎新工作做出了一定奉献。

　　　　我会对孩子说：

任务4：请对本节课的课程设计、教学安排以及授课教师作出评价，提出您的宝贵建议，期待我们携手成长。

同理心，让我更贴近你

一、设计理念

同理心是一个心理学中的概念，简而言之就是站在对方立场思考的一种方式。在沟通中，同理心尤其重要。英国有句谚语说："要想知道别人的鞋子合不合脚，只需穿上别人的鞋子走一英里。"一个具有良好同理心的人，更擅长换位思考，在人际沟通中往往更容易获得他人的认可并取得沟通成效。

在生活中，许多亲子沟通的矛盾也正是源于同理心的缺失，使得亲子无法相互体谅，进而进行有效沟通。可见，亲子沟通中，同理心是建立良好亲子关系，相互理解、包容、认可、信任的重要基础。

因此，培养家庭成员的同理心，有助于建成和谐亲密的亲子关系，有助于孩子的健康成长。本课我们将针对"如何成为有同理心的家长""如何教出有同理心的孩子"两大主题进行探讨、学习。

二、教学目标

认知目标：了解同理心的内涵、类型；认识到每一种同理心类型都各有利弊，需要兼备，才能科学共情。

技能目标：学习与掌握提高自身同理心的小技巧，掌握如何提升孩子同理心的方法。

情感目标：认识到培养亲子沟通中同理心的重要性，找到培养自我同理心的学习动机，认可培养孩子同理心的必要性。

三、教学重难点

教学重点：对同理心的有关概念理解、对同理心的有关技巧教授。

教学难点：引导家长进行思考，点拨家长进行感悟、领会。

四、教学对象

各学段学生的家长

五、教学准备

PPT、学习任务单

六、教学时长

60分钟

七、教学内容

（一）导入阶段：观察岛（5分钟）

【活动】教师伸出左右食指，组成一个"人"字，然后询问家长看到了什么字。（"人"或者"入"）

PPT呈现图片《是"6"还是"9"》，提问，到底是"6"还是"9"？哪个对？

【引出换位思考的重要性】

师：在亲子沟通中，多一点换位思考，多一点理解共情，可以让我们的心灵距离更相近。今天，让我们一起学习如何做有同理心的父母，做更贴近孩子的长辈！

（二）初识同理心（15分钟）

1. "我们开杠啦"

教师引导家长，就"世界上有真正的感同身受吗？"这一问题开展简单的课堂辩论。

2. 什么是同理心

【PPT呈现】

社会学家的研究指出，在人际关系中最受欢迎的十项人格特质依次排列为：

①诚恳 ②诚实 ③理解 ④忠诚 ⑤可信

⑥可靠 ⑦聪明 ⑧关怀 ⑨体谅 ⑩热情

其中，最难实现的是"理解""关怀"和"体谅"。

我们会发现理解他人、关怀他人、体谅他人可能是我们很想去做、很愿意去做的，但是却很难去实现的一件事情。而反过来，有一些人他们就是用了简单的语言和简单的动作，就让朋友觉得情绪、想法及感受被理解了。这种理解他人情绪、想法、需要的能力就被称之为"同理心"，它是增进情感浓度的法宝。

师：请大家用点头"Yes"摇头"No"，来评价一下，自己是不是一个具有同理心的家长呢？为什么呢？（互动）

心理学中普遍认为，"同理心"有三种重要的类型，让我们来做一个小测试，判断一下你更偏向于哪种同理心（测试完以后，也可以简单邀请家长进行得分分享，予以反馈）。

【PPT呈现测试内容】

请认真阅读下面的10项描述，根据个人情况以1—5之间的程度进行评分。"1=非常不符合""5=非常符合"。

01.我会从我朋友的角度去想象他们的处境来更好地理解他们的观点。

02.在批评某人之前，我试着想象如果我处在他的位置上我会有什么样的感受。

03.当我对某人生气时，我会试着"换位思考"一会儿。

04.在紧急情况下，我会感到焦虑和不安。

05.当我看到有人处于危险并急需帮助，我会感到崩溃。

06.当我情绪激动时，我会感到很无助。

07.当别人很不安或者生气，我也会跟着很不安或生气。

08.对于那些比我不幸的人，我会流露出很温柔和想去关心的情感。

09.我会把自己描述成一个好心肠的人。

10.我会被自己看到的东西所触动。

师：测试过后，我想问大家，您是一个富有同理心的人吗？

【PPT呈现，教师讲解】

"同理心"的三大种类

1.理性同理心："我知道你很痛苦"

由思想而产生的同理心，能够站在对方的角度设身处地地去解读他们的观点。上述量表的1—3项衡量了这种认知同理心，高分代表你善于从他人的角度看待问题，但又不必顾及他们的情绪，如果仅有理性同理心，有时也会让人感觉过于"理性"或者冷漠。

2.情感同理心："我体会到了你的痛苦"

也被称为"情绪传染"，指的是可以真切地感受到对方的情绪，就好像你已经"捕捉"到了这种情绪一样。上述量表的4—7项衡量了这种同理心。

情感同理心也有其不好的一面，尽管你可以真切地感受到对方的感受，但是却极有可能无法去帮助他，而是与他一同陷入大喜大悲的情绪中，难以抽离出来更好地解决问题。

3.移情关怀："我想要帮你走出痛苦"

上述量表的8—10项衡量了这种同理心。能深切地体会对方的痛苦，好像自己就是对方，并想采取行动去帮助对方走出痛苦。过度的移情关怀容易导致极高的代入感，在无力解决问题的情况下，也会增加自己的心理负担。

师：每一种同理心都有其优点及局限性，而我们每个人都有不同程度的同理心，通过上述测试，您会知道您更倾向于哪种类型的同理心。在今后的生活中，我们应根据自身同理心倾向和面对的人与事，找到逻辑和情感之间的平衡。

（三）做更具有同理心的家长（25分钟）

【PPT呈现】

小剧场：

星星："妈妈，我和乐乐闹矛盾了，他今天对我说'以后再也不和你玩了'。"

假如您是星星的家长，您会如何回应和安慰他呢？（互动，邀请家长发言）

A."别难过了，过几天就好了，相信你可以的。"（盲目灌鸡汤选手）

B."这有什么，我小的时候经常听到这样的话。"（比惨型选手）

C."那还不是你自己有什么话说得太过分，伤害到人家了？"（阴阳怪气火上浇油选手）

D."啊……这……"（敷衍型选手）

E.其他：_____

可邀请家长做选择，并发表自己的观点，同时讨论，ABCD这4种回答分别存在什么样的不足。

【PPT呈现，教师讲解】

A.盲目灌鸡汤选手：看似安慰但其实并没有真正共情到对方，急于结束话题。

B.比惨型选手：往往会把话题转移到自己身上，未能让对方充分表达和宣泄自己的情绪。

C.阴阳怪气火上浇油选手：时常自以为幽默，但常常激化矛盾，甚至让对方感到二次打击。

D.敷衍型选手：往往有听到对方的描述，但不知所措或是想结束话题，容易让对方感到敷衍。

师：那么，我们应该如何成为一个具有同理心的家长呢？首先，要捕捉情绪，准确说出情绪。

【PPT呈现，教师讲解】

1.同理小技巧——捕捉情绪，说出情绪

（1）用心捕捉对方话语中的情绪（换位思考）。

（2）用"你"+"感受到""觉得"+情绪。

（3）巧用"换作是我，我也会感到+情绪"。

课堂练习1

【说情绪】请判断，下面哪一句是说情绪

孩子："我觉得我最近挺努力的，但成绩还不如上一次（考试）。"

A.没关系，我们又不会批评你。

B.下次继续加油。

C.你现在是不是有些受挫，感到沮丧，甚至有点自我怀疑？

D.这有什么的，成绩不就是起伏不定嘛，努力未必有结果，我上学的时候也这样。

孩子："我和同学吵了一架，我们现在都不讲话了。"

A.你这个人就是脾气太火爆，谁跟你能玩得来？谁会一直让着你？

B.你怎么不去和她和好呢？你们为什么吵架？

C.我看得出你挺生气的，但好像又有些伤心。

D.我也挺讨厌你那个同学的……

师：除了说情绪，还有识别内容、确认内容，这也是同理心的重要技巧。

【PPT呈现，教师讲解】

2.同理小技巧——识别内容，确认内容

（1）认真倾听（身体姿态、投入专注），理解内容。

（2）及时反馈，多用简洁明了的语句来概括，多和孩子确认自己听到理解到的内容与他要表达的是不是一致的。

（3）巧用询问来做结尾。可以用"那么我的理解对吗？""那么你接下来打算怎么做？"之类的语言，去确认自己的理解或推论是否准确。同时也可以通过提问，来进一步发散问题，了解更多信息。

课堂练习2

【说内容】请判断，下面哪一句是说内容

孩子："我感觉我爷爷奶奶总是对我妹妹更好，我想要买一辆自行车方便上下学，他们拖了半天都不肯给我买；可是我妹妹说想要一辆自行车，他们马上就给买。"

A.你希望你爷爷奶奶能多关心你，同等对待你和弟弟是吗？

B.你不希望爷爷奶奶偏心。

C.妹妹还小啊，让着她一下又怎样？

D.你骑车上下学的话会很危险，我建议你别买自行车。

师：此外，同理心也要有原则，不然你就容易变成一个"老好人"。

【PPT呈现，教师讲解】

3.同理心有原则

（1）不评判。作为家长，我们总是会站在一个"指导者"的角色，希望孩子能在所有的成功或挫折中汲取教训，能够多反思进而有进步。但是，对于自我意识不断增强的青春期孩子来说，凡事都先被指导，反而可能会将家长与孩子之间的距离拉大。因此，在和孩子沟通时，为更好地做到共情理解，就应该避免"家长角色"的评判性，即使要提出建议也应在安抚好情绪后，娓娓道来。其次，理解孩子所处年龄阶段的身心发展特点，尊重其不成熟性，巧用"引导"代替"指挥"。

（2）不包办。不少家长朋友存在着急解决孩子的问题或改变现状，总觉得"我应该尽快解决孩子的问题""我必须帮助我的孩子解决问题"。有时这些想法，可能会使得家长变得非常焦虑，也不利于提升孩子自己解决问题的能力。

师：通过上述内容的学习，相信家长朋友们对如何提升亲子沟通中的同理心，有了一定的认识，也产生了一个疑问：如何提高孩子的同理心呢？我们一起来了解一下。

（四）教育出更有同理心的孩子（10分钟）

师：就刚刚的问题——如何提高孩子同理心，这里有五点要求。

【PPT呈现，教师讲解】

引导孩子关注他人的感受

在生活中注意激发孩子的分享与奉献意识

直接的行为示范

鼓励孩子抱有好奇心，体验不同人生

陪孩子一起欣赏文学和艺术

师：1.引导孩子关注他人的感受

当孩子做错事的时候，相信每个家长都有各自的训诫方法，比如训斥甚至体罚，取消他原本的权益，如不准出去玩，不准看电视等。但是心理学研究发现，最有效的训诫方法，是和孩子讨论他所犯的错误，在讨论中指出，他的行为对别人造成的影响。

2. 在生活中，注意激发孩子的分享与奉献意识

在日常生活中，家长可以多多创造一些让孩子进行奉献分享或是为他人服务的机会，并鼓励和引导孩子分享做这些事时的感受，肯定他行为的意义与价值。

3. 直接的行为示范

言传不如身教，富有同理心的家长，孩子会在耳濡目染中受到影响。家长提供行为示范，让孩子模仿，不但可以有立竿见影的效果，这种转变在孩子身上的影响力也会维持得更久。

4. 鼓励孩子抱有好奇心，多去体验不同的人生/活动

当我们在孩提之时，总是对这个世界充满了好奇和疑问，然而当我们长大了，却被教育不要问那么多问题。然而，始终对世界抱有适当好奇心，会对同理心的修炼有非常大的帮助，多去体验不同的活动，有助于孩子体会不同的心情与感受。比如：当您觉得孩子挑食不对时，多次批评的效果也许远不如让孩子尝试为家人做一次饭，体会其中的辛劳。

5. 陪孩子一起欣赏文学和艺术

心理学家已经发现，阅读文学作品，欣赏艺术作品，如音乐、舞蹈、美术等都能够帮助人提升同理心。因为文学艺术作品的意境，是需要我们用心代入去理解的。

（五）课堂总结（5分钟）

由教师组织引导家长完成课堂学习单，并进行小组练习和讨论，其后邀请家长进行互动答疑。

师："由己及人"，从自己的看法出发去推导别人的看法，容易加入自己的揣测和感受，未能真正接纳、共情和理解他人。"由人及己"，则能做到真正的换位思考，深度理解与抱持他人。让我们一起，培养同理心，做更懂孩子的陪伴者吧！

参考素材

1. 简书平台文章：https://www.jianshu.com/p/662c0ea3b90c
作者：热爱绘本的营养师雪婷.

2.《安慰练习室》心理课 https://mp.wei×in.qq.com/s/×bubs1MFF7SooCDlUdZhgw
作者：海獭星的电波（微信公众号）.

《同理心，让我更贴近你》课堂学习任务单

学校：　　　　班级：　　　　姓名：

请根据教师指引和课堂所学，完成以下学习任务单

任务1：同理心小测试。请认真阅读下面的10项描述，根据个人情况以1—5之间的程度进行评分。"1=非常不符合""5=非常符合"。

01.我会从我朋友的角度去想象他们的处境来更好地理解他们的观点。（　）

02.在批评某人之前，我试着想象如果我处在他的位置上，我会有什么样的感受。（　）

03.当我对某人生气时，我会试着"换位思考"一会儿。（　）

04.在紧急情况下，我会感到焦虑和不安。（　）

05.当我看到有人处于危险并急需帮助，我会感到崩溃。（　）

06.当我情绪激动时，我会感到很无助。（　）

07.当别人很不安或者生气，我也会跟着很不安或生气。（　）

08.对于那些比我不幸的人，我会流露出很温柔和想去关心的情感。（　）

09.我会把自己描述成一个好心肠的人。（　）

10.我会被自己看到的东西所触动。（　）

任务2：同理心的3种类型是＿＿＿＿＿＿＿＿＿＿＿＿＿＿＿＿

任务3：同理小技巧（要点速记）

（1）【心 态】＿＿＿＿＿＿＿　　（2）【说情绪】＿＿＿＿＿＿＿

（3）【说内容】＿＿＿＿＿＿＿　　（4）【有原则】＿＿＿＿＿＿＿

任务4：请对本节课的课程设计、教学安排以及授课教师作出评价，提出您的宝贵建议，期待我们携手成长。

多孩家庭的沟通相处之道

一、设计理念

随着我国逐渐开放二胎、三胎政策，越来越多的小家庭积极响应国家号召，由过去的"独生子女家庭"向"多子女家庭"模式转变。孩子一多，小家庭里热热闹闹，但也增加了许多的矛盾和烦恼。多孩家庭中，孩子之间的"争宠""矛盾"常常让家长伤神不已。"如何将一碗水端平"，让每个孩子都能在爱的氛围里健康成长，这也成了多孩家庭中，家长朋友们面临的一项重大考验。

本课将聚焦于多孩家庭，重点探讨如何建构更和谐的家庭关系。结合阿德勒的出生顺序理论，向家长朋友介绍不同出生顺位孩子的心理特点，做到知己知彼。此外，本课将与家长朋友共同探讨多孩家庭的常见困惑及具体解决方法，助力多子女家庭的父母在养育过程中，多一点"爱的艺术"，巧妙平衡孩子间的亲子关系，顺利营造和谐的家庭氛围。

二、教学目标

认知目标：了解多孩家庭中的子女特征，掌握不同出生顺序对孩子心理特点的影响，理解多孩家庭进行抚养、教育的黄金法则。

技能目标：掌握多孩家庭进行教育的黄金法则，促进和谐家庭氛围的建设。

情感目标：对"去法官化""端水大师"等黄金法则形成充分的理解，对多孩家庭应具有"爱的艺术"产生认同感。

三、教学重难点

教学重点：让家长朋友了解如何不同出生顺位孩子的典型特征，了解多孩家庭育儿的黄金法则等。

教学难点：通过讲解、互动、讨论、反馈等形式让家长在理解知识点的同时，掌握多孩家庭育儿技能。

四、教学对象

各学段学生的家长

五、教学准备

PPT、学习任务单

六、教学时长

60分钟

七、教学内容

（一）导入阶段："宝妈来信"（5分钟）

师：欢迎大家来到我们本期家长课堂，上课前，请大家一起来读一封信。

【PPT呈现】

宝妈来信

亲爱的陈老师：

冒昧打扰您了，但最近我确实快被家里的几个小祖宗"搞疯"了，上了一天班回家想好好清静下的，但最近不知怎么地，家里老大和老二总是吵吵闹闹：争玩具、抢鸡腿、抢洗漱顺序、莫名其妙打架……谁都不肯让着谁，批评哪一个都不是，动不动就哭，俨然一副"有他没我"的气势。您能为我支支招吗？

师：各位家长朋友，请用"点头YES，摇头NO"的方式，告诉我，你们有遇到过同样的问题吗？（教师可挑选几位家长进行互动，简单了解下家庭情况）

随着国家二胎、三胎政策的开放，越来越多的家庭也面临着"多孩"教育的考验，那么今天就让我们一起来了解、探讨一下多孩家庭和谐相处的艺术。

（二）多孩家庭的子女特征（20分钟）

师：在生活中，当我们谈起家中哪个孩子最独立坚强、最会照顾人时，大家会不约而同想起"老大"；而提到哪个孩子最调皮捣蛋、恣意妄为时，我们往往会想到"老幺"。大量的数据表明，出生次序对孩子的性格有着重大的影响，不同顺位的孩子，也具有一些普遍特征。接下来，让我们跟随个体心理学之父阿德勒，了解一下出生顺序中潜藏的奥秘。

【PPT展示，教师讲解】

1.长子or长女

（1）成长环境

作为家庭的第一个孩子，往往承担着父母更多的期望，在传统观念中常被定义为一个更听话、懂事、会谦让和照顾弟妹的人。

（2）典型特点

①相较于弟妹而言，更尊重权威，服从性高，更听话、懂事，但在青春期也更容易叛逆。

②希望获得别人的认可、敬仰和尊重，甚至宁愿为此去勉强做些根本不喜欢的事情，但有时会表现得"胜负欲"过强，很介意排名和地位，给自己很大压力。

③情绪容易紧张，更隐忍，需要花较长时间来排遣不愉快。

④更具有责任心，更期待能有所成就，同时具有更高的独立性，但有时是表面独立，实则非常需要他人的关注和认可。

⑤作为配偶和子女，他们可能具有更强的控制欲。

（3）养育建议

①多给大娃一点包容空间，尤其是在孩子还小时，尽量做到"去责任化"

即减少"长子就应该……"的教育方式，鼓励长子照顾、谦让弟妹，但不能将其视为理所当然，要多鼓励和感谢孩子。如"谢谢你帮助妈妈给弟弟喂饭，你真是个好哥哥""谢谢你愿意把心爱的玩具先让给妹妹玩"。

②鼓励孩子建立自己的生活圈

让家中的老大，多交朋友而不只是局限在自己的兄弟姐妹家庭关系中，让孩子获得更广阔的视野，不必"事事强求第一（表率作用）"。

2.幼子or幼女

（1）成长环境

永远是家里的小宝贝，备受照顾和宠爱。

（2）典型特点

①相较于其他孩子，更擅长主动寻求帮助，但容易依赖于他人的主动帮助和照顾。

②大多无忧无虑，具有与生俱来的幽默感，更乐观；看重自己的快乐，时常违背父母的期许。

③生活上，比较不讲规矩，更任性，"迟迟不愿意长大"。

④在工作中，他们往往更具有创意，更具有冒险性，同时可能也具有更好的社交技巧。但容易逃避责任，难以作出重大决定。

（3）养育建议

①鼓励幼子承担起更多的责任，靠自己"成长起来"，多进行独立做事和服务他人的锻炼，减少"幼子特权"。

②减少幼子与哥哥姐姐们的比较，告诉孩子"没必要现在就赶上哥哥姐姐，不用着急拿他们作标准"，减少幼子对自身力量不如年长孩子的焦虑感。

3.中间次序子女

（1）成长环境

当家中万千宠爱于一身的"小宝贝"身份，被弟弟妹妹所取代时，往往会受到更大的冲击，更迫切需要找寻到自己的价值和位置。

（2）典型特点

①缺乏最大、最小孩子的特权与宠爱，因此易缺乏安全感，不擅长主动或独立思考。

②与此同时，他们可能更擅长和不同类型的人打交道，常常成为技巧高明的谈判人，具有优秀的社交技能。

③容易感到被忽视，需要被他人关注和肯定。为了追寻自己的地位和价值，他们也具有较高的竞争心，爱表现。

（3）养育建议

给予平等的关注，避免"被忽视"，多肯定孩子在家庭中的存在价值和优秀表现。

（三）如何建构更和谐的多孩家庭（5分钟）

师：在导入活动中，我们也发现，不少家长有了生养二胎、三胎的计划，除了做好身体条件的准备工作，科学做好建构多孩家庭的心理准备，也是十分必要，具体应该如何做呢？

【PPT呈现，教师讲解】

1.夫妻关系和谐

孩子本应该是父母爱情的结晶，在和谐的夫妻关系下成长的孩子更容易形成良好的性格特质与道德品质。

2.孩子的年龄间隔

孩子之间的年龄差距过大，容易导致代沟，过近又会导致父母照顾压力大，孩子争吵多。一般来说，孩子间年龄间隔4—6岁更合适。

3.做好家中"哥哥姐姐们"的心理建设

弟弟妹妹们的到来，对于孩子来说也意味着将会有更多的成员来"瓜分"家人的宠爱。因此，在生养二胎、三胎前，家长朋友们需要多关注家中的哥哥姐姐，告诉孩子，家庭新成员的到来，不会影响到父母对他的关心，反而是多了一个成员相亲相爱，增加大娃的安全感，提高他对弟弟妹妹的接纳感。

（四）爱的艺术：多孩家庭的育儿黄金法则（25分钟）

1."升堂断案"不如"隔岸观火"

【PPT展示，教师讲解】

清官难断家务事

王女士是一名资深法官，在职场上雷厉风行。但回到家，面对两个儿子间的种种纠纷，却感到分外伤神，常常判了这个"无罪"，让另一个道歉"赔偿"完，另一个又很是委屈，甚至没过多久，同样的问题又反复出现……

这不，今天这兄弟俩又"打"起来了。

哥哥："弟弟真的烦死了，每次我想在书房安安静静上会儿网，他就非要来抢位置，或者打扰我……"

弟弟："明明是你总是在我写完作业想打会儿游戏的时候，就霸占书房电脑，我一进来你就不开心……"

师：各位家长朋友，这一局，您会怎么判？您会怎么说呢？（互动略）

我们听到了家长们的不同声音，也不乏许多好办法。这里想给家长朋友们如下建议。

【PPT展示，教师讲解】

孩子们有争论时，家长如何做

（1）认识到兄弟姐妹间的争执是正常的，比起让他们快速平息"闭嘴"，更重要的是教会孩子们自行解决纷争。

（2）父母应当去"法官"角色，"默默忍受"，等待孩子们争吵完毕后自己寻找解决方法，争取"不做任何一个角色的保护者"，更不要当着一个孩子去批评另一个孩子。

（3）必要时可以进行引导，巧用启发式提问，来促进孩子们寻得一个双方都满意的解决方法。

如法官式父母会说："一个玩具就吵得不可开交，你们好烦，都别玩了！拿来！"启发式提问会说："因为都想要玩电脑所以你们发生了争执，所以妈妈会没收它暂时替你们保管，直到你们自己商量出解决方式，再一起来找妈妈要回。"

2.让孩子学会团队合作，相互陪伴，培养手足之情

师：养育孩子的方法有很多种，您可以选择尽量把他们分开，也可以选择让他们相互依赖。但无疑，拥有亲密的同胞之情，会让孩子们在未来多一个"靠山"和值得终生信任的朋友。那么，如何培养孩子们的手足之情，您有哪些好方法呢？（互动，征集家长的答案并做出一些生成性反馈）

【PPT呈现，教师讲解】

（1）拒绝接受孩子们相互告状这种行为，如"哥哥未经你的同意，抢了你的玩具是他的不对，但你不应该告哥哥的状，甚至说一些夸大其词的话"，从而让孩子清楚，您不希望他们之间背后猜疑诋毁。

（2）鼓励孩子之间相互帮助，并对主动提供帮助者给予肯定和奖励。如"你问的这道数学题，我想哥哥会更清楚应该如何作答，他应该可以帮帮你。"

（3）利用好"游戏"和"家务活"，让孩子们共同完成某项任务，比如"一起下楼扔垃圾""一起出门遛狗"，然后平分奖励。

（4）增加孩子的家庭参与感，让孩子更有承担家庭责任的意愿，懂得相互照顾的重要性。在孩子小的时候，适当让他们多了解一点家人的近况，等孩子大一点，让他们参与一些家庭决策，如"去哪里度假""吃哪家餐厅"等。

3. 不要拿孩子相互比较，努力发掘每个孩子的长处

师：嫉妒，是人际关系的重要杀手，手足之间也不例外。尽管同在一个屋檐下，兄弟姐妹中似乎又有着某种天然的"竞争"关系，都会希望自己是家里那个最出色的孩子。引发相互比较的话，您是否和孩子说过呢？

【PPT呈现】

"你为什么不能像哥哥那样，数学次次都能拿A+？"

"弟弟可比你听话多了，错了就是错了，不会总是顶嘴。"

师："水能载舟亦能覆舟"，要学会看到事物的两面性，孩子的特点也不例外。有智慧的父母，会选择把孩子们都视作各有所长的独立个体，不指明也不评价孩子之间的差异。多鼓励和肯定孩子的长处，比如对弟弟说"你在数学方面真的不是很有天赋，但好在你语文还不错"，而不是说"你的数学比你哥哥差太多了"。很多孩子之所以自信，之所以有家庭存在感，很大程度上是因为他们知道，自己可以在家庭中有一技之长。

4. 做不偏心的"端水大师"

师：承认自己偏爱某个孩子，是为人父母的一项禁忌。尽管很多父母也知道"不应该偏心"，但毕竟孩子总有个性化差异，真正"一视同仁"是非常难的。那么，如何尽量做到公平地对待每一个孩子，端好"父母之爱"这碗水呢？

【PPT呈现，教师讲解】

（1）假如您确实经常性偏爱某一个小孩，切记不要对任何人透露谁是您最爱的孩子。因为一旦有人说漏了嘴，对其他小孩都是种伤害。

（2）多和不同的孩子接触，创造共同话题、活动，确保每个孩子都有专属的爱（单独的陪伴），多多发现不同孩子的优点。

（3）就事论事，不以年龄长幼为评价标准，大孩子不是天生就该让着弟弟妹妹的。同理，小孩子也不是天生就该被照顾和偏爱的。

（五）课堂总结（5分钟）

师：孩子是上天给予父母的礼物，为父母带来了惊喜，也带来了一些考验。希望今天的课程，能为大家积极赋能，在了解出生顺位对孩子性格影响的基础上，进一步掌握多孩家庭相处的黄金法则。

最后还有一点点时间，家长朋友们可以自行交流讨论，也可以举手向老师进行互动！（略）

参考素材

1.理查德·泰勒普.极简父母法则：教出快乐、自信、独立的孩子 [M].北京：人民邮电出版社，2017-09.

《多孩家庭的沟通相处之道》课堂学习任务单

学校：　　　　班级：　　　　姓名：

请根据教师指引和课堂所学，完成以下学习任务

任务1：导入活动《宝妈来信》，您会如何调节故事中孩子们的矛盾呢？

任务2：多孩家庭子女典型特征及养育注意事项（要点速记）

　　（1）长子女：

　　（2）中间次序：

　　（3）幼子女：

任务3：成为多孩家庭，需要事先做好哪些"软准备"？（要点速记）

　　（1）和谐的夫妻关系

　　（2）孩子们的最佳年龄间隔

　　（3）其他孩子的心理准备

任务4：多孩家庭和谐相处的黄金法则。

任务5：请对本节课的课程设计、教学安排以及授课教师作出评价，提出您的宝贵建议，期待我们携手成长。

第八章　情绪管理

你认识自己的情绪吗

一、设计理念

一位国学大师曾说："父母的情绪会影响孩子的情绪，想要孩子情绪平稳首先家长自己的情绪要平稳。"可是很多家长面对孩子的各种状况，往往就会失去耐心，收不住自己的情绪，出现一些暴躁的言行。而如果家长带着情绪和孩子沟通，或者向孩子发泄不良情绪，不仅不会为亲子沟通带来积极作用，还会对孩子的身心健康造成一些负面影响，使孩子习得同样的方式去应对情绪，破坏亲子关系。因此，家长做好情绪管理显得尤为重要。

本节课意在通过讲授和"踢猫效应"引导家长认识到自身情绪稳定性对孩子心理及亲子关系的影响，通过情绪ABC理论掌握觉察自身情绪、调控情绪的方法，建立起稳定情绪的意识。

二、教学目标

认知目标：认识家长情绪稳定性对孩子情绪的影响；觉察自我情绪，学习调控情绪的方法。

技能目标：掌握认识情绪、合理宣泄调控情绪的方法。

情感目标：正视情绪，建立起稳定情绪、给孩子做好情绪榜样的意识。

三、教学重难点

教学重点：建立起稳定情绪、给孩子做好情绪榜样的意识；掌握觉察自我情绪、调控情绪的方法。

教学难点：正视情绪，建立起稳定情绪、给孩子做好情绪榜样的意识。

四、教学对象

各学段学生的家长

五、教学准备

PPT、气球、任务单

六、教学时长

60分钟

七、教学内容

（一）情绪传递（7分钟）

1. 小游戏：情绪传声筒（5分钟）

分组：从4种表情包中随机抽取，抽取到相同表情为一组，共四组。

师：各位家长大家好，欢迎大家来到家长课堂。在开始之前，我们先来玩一个情绪传递的游戏。

【呈现游戏规则，教师讲解】

每组组员依次排开，第一位组员随机抽取情绪词语，并获得相应的情绪场景，通过肢体和语气词进行表演，依次向后一位组员传递，最后一位组员需根据表演猜测情绪场景，并具体描述感受。（教师提前准备与开心、愤怒、难过、

恐惧相应的情绪词语)

师：大家在游戏过程中有什么样的感受呢？尽管这只是一个游戏，但是大家也能够感受到，当前一个组员展示情绪时，周围的人也是情不自禁地被对方的情绪感染并将自己的情绪代入其中。在生活中，这样的例子随处可见，情绪是可以"传染"的，它会在我们和身边人之间流动。

2.踢猫效应（2分钟）

【PPT呈现，教师讲解】

一位爸爸因为在公司受到了老板的批评很不开心，回家和爱唠叨的妈妈吵了一架→妻子觉得很窝火，看见沙发上跳来跳去的孩子，打了孩子一巴掌，并骂了他一顿→孩子捂着脸，越想越烦，狠狠地踹了身边打滚的猫一脚。

师：这就是心理学上著名的"踢猫效应"。人的坏情绪会沿着强弱组成的社会关系链条依次传递。情绪传递过程中，如果没有人主动冷静地调控情绪，那么最后的结果一定是处在家庭情绪链末端的人受伤最深，也是家庭中最无辜、最弱小的人，这个人往往是谁呢？对，就是孩子。

（二）家庭里的"情绪爆炸"（15分钟）

1.情绪失控的瞬间（10分钟）

师：父母在与孩子互动的过程中经常出现被逼得情绪崩溃的时候。大家可以回忆一下，您上一次在家庭中出现情绪崩溃是什么时候？当时发生了什么？孩子的反应是什么？您有什么样的感受？（教师引导家长分享）

师：家长们也努力想控制好情绪，可是，情绪有时会反过来控制我们，使我们被情绪牵着走。这时我们就会变得冲动，无法进行思考，忽略孩子的感受，采取下意识的反应：大声命令、指责、打骂、惩罚孩子……而这些会对孩子以及我们的关系产生什么影响呢？

2.父母情绪失控对亲子的影响（5分钟）

【PPT呈现，教师讲解】

（1）让孩子缺乏安全感。家长暴躁的行事风格会让孩子觉得自己是不被爱的，产生疑惑和挫败感，降低自身价值感，产生畏惧、胆怯、焦虑、抑郁等多种情绪和行为问题。

（2）引起孩子的不服与反抗。无端的指责和宣泄会让孩子产生不满和怨言，从而激发反抗心理，不服家长管教，激化矛盾，破坏亲子关系。

（3）坏的榜样。如果父母经常情绪失控，又不能及时向孩子解释，最终孩子会学习父母的情绪模式，甚至发展出更激烈、极端的方式。

师：我们常常是在毫无征兆的情况下陷入情绪失控的循环中，当父母的情绪平复下来，回想自己之前的行为，也难以置信那个人就是他们自己。"好像也不是什么特别生气的大事，但是那一瞬间，就是忍不住发脾气"，为什么会这样呢？这要从认识情绪开始说起。

（三）觉察与认识情绪——绘制"情绪气球"（20分钟）

1. 认识情绪（5分钟）

师：我国最早的情绪分类思想源于《礼记》的《礼运》篇，把情绪分为"七情"，即喜、怒、哀、惧、爱、恶、欲。目前，按照情绪给我们带来的感受，可以分为积极情绪和消极情绪。

【PPT呈现，教师讲解】

（1）积极情绪和消极情绪

一些情绪能带来舒适、愉悦、积极的体验，提高活动效率，具有积极的促进作用，如喜悦、自豪等，被称为积极情绪；一些情绪会使我们感到难受、不舒适，降低自控能力和活动能力，具有消极的作用，如愤怒、悲痛等，被称为消极情绪。

（2）情绪与身体

中国古代医书《诸病源候论·虚劳候》中说："七伤者……二日大怒气逆伤肝……五日忧愁思虑伤心……七日大恐惧，不节伤志……"意思是说，情绪波动过于激烈容易产生疾病，情绪和生理有着密切的联系。生理不舒服时耐性降低，更容易产生消极情绪。而当情绪出现时，身体也有自然的反应，比如紧张时食欲缺乏、愤怒时心跳加速等。不同的人在经历同一种情绪时，身体反应也是不同的。

（3）情绪的必要性

情绪没有好坏对错之分，每一个情绪都是一种语言，都是带着信息来与我们沟通的。愤怒里包含着力量和自尊自重，悲伤给自我带来疗愈与安慰等。

师：现在，我们对情绪有了一些基本的认识，而在此基础上对自我的情绪进行意识和觉察，是情绪管理的第一步。接下来，就让我们一起通过一个活动来认识自己的情绪。

2. 绘制"情绪气球"（15 分钟）

【教师拿出气球示例并讲解】

师：其实我们每个人经历的消极情绪都会给我们带来压力。现在，我们假设把我们经历的情绪都收纳在情绪气球里，给我们带来压力的消极情绪越多，气球就会越大。

【规则呈现，教师引导】

回忆近两周的情绪状态，绘制出自己的"情绪气球"。在圆形气球上按比例画出自己出现的情绪，标上情绪的名称，并把那些不愉快的、产生压力的情绪涂上红色；愉快的、减轻压力的情绪涂上绿色。

完成后分享：

（1）分享并展示您的"情绪气球"，什么颜色比较多？

（2）有哪些正面的情绪？具体说一说是哪些事带来的。

（3）那些不愉快的、带来压力的情绪，都是如何产生的？和什么有关？

师：很多父母的心里装满了琐事、压力、烦恼，处在负面情绪累积较多的时候，就会出现失控的现象，孩子的任意一个不如意的行为，都像用针扎到了气球，一地的气球碎片就像我们一发不可收的情绪，可怕的负面行为就会接踵而来。因此，我们要学会保护我们的情绪气球避免出现爆炸。

（四）保护自我"情绪气球"（18 分钟）

1. 情绪调控反思（3 分钟）

师：面对同样的"负面情绪源"，有些人的"情绪气球"会不断变大，而有些人的则可以保持稳定，避免气球爆破。这涉及面对生活事件时我们的认识，以及情绪是否稳定。大家可以思考以下几个问题。

【问题呈现】

（1）面对压力时，您会让自己以一种能帮助自己保持冷静的方式来思考吗？

（2）您能够通过改变对处境的解读、评估，来减少消极情绪，增加积极情绪吗？

（3）当感受到消极情绪时，您会有意识地隐藏，小心地不去表达情绪吗？

（4）当您和家人出现分歧时，您会先尝试与家人沟通、了解对方观点吗？

师：这几个问题，想必大家心里都会有答案。而这些问题的答案其实也反映出，您在面对消极情绪或压力时，是否能够用合理的方式去调控，这其实也是保护"情绪气球"的关键。

2.头脑风暴（15分钟）

师：大家一起开启3分钟的头脑风暴，想一想有哪些合理的方式可以保护"情绪气球"不爆炸呢？

师：当我们想要避免一个气球爆炸的时候，需要做到两点：一是增加气球的弹性，使气球不容易爆炸，二是给气球放气。在情绪管理中，这两类方法就意味着增强情绪的稳定性（学会合理调控情绪）、学会合理宣泄情绪。

【PPT呈现，教师讲解】

方法1：接纳和觉知情绪

焦虑、愤怒是亲子沟通中正常的情绪变化，要接纳这类情绪的普遍性。当情绪产生的时候，可以通过有意识地自我提醒，让自己关注到此时此刻的感受，稳定自己的情绪状态。

方法2：改变认知

情绪ABC理论告诉我们，我们可通过调整和改变我们对事物的认知和看法，改善和管理我们的情绪。我们可以用不同的眼光来看待情绪。

方法3：情绪红绿灯

当出现情绪激动时，我们可以用"情绪红绿灯"来帮助自己。红灯"停"：当自己情绪激动时，要提醒自己该做的事情是先离开当时的环境，或者是闭上嘴巴，做几个深呼吸；黄灯"想"：等自己情绪稍微平稳下来，思考采取什么样的行动才是最合适的，不会让自己后悔；绿灯"行"：情绪稳定下来就可以行动了。

方法4：适当表达

可以直接地、坦诚地和孩子表达自己的情绪，把情绪说出来，让孩子知道您目前的情绪状态。比如，"妈妈现在很生气，等一会我们再继续沟通。"

方法5：保持身心健康舒适

家长也要注意保证自己的身心是舒畅的，这样才会有更多的能力和情绪弹性来应对生活中的负面情绪。

方法6：合理宣泄

我们可以通过做一些简单的、安全的事情来宣泄自身的情绪，比如做家务、吃美食、找朋友倾诉、运动、唱歌等，避免采用攻击他人或伤害财产的方式。

3.时光穿梭

师：带着今天这节课的内容，如果再回到当时那个"情绪失控的瞬间"，您会选择怎么做？

【邀请家长分享】

（五）总结和分享

师：家长是孩子的第一任老师，您对事情做何反应也将发展为孩子对事情的反应，家长管理好自己的情绪，可以给孩子做一个好的榜样，这有利于孩子的自我管理、自我约束和整体的心理健康。也希望各位家长能够通过这节课觉察自身的情绪状态，掌握情绪调控的方法，当下一次遇到情绪上头的时候，可以及时进行调控，避免"情绪气球"发生爆炸。

（六）家庭作业——情绪日记

师：最后，也给大家留一个小小的作业，写"情绪日记"，帮助大家觉察自己的日常情绪，更好地进行情绪管理。

日记内容：

发生了什么+产生的情绪+应对方式+后果+反思

参考素材

1.【猩猩心理社】心理学效应之踢猫效应——坏情绪的连锁反应

视频网址：https://www.Bilibili.com/video/av66518260/.

2.家长课堂：做自己情绪的知心人——情绪系列微课 来源：微信公众号"省心初苑".

《你认识自己的情绪吗》课堂学习任务单

学校： 班级： 姓名：

请根据教师指引和课堂所学，完成以下学习任务

任务1：您上一次在家庭中出现情绪崩溃，是什么时候？当时发生了什么？孩子的反应是什么？您有什么样的感受？

任务2：请绘制您的"情绪气球"，并简单介绍。

任务3：当您面对濒临失控的情绪冲击时，您会采用什么样的方法来使自己冷静？（或者您认为有可能会有用的方法）

任务4：带着今天这节课的内容，如果再回到当时那个"情绪失控的瞬间"，您会选择怎么做？

任务5：请对本节课的课程设计、教学安排以及授课教师作出评价，提出您的宝贵建议，期待我们携手成长。

如何做好孩子的情绪调控管家

一、设计理念

良好的情绪管理可以成为儿童成长的内在动力，是协调儿童与周围人际关系的重要保障，对长大后的情绪认知和情绪表达具有重要的意义。如何帮助儿童建立良好的情绪管理能力是家庭教育中的重要内容，也同样是很多家长心中的难题。不了解和不理解孩子的情绪，以制止情绪出现为目的的情绪教育是很多家长陷入的误区。家长必须及早重视儿童的情感要求，正确解读孩子的情绪，对孩子的情绪做出正确引导，通过对孩子进行情绪管理教育，培养孩子的积极情绪，疏导消极情绪，帮助孩子形成良好的人际关系和良好的心理品质，为孩子终身持续地幸福成长打好基础。

二、教学目标

认知目标：认识情绪管理的类型和内容；认识家庭情绪教育中的误区。
技能目标：能够帮助孩子正确地认识情绪、表达情绪和控制情绪。
情感目标：正视情绪、建立起稳定情绪、给孩子做好情绪榜样的意识。

三、教学重难点

教学重点：认识家庭情绪教育中的误区。
教学难点：帮助孩子正确认识情绪、表达情绪和控制情绪。

四、教学对象

各学段学生的家长

五、教学准备

PPT、情绪词语

六、教学时长

60分钟

七、教学内容

（一）导入游戏——你画我猜（5分钟）

师：各位家长大家好，欢迎大家来到今天的家长课堂。在今天的课堂开始前，我想邀请各位家长朋友们和我一起完成一个游戏：你画我猜。

【PPT展示，教师讲解】

你画我猜游戏规则

请一人上台，随机抽取关于情绪的成语，并通过表情和肢体动作进行表演，请台下的家长进行竞猜。猜对的家长获得表演下一个成语的机会，可自己表演，可以指定他人表演。

师：在游戏中大家有什么感受？在刚才那个小小的游戏中我们见到和体验了很多的情绪，其实生活中也处处充满了丰富、复杂的情绪情感。当我们的孩子产生各种情绪，尤其是负面情绪时，家长们会如何应对呢？

（二）儿童情绪管理的误区（8分钟）

师："不要哭了，再哭我就打你了！""别哭了，哭也没用！""我现在也很烦，你不要没事找事！"在孩子哭闹、发脾气的时候，如果您曾经说过类似的话，这其实就进入了情绪教育的误区。

【PPT展示，教师讲解】

情绪管理教育的误区

1.制止情绪。如孩子在哭时，大人严厉制止。

2.否定情绪。回避或者拒绝孩子的情绪表达。比如在孩子害怕时说"这有什么可害怕的"，在孩子生气时说"你没必要生气"。

3.处理不当引发情绪大战。比如孩子玩玩具，玩不好，有些着急，被父母定义为"你怎么这么没有耐心！"然后把孩子暴打一顿。

师：大家可以思考一下，您进入过情绪教育误区吗？这三种情绪教育本质上是忽略了孩子哭闹、急躁的背后需求，是对情绪的一种压抑，是无效的。而父母首先也要控制好自己的情绪，对孩子的情绪做出正确地判断和应对。

（三）在家庭教育中的四种情绪教育类型（20分钟）

师：父母在家庭教育中的情绪管理类型大致可分为以下4类，了解自己属于哪一类情绪教育类型，可以帮助家长了解自己与孩子之间的亲子问题，以便在亲子教育中采用正确的方式。

【PPT展示，教师讲解】

情绪教育类型之一——忽视型家长

1.不重视孩子的情绪感受，甚至觉得无所谓，偶尔还会取笑或轻视孩子的情绪。

2.认为情绪有好坏之分，坏情绪对生活本身没有任何益处。

3.不能容忍孩子表现出负面情绪，一旦有这种倾向，就急于转移孩子的注意力。

4.认为小孩子的情绪在一段时间后会消失，因此不当一回事。

5.对于孩子无法控制的情绪，持有恐惧心理。

师：在忽视型情绪父母教育下成长的孩子，在感受和调节情绪方面会表现得比较迟钝，觉得自己不被重视。由于缺失正确引导，孩子对自己正在经历的情绪无法分辨，于是陷入彷徨和困惑中，甚至会盲目的自卑，在日常学习和生活中遇到困难会产生逃避行为。

【PPT展示，教师讲解】

情绪教育类型之二——压抑型家长

1.轻视孩子的情绪感受，甚至认为情绪表达是错误的，于是批评孩子。

2.这类家长更看重孩子的行为，会针对孩子的行为进行责骂或打孩子。

3.认为孩子的负面情绪产生的原因在于懦弱的性格。

4.认为孩子想通过负面情绪满足自己的要求。

5.不惜采用打骂的方式帮助孩子消除负面情绪，以便做出正确的行为。

师：在压抑型情绪教育下成长的孩子，自尊感会非常低。由于孩子过分地压抑自己的情绪，孩子有时会走向极端，会意志消沉，自我调节情绪能力不足，有的则具有冲动或攻击性行为倾向，本能地用拳头解决问题。

【PPT展示，教师讲解】

情绪教育类型之三——放任型家长

1.不区分情绪是好是坏，对孩子的情绪全部包容。

2.无论对孩子情绪还是行为，从来不划定界限。

3.认为一旦情绪得到发泄，就万事大吉。

4.除了包容孩子的负面情绪、安慰孩子，认为没有其他可以做的了。

5.对于孩子如何处理情绪及解决问题，从不重视。

师：在放任型父母教育下成长的孩子，往往难以认识行为的界限，以自我为中心，分不清哪些行为才是合理的，难以与他人沟通，也无法体谅他人。因此，人际关系容易出现不和谐，解决问题的能力也相当欠缺，有些孩子反而会因此出现自卑心态。

【PPT展示，教师讲解】

情绪教育类型之四——情绪管理型家长

1.认为情绪没有好坏之分。

2.包容孩子的情绪，但对其行为划定明确的界限。

3.当孩子表达自己的情绪时，给予足够的耐心。

4.重视与孩子之间的情感沟通。

5.尊重孩子的独立自主性，引导孩子独立摸索解决矛盾的方法。

师：在情绪管理类型父母教育下成长的孩子，会因为家长肯倾听、接纳和理解自己而感到来自家长强有力的内心支持，感受到自己的价值，自然而然地对家长产生信赖感。由于家长能够关注和重视孩子的情绪，会大大提升孩子的自我成就感和自信心。

大家可以思考一下，您属于哪一种情绪教育类型，对于成为情绪管理型家长，您还有哪些距离？

（四）培养儿童情绪管理能力（25分钟）

师：也许很多家长会认为，情绪管理就是不要乱发脾气，不要随意苦恼，但实际上这是对情绪管理的不完善认识。我们在帮助孩子做情绪管理时，要从认识情绪、控制情绪、表达情绪三个方面共同教育。

1. 帮助孩子识别与理解情绪

师：在教会孩子情绪管理之前，最基础也是最重要的一步就是先帮助孩子识别和理解不同类型的情绪，家长要做到以下几点。

【PPT展示，教师讲解】

如何帮助孩子识别和理解情绪

（1）家长要主动引导孩子认识和积累大量的情绪词汇，使孩子在出现情绪时能够用相关词汇进行准确的描述反馈。

（2）帮助孩子识别情绪线索，引导孩子观察这种情绪出现时人类的表情、神态、肢体动作、语言倾向等，比如烦恼的时候会皱眉、唉声叹气；生气的时候会咬牙切齿，甚至挥舞拳头、大声咆哮等。

（3）和孩子一起寻找情绪发生前都发生了什么事，帮助孩子理解情绪发生的原因。

（4）将对情绪识别的学习贯穿在日常生活中，可以通过网络、绘本、可视化材料来进行学习，也可以通过观察身边的人和生活场景来进行学习。

2. 帮助孩子控制自己的情绪

师：有时候孩子知道自己正处在情绪激动中，但是难以控制自己。这个时候家长可以教给孩子一些小的控制情绪的技巧，比如"情绪红绿灯"。

【PPT展示，教师讲解】

用"情绪红绿灯"来帮助自己

红灯"停"：情绪激动时，要提醒自己，现在是红灯状态，要做的事情是先离开当时的环境，或者是闭上嘴，做几个深呼吸。

黄灯"想"：等自己情绪稍微平稳下来，就是黄灯状态了，这时要思考，采取什么样的行动才是最合适的，不会让自己后悔。

绿灯"行"：考虑好了，这个时候情绪也就稳定下来了，这时就可以行动了。

师：除了一些技巧之外，家长们还需要做到以下几点，避免孩子出现情绪失控。

【PPT展示，教师讲解】

如何避免孩子出现情绪失控

（1）增加孩子对情绪的体验，感受产生这些情绪的后果，领悟失控的消极情绪会让自己和对方感到痛苦，不利于事情的解决。

（2）在合理范围内，允许孩子通过自己的方式适度宣泄情绪。

（3）转移注意力到其他愉悦的活动上。

（4）树立家长榜样，当出现情绪激动时，避免在孩子面前出现失控行为。

（5）孩子成功控制住情绪时要及时鼓励。

（6）培养生活幽默感，学会积极地自我暗示。

3. 帮助孩子表达自己的情绪

师：当情绪发生时，一定程度上表明儿童有了一定的需求，压抑和放纵都不利于孩子的心理健康发展，因此家长要用正确的方式引导孩子用正确、合理、有利于事情解决的方式进行情绪表达。

【PPT展示，教师讲解】

（1）孩子出现情绪时，耐心等待孩子的情绪平复，再引导孩子学会如何合理地描述情绪，比如"我看你很伤心，是因为什么呢""是什么事情让你这么生气呀"，让儿童懂得把自己的情绪状态表达出来，问题才能解决。

（2）家长要给孩子完整表达的机会，耐心聆听、交流，了解孩子产生情绪的真正原因，才能更好地疏导孩子的负面情绪。

（3）帮助孩子学会合理表达、合理宣泄负面情绪的方式，比如运动、听音乐、画画、做自己感兴趣的活动等。

（4）平时生活中要与孩子多交流自己的情绪感受，为孩子树立表达情绪的榜样。

（5）建设良好的家庭氛围，可以在家中设置温馨民主的座谈会，给孩子表达各种情绪的机会，让孩子知道家是安全的，情绪是可以被接纳的。

师：我们要让孩子知道，每种情绪都是有用的，有些情绪是需要表达的，不能憋住，也不能肆意地发泄，重要的是在情绪来临时接纳它，用合理的方法进行表达和宣泄。

（四）总结（2分钟）

师：淘气、顽皮是孩子的天性，不要试图用大人的标准要求孩子。家长们要学会用平等的姿态和孩子对话，帮助孩子表达和管理情绪，走出情绪教育的误区。同时，在情绪管理的问题上，父母也是孩子无意识参考的模本，希望各位家长在家庭中能够为孩子们做出良好的示范。

参考素材

1.《让孩子成为情绪的主人——浅谈家庭教育中的儿童情绪管理》 来源：妇联

2. 王承凯.儿童情绪管理训练[M].北京：中国纺织出版社，2019.

《如何做好孩子的情绪调控管家》课堂学习任务单

学校：　　　　　班级：　　　　姓名：

请根据教师指引和课堂所学，完成以下学习任务

任务1：您进入过情绪管理教育的误区吗？

　　1.在孩子哭闹时严厉制止。（有/无）

　　2.回避或者拒绝孩子的情绪表达。（有/无）

　　3.处理不当引发争吵。（有/无）

任务2：您认为自己是什么类型的情绪教育？对于成为一名情绪管理型家长，还有哪些距离？

任务3：关于本节课中提到的培养儿童情绪管理能力，您印象最深刻的内容有哪些？

任务4：请对本节课的课程设计、教学安排以及授课教师作出评价，提出您的宝贵建议，期待我们携手成长。

聚焦愤怒——做孩子怒火的灭火器

一、设计理念

愤怒是基本情绪之一，也是个体最常出现的一种消极情绪。尽管每个孩子愤怒时的激动程度以及表达方式各不相同，但愤怒产生的报复性和破坏性都会伤及自身的身心健康，也会对他人造成不良影响。面对孩子的这种情绪，家长要运用科学的态度和方式来应对，绝不能一味地压制和斥责，更不能以暴制暴。否则，孩子压抑的情绪长期得不到宣泄，等进入青春期后，其叛逆心理和暴力倾向就会更加明显。本节课带领家长认识并理解儿童的愤怒情绪，了解儿童愤怒的表现，学会用积极的态度和合理的方法对待孩子的愤怒情绪。

二、教学目标

认知目标：认识孩子产生愤怒的原因；认识孩子产生愤怒的行为表现。

技能目标：能及时注意到孩子愤怒情绪；学会用正确方式对待孩子的愤怒情绪。

情感目标：用理解的心态面对孩子的愤怒情绪。

三、教学重难点

教学重点：能及时注意到孩子愤怒情绪；学会用正确的方式对待孩子愤怒情绪。

教学难点：用理解的心态面对孩子的愤怒情绪。

四、教学对象

小学生的家长

五、教学准备

PPT、课前调查、游戏道具准备、课堂任务单

六、教学时长

60分钟

七、教学内容

（一）导入：感受愤怒情绪（8分钟）

师：各位家长大家好，欢迎大家来到家长课堂。在上课之前，我们先来做一个游戏。

【规则呈现，教师讲解】

随机两位家长为一组，一位家长使用积木尽可能搭高房子，另一位家长尽可能搞破坏，游戏持续2分钟，轮流交替进行。结束后教师采访家长的心情。

师：在游戏中，随着积木的反复被推到，有些家长已经出现了恼怒的情绪，其实这非常正常，因为我们希望完成积木，但是这种希望却遭到了破坏。生活中无论是大人还是儿童都会产生愤怒情绪，但是孩子不会像成人一样很好地表达和控制。我想很多家长一定也见识过孩子的"脾气"，点着过孩子的怒火。

（二）孩子的情绪火焰山（15分钟）

师：为了避免被孩子的怒火烧到，首先我们要先能看到孩子情绪里的火焰。请各位家长完成孩子的情绪火焰山。

【规则呈现，教师讲解】

您的孩子最近两周出现愤怒生气的情绪有几次？每出现一次，就画出一朵火花，并标注出当时发生了什么？您是怎么应对的？完成后分享。

师：火花越多，家长就越需要重视孩子的情绪健康。作为家长，我们绝不是站在道德制高点来俯视孩子的愤怒情绪。我们应首先对孩子的愤怒情绪有一个客观的认识，这样才能因势利导。

（三）了解孩子的愤怒（15分钟）

1.孩子为什么会愤怒

师：没有人会无缘无故得生气，当您认为孩子的情绪来得莫名其妙时，也许是因为您没有发现孩子的心理需求。根据刚才完成的"情绪火焰山"，大家可以分析孩子出现愤怒时的情境，理解孩子愤怒情绪产生的原因。

【PPT呈现，教师讲解】

愤怒产生的主要原因：

（1）诉求得不到满足。

（2）权益受到侵犯或受到不公平对待。

（3）自尊心受挫。

师：万事皆有理，作为家长一定要清晰地知道孩子当下产生愤怒情绪的深层原因是什么，这样才能更好地帮助家长们正确处理孩子的怒火。

2.孩子表达愤怒的行为有哪些

师：对于孩子而言，他们的喜怒哀乐都会直白地表现在脸部表情和肢体语言中，只要家长稍稍留意，就能发现孩子的情绪反常。结合刚才完成的"情绪火焰山"，想一想，您的孩子在发怒时会怎么做？

【PPT呈现，教师讲解】

（1）语言攻击：孩子在愤怒的时候，最直接的反应就是将不满和愤懑通过吼叫甚至辱骂的形式传达给他人。

（2）行为攻击：假如语言攻击还无法缓解他们的愤怒之情，就会上升到行为攻击的层面。他们通过拳打脚踢、撕扯咬人等这种暴力且带有报复性的行动来表示自己的强烈不满和激动。

（3）打滚要赖：要赖也是孩子喜欢采取的一种表达愤怒的方式，往往伴随哭闹。

（4）冷暴力：随着年龄的增长，孩子表达愤怒的方式也更加内敛。比如有的孩子会将自己关在房间里，或者长时间不和对方说话。

师：随着孩子年龄的增长，孩子表现出来的愤怒形式也有所不同，同时也会受到家庭环境和模仿学习的影响，因此家长需要明亮双眼，有效辨识出孩子的情绪，避免孩子压抑和积累不良情绪。

（四）应对孩子愤怒的误区（5分钟）

师：每当孩子燃起愤怒的火焰时，家长总是希望快速平息，越是着急越容易陷入应对的误区，采用无效的手段。

【PPT呈现，教师讲解】

应对愤怒的错误方法

1.妥协：有的家长会心疼孩子或急着解决问题，因此只要孩子一有情绪就马上满足孩子的要求，本来孩子的脾气可以在当下自己慢慢缓和，但立即妥协的这一做法反而强化了孩子发脾气的行为。

2.暴力法：用更强的愤怒情绪制止孩子，这不光不能使孩子冷静，还可能会激发他的逆反心理，助长他的不良情绪，变得越来越暴躁。

3.冷处理：父母对孩子不做任何回应的话，孩子的安全感得不到保障，会和父母形成不安全的依恋关系，严重的将会影响到心理健康。

师：其实我们不难看出，很多我们家长习以为常的方式看起来当下压制住了孩子的情绪，但实际上对于孩子长期的心理发展和如何应对情绪并没有很好的帮助，家长们应学会掌握正确的方式技巧。

（五）正确应对孩子的愤怒情绪（15分钟）

1.及时处理孩子愤怒的火苗

师：怒火是一点点燃烧起来的，而愤怒的火焰一旦燃烧，要想熄灭，就得费一番功夫了。如果能将孩子的愤怒扼杀在萌芽阶段，不但父母可以省去很多麻烦，对孩子的身心健康也大有益处。作为家长，我们要学会识别孩子愤怒情绪爆发前的"不痛快"，及时扼杀的愤怒火苗。

【PPT呈现，教师讲解】

关注孩子在发火前有哪些征兆

（1）表情不快，如眉头紧锁，小嘴撅得高高的，甚至咬牙切齿。

（2）如果原本爱说爱笑的孩子突然沉默或独处。

（3）对平时感兴趣的事物失去兴趣。

（4）孩子生气发怒之前，会主动通过外在行为来缓解自己的愤怒，比如扔玩具、踢门或者乱抛食物等。

师：孩子表现出"不痛快"时，家长不要不分青红皂白地责怪孩子，搞清事情的原委比单纯地制止他们的不良行为重要得多，要及时有效地对孩子进行疏导，帮助孩子熄灭火焰。

2. 用合理的方式帮助孩子熄灭火焰

【PPT呈现，教师讲解】

（1）有意识地转移话题或引导孩子做别的事情来分散注意力。

（2）正视并理解愤怒情绪的出现，让孩子觉得自己的情绪没有受到压制和忽视。

（3）了解愤怒情绪发生的过程，帮助孩子认识自己生气的原因是否合理，同时也发现孩子的深层需求，有针对性地解决问题。

（4）指导孩子用正确的方式宣泄愤怒情绪和解决问题，避免破坏性后果。

（5）帮助孩子设置"冷静期"，在察觉愤怒时给自己时间冷静。

（6）鼓励孩子直截了当地表达自己的愿望，而不是采取消极态度。

（7）家长以身作则，不乱发脾气。

师：根据这节课的内容，反思过去处理孩子情绪的方式，如果让您浇灭火焰山中的火焰，您会做出什么尝试呢？

（六）结语（2分钟）

师：实际上，孩子产生愤怒情绪并不可怕，当孩子们出现愤怒的情绪时，家长要及时发现、正确理解，做好疏导，教会孩子利用正确的方式进行情绪疏导，孩子就能更好地应对产生愤怒的情景和压力，更好地宣泄愤怒情绪。

（七）拓展测试：您的孩子情绪稳定吗

师：您的孩子是属于情绪变化无常的人群，还是属于情绪稳定性较好的人群？通过下面的小测试进行检测，可以更好地了解孩子。

回答下列问题，答案为"是"得1分，答案为"否"不得分。

1.孩子是否常常会因为不顺心的小事生闷气、不说话，甚至大发雷霆？

2.孩子是否会经常莫名其妙地发脾气，并且还不肯说出理由？

3.孩子是否会因为某人弄坏了他的东西而迁怒于其他人？

4.孩子是否会无节制地吃零食，进而影响到正常进食，在该吃饭的时候却不肯好好吃饭？

5.和同龄人一起玩耍时，孩子是属于受欢迎的，还是经常被孤立的？

6.孩子是否经常和小朋友生气、吵架？

7.每次和小朋友吵架后，孩子是否都会恶狠狠地发誓："下次再也不和×××一起玩了！"

8.孩子生气时，是否会在背后诅咒或辱骂对方？

9.孩子不开心的时候，是否喜欢动手打人，或者用牙齿咬人？

10.孩子被错怪或被误解的时候是否会情绪非常激动，甚至做出一些过激的行为？

11.孩子是否经常会莫名其妙地感到头疼、背疼或肚子疼？

12.孩子是否会不分时间、场合地乱发脾气，比如在朋友家或者在商场里？

13.要求得不到满足时，孩子是否每次都发脾气，甚至歇斯底里，不达目的不罢休？

14.没有完成家长或老师交代的任务时，孩子是否会感到很羞愧？

15.孩子的情绪是否很容易受到周围人的影响，比如别的小朋友激动，他也会跟着一起激动，哪怕什么状况都还没有搞清楚？

16.一个人待着的时候，孩子是否会觉得手足无措，不知道该做什么？

17.孩子生气的时候是否会语无伦次、大哭大闹，甚至昏厥？

18.您和您的爱人是否容易暴怒，无法控制自己的脾气？

19.你们的家庭氛围对于孩子来说是和谐、宽容的，还是苛求、严格的？

20.孩子是否经常对他身边的人大呼小叫、颐指气使?

答案解析

0~6分,说明您的孩子情绪稳定程度很高,不容易偏激,通常情况下都能很好地控制自身情绪。

8~13分,说明您的孩子比较脆弱,容易受到伤害,情绪也容易产生起伏、波动,但是他们的自我评价比较积极,并能在大人的帮助下及时调节情绪。

14~20分,说明您的孩子情绪极不稳定,爱发脾气,甚至无理取闹。如果情绪无法得到宣泄,还有可能伤害自己、伤害他人。这类孩子情绪自控能力很差,从而导致自我评价消极,缺乏自信。由于不懂如何控制情绪,他们很容易情绪波动,内心痛苦、纠结。所以对待这类孩子,大人一定要付出更多的耐心和关爱,帮助他们学会疏导不良情绪,掌握科学的情绪自控方法,建立正面情绪。

参考素材

1.《儿童情绪心理学》第二章 愤怒是团小火焰,幼小心灵的怒火为何烧不尽?

《聚焦愤怒——做孩子怒火的灭火器》课堂学习任务单

学校:　　　　班级:　　　　姓名:

请根据教师指引和课堂所学,完成以下学习任务

任务1:您的孩子最近两周出现愤怒生气的情绪有几次?每出现一次,就画出一朵火花,并标注出当时发生了什么?您是怎么应对的?完成后分享。

任务2:分析孩子出现愤怒时的情境,在小组内讨论孩子容易产生愤怒情绪的原因有哪些?

任务3:根据这节课的内容,反思过去对孩子情绪的处理方式,任选任务1中的一朵火花,用合理的方式灭火。

任务4:请对本节课的课程设计、教学安排以及授课教师作出评价,提出您的宝贵建议,期待我们携手成长。

聚焦难过——当孩子难过时，家长该怎么办

一、设计理念

消极情绪和情感是一种正常的情绪反应，也是必要的情绪反应，有其存在的正面意义。而在中国传统教育背景下，悲伤的表达被视为情感脆弱。很多家长们对孩子消极情绪的反馈较为不清晰，习惯性地忽略，抑或是觉得孩子"矫情"，对于孩子的悲伤常常视而不见、掉以轻心，觉得孩子自己哭一会儿就好了。但事实上，孩子缺乏自我调控能力，长期对悲伤情绪的压抑，不仅会影响孩子的身心健康，还会对孩子性格的养成产生不良影响，可能导致孩子怯懦、自闭、抑郁等。家长要建立起对悲伤情绪的正确观念，用正确的态度和方法面对孩子的消极情绪，帮助孩子认识到自己的悲伤，帮助孩子掌握正确的自我调控方法。

二、教学目标

认知目标：认识悲伤等负面情绪出现的原因；了解孩子应对悲伤情绪方法。

技能目标：掌握应对孩子悲伤情绪的方法。

情感目标：用正确积极的心态重视孩子的悲伤情绪。

三、教学重难点

教学重点：理解孩子当下悲伤情绪产生的原因。

教学难点：支持并帮助孩子应对悲伤情绪。

四、教学对象

中小学家长

五、教学准备

PPT、课前调查、游戏准备

六、教学时长

60分钟

七、教学内容

（一）视频导入（10分钟）

师：各位家长大家好，欢迎大家来到家长课堂。在上课之前，我们先来看一个视频。

【视频展示】

视频《生活中让人难过的瞬间》

师：在看这个视频的时候，您感受到了什么？请用一两个词来概括。是的，我们会感到悲伤、难过。难过是人基本情绪之一，通常是因为丧失感，失去了一些重要的东西而产生的感受。所以各位家长一定要理解，并不是只有永远开心的孩子才是正常的，在正确的场合表现出对应的情绪才是健康的孩子。大家也可以通过拓展测试，看一下自己的孩子是正性情绪更多，还是负性情绪更多。

（二）为什么要重视孩子的难过情绪（7分钟）

师：很多家长见惯了孩子流泪，所以对于孩子的悲伤常常视而不见、掉以轻心，即便孩子大哭也会想：一会儿就过去了。但事实上，如果缺乏自我调控能力，悲伤情绪一直压在心头，不仅会影响孩子的身心健康，还会对孩子性格的养成产生不良影响，可能导致孩子怯懦、自闭、抑郁等。

【PPT呈现，教师讲解】

世界上最小的抑郁症患者只有3岁，并且约有5%的儿童和青少年患有这一精神障碍。中国科学院心理研究所发布《中国国民心理健康发展报告》，根据报告显示，2020年，我国青少年抑郁检出率为24.6％。其中，重度抑郁的检出率为7.4％。这类孩子大多失去他们本应用的活泼和热情，对一切都感到厌倦，变得孤僻、易怒，情绪低落，甚至做出过激的行为来伤害自己和他人。

师：孩子需要宣泄负面情绪，但家庭无法给予其足够的支持和帮助，使孩子负面的情绪状态长期得不到疏解，这或许就会成为抑郁症的开始。作为家长，我们应该和孩子一起，帮助孩子正确地认识悲伤，快速地从悲伤情绪中走出。

（三）孩子的情绪乌云（10分钟）

师：悲伤就像一朵朵乌云，遮掩住了孩子的阳光，很容易产生心理问题。而我们如果想要帮助孩子驱赶乌云，首先要做的是找到孩子的乌云。

【规则呈现，教师讲解】

回顾最近两周孩子出现的悲伤情绪，每出现一次就画一朵乌云，并在乌云上标注，当时发生了什么？您是怎么做的？

师：乌云越多，家长就要警惕孩子的情绪状态，若是忽视孩子悲伤的情绪状态，就可能会加重乌云，使孩子陷入更深的情绪泥潭中。

（四）支持帮助孩子摆脱难过情绪（30分钟）

1.读懂孩子的眼泪（10分钟）

师：哭，是儿童最常见的表达悲伤情绪的行为。可是孩子的哭声也同样是一件令父母头疼的事情，尤其是当孩子没完没了地哭泣时，更会令父母心烦意乱。家长们可以回忆一下，当您的孩子一直哭个没完的时候，您是怎么做的呢？

【PPT呈现】

大声斥责孩子，希望孩子立刻停止？

用哄骗的方法，让孩子安静下来？

用讲道理的方式，让孩子不再哭泣？

师：作为家长，您会选择哪种方式？或者您曾经选择过哪种方式？但其实，经过家长们的实践，大家可能会发现这些方法均不太奏效，有时甚至会让孩子哭得更加厉害。哭得不到解决，就意味着悲伤的情绪仍然存在。家长要学会正确理解孩子的眼泪，才能更好地处理并疏导孩子的难过情绪。

【PPT呈现，教师讲解】

（1）"哭"只是孩子悲伤情绪产生的行为，是一种结果，并非原因，要根据不同的原因解决问题。

孩子哭，原因主要有三种：一是身体不舒服，二是情绪不佳，三是用哭闹来达到某种目的。如果是前两种原因，需要家长的理解与安抚。如果是第三种情况，家长不必过于在意，否则不但无法改善孩子爱哭闹的毛病，还会让孩子习惯性地把哭当作武器来"要挟"家长。

（2）从心理学角度来说，哭泣并非全无益处。

哭泣是一个发泄口，将内心的不良情绪发泄出来，有助于维持心理的健康与平衡。

师：当孩子大哭时，我们要辨别孩子哭泣的真正原因，如果孩子是因为出现悲伤难过的情绪而掉眼泪，我们就要用合理的方法去和孩子一起处理难过情绪。

2.当孩子难过时，家长要怎么做（20分钟）

师：那当孩子伤心难过的时候，家长们正确的做法是什么呢？

【视频呈现，教师讲解】

《头脑特工队》视频片段：冰棒很难过，乐乐一直鼓励冰棒不要难过，开心起来，但是却没有用。忧忧陪在冰棒身边，理解说出了冰棒的感受，告诉冰棒这确实很值得伤心，冰棒大哭了一场后重新开心起来。

师：当难过情绪出现时，我们选择性地忽视，一味地要求对方开心，可能并不能达到缓解难过的目的。而陪伴、接纳、理解才是缓解悲伤的最好方式，面对孩子的悲伤，家长们可以做到以下几点。

【PPT呈现，教师讲解】

1.允许悲伤

孩子出现难过情绪，说明感到了"缺失感"，这对孩子来说其实也是一件痛苦的事，悲伤情绪的产生是不可避免的，所以要允许孩子伤心，这是正常的。

2.帮助孩子表达悲伤

家长要帮助孩子表达出悲伤情绪，说出情绪的过程也是接纳情绪的过程，同时还可以帮助家长更好地关注到孩子的情绪动态。

3.理解孩子的悲伤

理解孩子的悲伤，可以让孩子感受到温暖并产生安全感，会更愿意向家长表达，避免了对情绪的压抑。

4.陪伴孩子

陪伴孩子一起去面对情绪，这种陪伴不一定是空间上的陪伴，而是要用家长的支持和包容让孩子感受到，无论情绪有多糟糕，爸爸妈妈都会和自己一起面对，可以提高孩子面对不佳情绪时的抵御能力。

师：允许—表达—理解—陪伴，可以为孩子营造一个舒适的家庭情绪区，让他知道他的伤心是正常的，他的痛苦是可以被接纳的，爱他的人永远都在他身边和他一起面对，这会有效地帮他处理悲伤情绪。除此之外，家长们做到以下几点还可以减少孩子悲伤情绪的产生。

【PPT呈现，教师讲解】

（1）不要为了磨炼孩子的毅力，有意识地让孩子吃苦，却因此忽视孩子的悲伤与痛苦。

我们不提倡溺爱孩子，但是对孩子幼小心灵的创伤与悲痛也绝不能坐视不理，孩子更需要的是爱和包容，理解和自由。

（2）多表达对孩子的认同，提高孩子的自信和自尊水平，增强情绪弹性。

（3）给孩子关于情绪管理的建议，尤其是对悲伤情绪来说，正确地表达非常重要。

（4）当孩子出现情绪时，不要着急让孩子平息，给孩子自己平复心情的时间，在此期间家长提供理解和陪伴就好。

（5）营造一个舒适的保护区，让他知道他的这种情绪是正常的，爱他的人永远都在他身边，这样可以有效地帮他处理悲伤情绪。

（6）引导孩子正确认知，对失败进行正确归因，哪些是自己可以做的努力，哪些是无法努力的外界因素，避免孩子因为错误归因而丧失信心，产生难过。

师：家长在孩子的情绪情感世界中，扮演着至关重要的角色。大家可以根据这节课学到的内容，回顾孩子的"情绪乌云"，想一想，如果让您重新回到那个孩子难过的时刻，您会选择怎么做？

（五）结语（3分钟）

无论是婴幼儿，还是长大成人的中青年，每个人都会有悲伤难过的时候。孩子的每一次难过，都是家长了解他们内心世界的重要时机。充分地理解、接纳，贴心地陪伴是帮助孩子驱赶乌云的太阳，可以帮助孩子在今后的人生道路上前行，让家长成为孩子的守护人。希望每一位家长，都能成为孩子心中照散乌云的那道光。

（六）拓展测试

您的孩子主要被哪一种情绪主导呢？通过以下测试可以做出初步的判断。回答下列问题，答案为"是"则得1分，答案为"否"则不得分。

1.孩子最近是否经常无缘无故地闷闷不乐，喜欢一个人待在房间里？

2.孩子是否容易生气、发怒，并且不解释理由？

3.孩子是否在某段时间内对什么都不感兴趣，提不起兴致？

4.孩子是否容易走神，做事不专心？

5.孩子是否时常对别人表露出敌意？

6.孩子是否愿意与同龄人交往？

7.当小朋友们一起玩时，孩子是否更愿意做一个旁观者，而不是参与者？

8.孩子放学回家后，是否经常和父母谈论学校里发生的趣事？

9.孩子是否害怕去学校？

10.孩子在学校里的好朋友是否不多？

11.孩子是否经常流露出不喜欢学校或老师的情绪？

12.孩子睡眠质量是否不高？是否经常做噩梦或从梦中惊醒？

13.孩子是否会莫名其妙地流泪、哭泣？

14.孩子是否会因为一件小事而长久地陷入悲伤之中无法自拔？

15.有客人来访，孩子是否不够热情和开心？

16.孩子是否会经常感到莫名的恐惧？

17.孩子是否对自己不够自信，认为自己做不好某事或完不成任务而抑郁担心？

18.在人多的地方，孩子是否非常害羞，不肯说话？

19.孩子是否一遇到挫折就会退缩，意志力不够坚定？

20.孩子是否看上去没有活力、精神不振？

答案解析

0~6分，说明孩子最近心情不错，情绪稳定，并且充满了积极向上的力量。

7~13分，说明您的孩子最近情绪不是很高涨，甚至有些低落。家长可以和孩子谈谈心，找出孩子情绪消沉的原因，帮助孩子消除不利因素，让他们重新振作起来。

14~20分，说明孩子目前情绪非常消极，心情非常糟糕。作为家长，在努力找出原因的同时，要给孩子足够的关心和爱护，要让孩子感受到来自父母的温暖，打开心扉，重建积极向上的情绪。

参考素材

1.视频《一个人最难过的瞬间，你经历过几个？》网址:https://www.bilibili.com/video/BV1GL411H7c8/?spm_id_from=333.337.search-card.all.click.

2.迪士尼动画电影《头脑特工队》.

3.《儿童情绪心理学》第三章 悲伤抽泣为何般？破译"宝宝心里苦"的心灵密码.

《聚焦难过——当孩子难过时，家长该怎么办》
课堂学习任务单

学校：　　　　班级：　　　　姓名：

请根据教师指引和课堂所学，完成以下学习任务

任务1：回顾最近两周孩子出现的悲伤情绪，每出现一次就画一朵乌云，并在乌云上标注，当时发生了什么？您是怎么做的？

任务2：根据这节课的内容，在任务1中任选一朵乌云，如果让您重新回到那个孩子难过的时刻，您会选择怎么做？

任务3：请对本节课的课程设计、教学安排以及授课教师作出评价，提出您的宝贵建议，期待我们携手成长。

聚焦焦虑——让孩子告别"压力山大"

一、设计理念

焦虑是一种复合情绪，是指个人对即将来临的、可能会造成的危险或威胁所产生的紧张、不安、忧虑、烦恼等不愉快的复杂情绪状态。焦虑本身是人类的一种正常的情感反映，但是过度的焦虑或过弱的焦虑就会形成情感性或生理性疾病。在中小学阶段，孩子存在着各种类型的焦虑情绪，孩子需要被家长和学校正确地引导。因此，家长建立起有关孩子面对焦虑的正确观念，学会用积极、接纳的心态面对孩子的焦虑情绪，用平常心对孩子进行负面情绪教育，化压力为动力，是一件重要且必要的事。本节课将带领家长正确认识焦虑，帮助家长掌握帮助孩子面对焦虑的方法。

二、教学目标

认知目标：认识儿童焦虑情绪的类型及影响，认识正确应对焦虑的方法。

技能目标：掌握帮助孩子缓解压力的方法。

情感目标：用正确的心态面对孩子的焦虑情绪。

三、教学重难点

教学重点：认识儿童的焦虑情绪，掌握帮助孩子应对焦虑的方法。

教学难点：掌握帮助孩子应对焦虑的方法。

四、教学对象

中、小学生的家长

五、教学准备

PPT、课堂任务单、气球

六、教学时长

60分钟

七、教学内容

（一）导入游戏——压力爆炸游戏（12分钟）

师：各位家长大家好，欢迎大家来到今天的家长课堂。在上课前，我们先来玩一个游戏。

【规则呈现，教师讲解】

准备一些气球，每位家长分发两个后进行吹气。

第一轮由家长自行吹气，尽可能吹大，吹大后系紧绳子避免泄气。

第二轮由老师发号施令，哨声停止前不能停止吹气，吹大后系紧绳子避免泄气。

家长对比两轮气球的大小。

【引导家长分享】

1.对比一下手中的两只气球，哪轮吹的气球更大一些？

2.要求您持续吹气且哨声没有停下时，您有什么样的感觉？

3.感觉手里的气球越来越大了，您有什么样的感受？您有什么反应？

师：通过刚才这个游戏，家长能够体验到当我们面对压力时，会感到焦虑感，且压力越大，越焦虑。同时，我们会不自觉地产生一些对应的行为来应对，如退缩、尖叫、寻求他人帮助等方法。随着社会飞速发展，孩子的压力源也越来越多，竞争越来越大，孩子更容易产生焦虑感。因此，我们需要感受当孩子面临压力时的情绪，更好地理解孩子。

（二）了解儿童的焦虑情绪（20分钟）

1. 儿童焦虑的类型

师：焦虑是因为过度担心而产生的一种烦躁情绪，在面临压力时，几乎所有人都会出现焦虑情绪，这是一种很正常的现象，也是一种自我保护的本能。正常的焦虑情绪能够帮助我们面对突发的事件，但是长期的焦虑情绪却会影响我们的心理健康。从理论上讲，儿童焦虑症一般可分为以下五种类型。

【PPT呈现，教师讲解】

（1）素质性焦虑。有这种焦虑情绪的孩子，通常神经系统发育不是很健全，对周围的环境非常敏感，因此，即使极其细微的变化，也能引起他们情绪上的不安。

（2）环境性焦虑。这是孩子在精神压力大的外界环境中而产生的焦虑情绪。如果家庭中父母关系不和睦，学校同学之间关系不友好，孩子长期处在这种环境中就容易紧张、烦躁，极易产生焦虑情绪。

（3）境遇性焦虑。这类焦虑通常是由某个突发事件引起的，比如在家庭发生重大变故时，孩子就会担心未来可能发生的种种不好事件，因此心理上压力过大而导致情绪不稳定。

（4）期待性焦虑。如果父母对孩子要求过于严格或者期待过高，超出孩子的能力范围，就可能导致孩子产生期待性焦虑。因为担心达不到父母的期望和要求而受到斥责，孩子就会感到紧张、害怕，甚至产生羞愧情绪。

（5）分离性焦虑。当孩子与熟悉或亲近的人分开时，孩子会哭闹、情绪低落、郁郁寡欢等，这都属于分离性焦虑。尤其当孩子与父母分离时，这种焦虑会更加明显。为了表达对这种分离的抗议，孩子有时甚至会采取比较激烈的手段，比如逃学、自残，就是为了得到父母的关注。

师：家长们可以想一想，您的孩子出现过哪一种焦虑呢？他当时有什么样的表现？您是如何应对的？不管是哪一种焦虑，如果持续长期存在而得不到缓解，都会对孩子的身心产生不良影响，这要引起父母的足够重视。尤其是那些平时表现得温顺、乖巧，属于大人心目中的好孩子，由于平日特别注重大人的正面评价，因此也更容易产生焦虑情绪，需要家长特别注意。

2. 儿童焦虑时的表现

师：焦虑情绪就像是一座大山压在孩子的身上，引起孩子一系列的身心变化，主要存在在以下四个方面。

【PPT呈现，教师讲解】

（1）情绪：比如烦躁、情绪不稳定、紧张恐惧，担心发生不祥事情、唉声叹气、不满、抱怨或发脾气。

（2）行为：注意力不集中、胆小、哭泣，易与同学发生矛盾和冲突而遭排斥，时有旷课、逃学发生，常伴有恐惧、强迫症状，不想与人交往等。

（3）躯体症状：食欲减退、胃肠功能紊乱，时有呕吐、腹泻，夜间入睡困难、睡眠不宁、易惊醒、多噩梦或梦魇等。

（4）自主神经系统功能紊乱：可有呼吸急促、胸闷、心慌、头晕、头昏、头痛、出汗、恶心、呕吐、腹痛、口干、四肢发冷、腹泻、便秘、尿急、尿频、失眠、多梦等症状。

师：随着年龄的增长，孩子对焦虑的表达开始越来越隐蔽，甚至可能看起来正常，但是却独自一人失眠。家长要及时捕捉到孩子的情绪和行为的异常，对孩子提供必要的帮助。

3. 焦虑的影响

师：焦虑作为人体面对压力时而产生的情绪，其实是具有积极作用的。

【PPT呈现，教师讲解】

（1）信号功能。因为它和个体发出一些危险信号，人们就能够采取有效的处置措施，来避免或应付危险，然后消除它。焦虑在生活当中起着一个非常重要的保护性作用。

（2）焦虑时，人会处在战斗准备状态，警觉性增强，反应更加的敏捷，思维也更加的灵活，可以快速地去应付面临的困境，尽快地降低并摆脱这种焦虑。

（3）化解焦虑是参加学习和经验积累的过程。

（4）可以提高认知的速度，认知速度和焦虑呈倒U字形的关系，低焦虑时认知速度适中，轻度焦虑的时候认知速度最快，高度焦虑的时候认知速度最慢，所以适度的焦虑是有积极作用的，有益的。

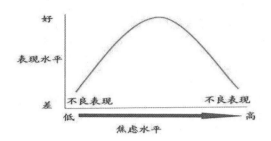

师：最佳水平的焦虑会产生积极的保护和促进效率的作用，但是如果压力过大没有解决，过于严重的焦虑情绪长期存在而没有得到缓解，则会破坏身心的平衡，影响身心健康的发展。

【PPT呈现，教师讲解】

长期焦虑情绪的不良影响：

1.降低生活品质、生活质量。

2.无法正常工作或高效率学习。

3.影响正常人际交往，患者因害怕紧张，会回避社交活动。

4.产生抑郁情绪，甚至产生消极、悲观的观念或自伤行为。

5.引起机体免疫功能下降和内分泌失调。

（三）如何正确地对待焦虑（20分钟）

师：很多家长会觉得现在孩子的抗挫能力太弱，自己以前并不需要家长进行管教和帮助，也能够克服压力，并且化压力为动力，自己的孩子肯定也可以，但这正是家长缺失理解和共情的表现。我们希望化压力为动力，首先要帮助孩子把焦虑控制在合理的水平。

【PPT呈现，教师讲解】

1.关注孩子的异常情绪和行为，帮助孩子对自己的压力进行评估。

2.和孩子一起摆正态度，去缓解这种情绪至最佳水平，而不是想着消除它。

3.寻找引起孩子焦虑的原因，和孩子一起面对和解决问题。

4.和孩子一起尝试缓解焦虑的方法，比如运动、沉浸做一些感兴趣的事、做一些轻松和谐的游戏，或者尝试正念冥想、运用安全岛技术等。

师：安全岛技术是一种通过想象和代入来缓解情绪焦虑的方式，家长和孩子可以在家用温柔的声音指导孩子走出焦虑感。

【PPT呈现，教师讲解】

安全岛技术，是指引导孩子在想象中找到一个他觉得安全的地方，这个地方任何人不经过允许是不能进来的。也许它只是旅行时很喜欢去的海边、山顶、一片树林、一个村庄，或者是公园的一角，或者是咖啡屋、图书馆的一角，或者只是家里的一角。当他感觉焦虑紧张时，可以想象自己来到安全岛，享受那种放松、安全、平静的感觉。

师：除了应对已经出现的焦虑情绪，我们还要为孩子建立起安心的环境，减少孩子出现过高的焦虑水平。

【PPT呈现，教师讲解】

1.在学习或生活中，以孩子的能力为基线提出合理的要求，不要对孩子产生过高的不合理期待。

2.对孩子采用积极的评价和反馈方式，避免完美主义教育和打压式教育，避免孩子为了迎合评价而对自己要求过高，造成很大的心理压力。

3.重视孩子的付出和努力。

4.提升孩子的社交能力，在和谐的人际关系中，学会客观看待他我与自我。

5.建立轻松、和谐、充满安全感的家庭氛围和亲子关系，不要总是在孩子面前展现过多紧张和焦虑，给孩子制造压力。

师：结合本节课的内容，如果让您帮助孩子"化压力为动力"，您会怎么做?

（四）结语（3分钟）

师：当孩子们出现焦虑情绪时，家长要做的不是无视，而是要及时有效地对孩子进行科学的引导教育，打破他们对自我过高的期待和评价，同时也要给予支持和帮助。家长应帮助孩子将焦虑水平降至最佳水平，同时要控制自己的焦虑，营造良好的家庭氛围，做孩子积极情绪的引导人。

参考素材

1. 边玉芳，李白璐著 . 心理学经典理论应用书系 教育心理学 [M]. 杭州：浙江教育出版社，
2015.12.

2. 《儿童情绪心理学》第六章 孩子也有焦虑感：对症下药，让孩子告别"压力山大".

《聚焦焦虑——让孩子告别"压力山大"》课堂学习任务单

学校：　　　班级：　　　姓名：

请根据教师指引和课堂所学，完成以下学习任务

任务1：您的孩子出现过哪一种焦虑呢？Ta当时有什么样的表现？您是如何应对的？

任务2：结合本节课的内容，如果让您帮助孩子"化压力为动力"，您会怎么做？

任务3：请对本节课的课程设计、教学安排以及授课教师作出评价，提出您的宝贵建议，
期待我们携手成长。

第九章　学习指导

目标指引，拥抱成功

一、设计理念

根据埃里克森的人格发展理论，学生在青少年时期（12岁—18岁）面临着自我同一性与角色混乱的冲突，孩子对周围世界有了新的观察与思考，他们好奇自己是一个怎样的人，也会探索现实与未来的关系，如果孩子在这一阶段有着清晰且可实现的目标，很大程度上会影响青少年期发展的方向。

在与学生的接触中发现，很多学生没有明确的人生目标，甚至近期的学习目标也没有。当他们不清楚自己想要什么，因为什么而学习、生活时，他们就会感到迷茫。或是有些学生有目标，但目标太模糊、太宽泛，执行起来比较困难，从而半途而废。因此，帮助学生确立自己的生活和学习目标，并将目标具体化、可操作化，对于他们提升学习动力，实现人生理想有十分重要的意义。

二、教学目标

认知目标：认识目标的重要性、了解设定目标的原则。

技能目标：学会利用SMART原则树立目标。

情感目标：增强对未来的目标感，以目标激发个人内在学习动力。

三、教学重难点

教学重点：认识目标的重要性、了解设定目标的原则。

教学难点：学会利用SMART原则树立目标。

四、教学对象

中学学段学生的家长

五、教学准备

PPT、课堂学习任务单、笔

六、教学时长

60分钟

七、教学内容

（一）活动导入：感受目标的重要性（5分钟）

活动过程：（1）给大家10秒钟时间，观察一下我们现在所在的教室。（2）时间到，请大家闭上眼睛，回忆这个教室里有多少人穿了白色的衣服？（3）再给大家10秒钟时间，观察一下我们今天到场的家长。（4）时间到，请大家闭上眼睛，回忆这个教室里戴眼镜的家长有几位？

师：从我们第一次漫无目的地观察和第二次设定范围后的观察对比发现，结果截然不同。这说明有时候，我们距离成功可能就差一点点目标的指引。

设计意图：通过活动，可以让家长更直观体验到有无目标对结果的影响，进一步引发家长对目标重要性的思考。

（二）主题内容：认识目标与设定目标（25分钟）

1. 认识目标

师：认为自己目前没有目标请举手；认为自己目前目标模糊请举手；认为自己有清晰的短期目标请举手；认为自己有清晰且长远的目标请举手。

师：今天的我们有没有目标、确立了怎样的目标究竟会对未来产生什么样影响呢？

【PPT展示、教师讲解】

哈佛大学曾经做了一个25年的追踪调查：研究者以一群年龄、智力、学历、面临的环境相同的准毕业生为样本，跟踪研究了他们未来25年的人生经历。结果显示，3%的人有明确长远目标；10%的人有清晰短期目标；60%的人有目标但比较模糊；27%的人没有目标的人。

在25年的跟踪调查后，发现那3%有明确规划的学生，都成了社会各个领域的精英、领头羊；10%有短期目标的人成为各个领域的专业人士，拥有相对不错的社会资源；60%有目标但不明确的人，最终都归于平凡，在流水线上做一个普通的螺丝；而剩下的27%没有目标的人，生活状态都很差，且他们习惯于抱怨周围一切的人和事，把自己的失败归咎于外界，归罪社会不给其机会。

提问：（1）为什么25年前智力、学历、环境等各方面因素差不多的人，毕业后的发展会如此不同？

（2）如果我们想要自己或者孩子获得成功，拥有幸福人生，我们现在最需要做什么？

师：其实，有没有目标、目标清不清晰、远不远大就是这么重要。因为目标对人生有巨大的导向性作用，确立了目标，就有了方向，也会激发起我们奋斗的内在动力。

设计意图：通过个人目标调查，结合哈佛25年跟踪调查研究结果，帮助家长深刻认识到有无目标对个人发展的影响，从而重视起对孩子的目标养成。

2.如何设定目标

【PPT呈现案例，教师讲解】

小明的期中考试不理想，各科均未及格，经过认真反思，他树立了新的学习目标：认真学习，期末各科成绩均在80分以上。结果他的目标并未实现。

师：小明的目标为什么会落空？（目标太高、不符合自身实际情况，目标不够具体……）

师：既然我们发现了小明的问题，那么，在设定目标时，应该考虑哪些因素？遵循哪些原则？给大家5分钟时间思考、讨论，并完成作业单上的任务1。

3.SMART 原则

师：孩子在制定目标时，家长是引导者，孩子是计划的实施者，重在引导，避免出现为孩子做决定的情况，家长可以利用SMART原则指导孩子制定目标。

【PPT呈现、教师讲解】

SMART原则，是管理大师德鲁克在《管理实践》中提出的目标管理方法。

①目标要具体明确

具体和不具体的区别在于目标是否能用具体的语言清楚描述出来，是否明确。举例：孩子经常会在考后立志"以后一定好好学习"，这样的目标就有些模糊，我们应该引导孩子确立好好学习的具体要求，如在课堂上专心听课、认真做笔记、课后复习……

②目标可衡量

可衡量就是要有清楚、能被量化的数据指标。

举例：在下一次考试之前，学习成绩有所提升，可以引导孩子说清楚，哪门学科的成绩提升多少分。总之，目标里不能缺少数据。

③目标可实现

制定目标时要确保目标是可实现的，不要一下子把目标定得太高太难。但同时，目标可实现不代表没有挑战性，定目标时还要坚持"跳一跳才能够着"的原则。

④目标要相关

设定的目标应和自己的身份以及理想相关联，跟自己的长远目标相关联。

⑤目标要有时限性

有了时间限制，才能让目标更可控，如果没有截止日期，你的目标就可能会被每天其他更紧急的事情排挤，久而久之目标便会被淡忘。

师：结合刚刚所学的SMART原则，完成任务2目标修正练习。

设计意图：通过案例分析与讨论引出设定目标的方法——SMART原则，结合实际案例进行理论讲解，帮助家长更易学习、理解。

（三）综合应用：目标管理实践（20分钟）

1. 目标管理路线

【PPT展示、教师讲解】

设定目标——分析目标——制定计划——开始执行（种下一棵树最好的时间是10年前，其次是现在）——适当奖励——坚持，形成习惯。

2. 目标管理实践

【PPT展示、教师讲解】

（1）引导孩子思考如何完成目标

一旦孩子设立了自己的目标，您需要帮他想清楚如何才能成功。孩子可以把整个流程写出来，有些则只需要在脑中过一遍。您需要做的是帮孩子想清楚"他的目标究竟是什么"和"在什么时候做什么事情"以及"需要哪些外界的支持和帮助"。

（2）及时反馈

如果孩子的目标总是无法完成，容易产生挫败感。家长在这个时候就可以帮助他们调整目标，而不是一味指责孩子为什么失败，以平等的身份定期与孩子交谈，进行总结。同时，也可以帮助孩子将大目标分解为若干小目标，或者适当延长完成时间。

如果孩子的目标完成得较好，会激发自我效能以及自我掌控感。这需要我们做到及时表扬。让孩子热爱学习、坚持学习，就要让孩子时刻感受到"我能行，我学得好"，从而让孩子对自己的成就有自豪和期待。

设计意图：通过介绍目标管理路线、实践方法，帮助家长了解如何科学引导孩子制定目标、执行目标，从而提升孩子的自我效能与自我掌控感。

（四）课堂任务（5分钟）

回顾本节所学，思考并完成本课任务单。

（五）课堂总结（5分钟）

师：作为家长，除了督促和帮助孩子设定科学、合理的目标，还需要做到一点：一定要相信孩子可以做到。而且，要让孩子感受到您的这种相信。

　　心理学上有一个效应名为"皮格马利翁效应"，当一个期待设定之后，人就会朝着那个期待去做事。如果您对孩子有积极的期待，您相信孩子可以做到，受潜意识的影响，孩子的行为表现也会往积极的方向发展。如果您总是质疑孩子的能力，认为孩子不可以，那孩子很可能就真的做不到。所以，各位家长一定要对孩子有正面的期待，信任他们，鼓励他们。如果您觉得孩子做不到，就应该在前期给孩子建议，帮助他们设定更合理的目标，或者一起修正、调整目标，而不是在孩子努力的时候，质疑他们。

参考素材

1.【心理课堂】学霸养成记之目标管理

https://mp.wei×in.qq.com/s/I3oWAb68C78qIKEGin20oQ.

《目标指引，拥抱成功》课堂学习任务单

学校：　　　　班级：　　　　姓名：

请根据教师指引和课堂所学，完成以下学习任务

任务1：案例分析

小明的期中考试不理想，各科均未及格，经过认真反思，他树立了新的学习目标：认真学习，期末各科成绩均在80分以上。结果他的目标并未实现。

　　1.小明的目标为什么会落空？

　　2.在设定目标时，应该考虑哪些因素？

任务2：目标修正练习（参考SMART原则）

目标1：新学期，我要变得更加优秀。

　　不符合_____原则，修正后为_____。

目标2：新学期，我要阅读很多书。

　　不符合_____原则，修正后为_____。

目标3：每天做题到12点，早上早起练英语听力。

　　不符合_____原则，修正后为_____。

任务3：请对本节课的课程设计、教学安排以及授课教师作出评价，提出您的宝贵建议，期待我们携手成长。

如何激发孩子学习内驱力

一、设计理念

学生是教学活动中的主体，一切富有成效的教学都离不开学生积极主动地参与。但是目前，学习动机水平低是有学业问题的中小学生普遍存在的问题。很多家长在进行学业辅导过程中，施加过多外部动机条件以促进学生学习，但是在这种情况下，学生的学习行为只是被迫推动，他们对学习本身缺少兴趣。而内驱力指在有机体需要的基础上产生的一种内部推动力，是一种内部刺激。当学生对学习产生需要，便会产生学习内驱力，促使学生主动地学习。当学生对学习的内驱力不足时，会出现相应的学习动力困难，如明显的畏学、厌学情绪和逃学行为。因此如何激发和培养学生的内驱力，促使学生主动学习、乐于学习、享受学习，是目前家庭学习辅导中的重要内容，也是以学生学习为困扰的家长需要掌握的必要内容。

二、教学目标

认知目标：使父母认识学习的外部动机和内部动机，认识激发孩子学习内驱力的方式方法。

技能目标：掌握激发孩子内驱力的方法。

情感目标：重视对孩子学习内驱力的激发和培养。

三、教学重难点

教学重点：帮助家长掌握激发孩子内驱力的方法。

教学难点：在实践中运用方法激发孩子内驱力。

四、教学对象

各学段学生的家长

五、教学准备

PPT、课堂学习任务单

六、教学时长

60分钟

七、教学内容

（一）导入（10分钟）

师：各位家长大家好，欢迎大家来到今天的家长课堂。在上课之前，我想先面向家长们进行一个小调查，你们在辅导孩子学习的过程中，有没有遇到过以下情况呢？如果遇到过请举手。

【家长互动】

"孩子什么都爱玩，追明星、玩手机，就是不爱学习。"

"家长催一句，就学一下，没人催就什么也不做，非要家长推着才会往前走。"

"让孩子好好学习，嘴皮子都磨破了，他依然我行我素。"

"孩子觉得学习很痛苦，每次写作业都写很久。"

……

师：看来，我们的家长面临着一个共同的难题——孩子不爱学习。很多孩子不会主动开始学习、学习持久性差、对学习感到痛苦。家长们催一下，孩子就学一下，令家长们非常头疼。这实际上是孩子缺少学习动机的表现。

（二）外部动机和内部动机（20分钟）

1. 你是如何推动孩子学习的

师：学习动机是直接推动学生进行学习的一种动力。我想我们的家长们在这方面一定也想方设法尝试过，努力推动孩子学习。大家可以认真思考并完成任务单上的内容：为了让孩子愿意学习，您都做过哪些尝试？有哪些有用的尝试？有哪些是一开始有效，后来逐渐失效的？

【完成任务单，并自愿分享】

师：大家都听过"胡萝卜加大棒"，如果孩子听话就奖励，不听话，那么就惩罚，这也是家长们最常用的推动孩子学习的手段。比如"再不写作业就要挨打了""你再背20个单词，妈妈就奖励你玩10分钟游戏"等，家长们通过设立诱人的条件或者严厉的威胁，推动孩子去学习。

2. 外部学习动机

师：像奖励和惩罚这种由外部诱因所引起的学习动机是一种外部动机，孩子们虽然去行动了，但是行动的动机不在学习任务本身，家长们在实践中也会发现，这种"推"着孩子学习的做法也有可能会存在以下问题。

【PPT呈现，教师讲解】

外部学习动机可能会产生的问题

（1）不具有延续性，有奖励或惩罚的时候，孩子可能会学习，一旦没有孩子会立刻停止。

（2）学习是孩子的事情，也是孩子的责任，奖励和惩罚很容易把这种责任转嫁到父母身上，孩子会觉得学习是为了父母学。

（3）奖励和惩罚作为筹码很容易失效，需要不断加大筹码才能继续推动，总有满足不了孩子的时候。

师："推"这个字，本身就意味着"被动"。当然，我们每位家长也希望自己的孩子能够主动学、坚持学，而这个时候则需要寻找孩子的内部学习动机——也就是学习内驱力。

3. 内部学习动机

师：内部学习动机是指由内在需要引起的动机，比如学生的好奇心、兴趣、想提高自己能力，这些内部动机因素会促使学生积极主动地学习。相比较外部驱动力，内部驱动力的好处就显而易见了。

【PPT呈现，教师讲解】

内部学习动机——学习内驱力

（1）参与度更高。孩子会认为学习是自己的事情，是自己的责任，因此，他会自觉自愿地投入。

（2）行动更持久。由于孩子把学习当成满足自身需要的事情，因此，他会持续不断地行动，不断探索新知，不断挑战难点。

（3）成就感更足。由于不需要奖励和惩罚的筹码，所以，一旦孩子有所突破，他的内心感觉会非常好，他会更享受这种成功的喜悦。

师：只有点燃孩子对知识的渴望，培养他主动学习、主动汲取知识的热情，才是教育的最高境界。各位家长可以看看刚才自己填写的任务单，您有没有做过类似的尝试，做过的都有哪些呢？

（三）如何激发孩子的学习内驱力（25分钟）

1.激发孩子学习内驱力的前提

师：唤醒孩子学习内在驱动力的前提是，先对那些阻碍孩子学习的需求进行满足。

师：马斯洛需要层次理论告诉我们，学习是一种顶层的需要，只有当生理需要、安全需要、归属需要、尊重需要被满足之后，才会产生学习和自我实现的需要。比如在一个随时面临崩溃的家庭，或者孩子经常遭受批评打骂的环境里，孩子是无心学习的。因此父母需要先保证孩子的身心健康，有自信、有价值感、有良好的人际关系，在此基础上，再来思索如何唤醒内在驱动力。

2.如何激发孩子学习内驱力

师：在给予孩子爱、接纳、尊重和保障的前提下，我们可以通过以下几点激发孩子学习内驱力。

【PPT呈现，教师讲解】

如何激发孩子学习内驱力

（1）给孩子充分的学习自主权。

（2）先让孩子体验到学习的成就感。

（3）要培养孩子内在的目标。

（4）在家庭中建设学习环境。

（5）相信孩子能做到。

（1）给孩子学习的自主权

师：这是唤醒学习内驱力的首要条件。有些父母总是觉得孩子需要父母的辅助和监督，习惯性地对孩子的生活和学习采取控制，过度干预，会无形当中剥夺了孩子的自主权，比如：陪写作业、代选兴趣班、生活上的大包大揽等。

唤醒孩子学习的内驱力，我们首先要做的，就是把学习的责任转交给孩子。当孩子可以决定什么时候学，学什么，要学到什么程度，他的自主权得到释放，对学习获得掌控感，学习体验更加愉悦，孩子会更愿意学习。同时在生活上，我们要多给孩子一些选择权，鼓励他独立自主地完成。

（2）先让孩子体验到学习的成就感

师：可能很多家长都感慨过，孩子要是能像爱玩手机游戏一样喜欢学习就好了。但是家长有没有想过，为什么孩子更愿意玩游戏呢？其实，除了有趣的画面和内容，游戏的一些设置也会吸引着孩子沉浸。

【PPT呈现，教师讲解】

游戏会让孩子获得成就感，是因为游戏具备以下两个条件

①胜任力。游戏难度是循序渐进逐渐升级的，会让孩子觉得自己是可以胜任的。如果难度很大时，只要孩子尝试几次失败，很快就放弃了。

②及时反馈。游戏中设置各种反馈，比如打死一只小怪、干掉一个BOSS（游戏中难度较大、奖励较高，且出现在最后或剧情关键时刻的角色）有奖励，打游戏的过程，就是不断制造反馈的过程。

师：学习其实也一样，因此要想让孩子获得学习的成就感，需要具备胜任力和及时反馈，那么父母可以怎么做呢？

【PPT呈现，教师讲解】

如何让孩子获得学习的成就感

①暂时降低学习难度。让孩子跳一跳就可以够得着，先让孩子感受到学习的好处，让他觉得自己是可以胜任学习的，让他获得一些学习的成就感。

②刻意制造反馈。孩子有一点进步就给予积极反馈，孩子能感觉到自己的力量，慢慢地，孩子会把这种反馈转移到学习本身，从学习中找到快感。

师：总之，人们更喜欢干有好处的事情，想要孩子投入学习，爱上学习，您得先让他体验到学习的成就感。

（3）要培养孩子内在的目标

师：做任何事情都要有目标，迷茫就容易放弃，那么，您的孩子知道自己为什么学习吗？您可能曾经告诉过孩子"学习的目标是为了考试、为了升学、为了顺利工作、为了将来的美好生活"，可这些不是目标——至少不是孩子们自己的目标。

想要唤醒孩子学习的内驱力，您需要帮孩子找到属于自己的学习目标，可以和孩子一起发现兴趣、对自己的期待、成长愿景等，在此基础上寻找一个是孩子可以看见的、可以感受到的、发自内心想要得到的学习目标。

（4）在家庭中建设学习环境

家长可以以身作则，在家里制造学习的氛围，比如为了培养孩子的阅读习惯，每天同样抽出一些时间来看书。这能让孩子感受到学习如同吃饭喝水一般自然，是被每个人都需要的事。

（5）相信孩子能做到

如果希望孩子能改变，拥有超强的学习内驱力和自律能力，需要给予孩子足够的信心，反复跟他说：你能做到。可以准备一个小本子，让孩子记录每天的成就，在一件件小事中帮助他提高自信心，同时这也是一种积极反馈。

师：那么现在，回顾刚才的任务1，如果让您再一次为"使孩子愿意学习"做出尝试，您会怎么做呢？

（四）结语（5分钟）

师：《小王子》的作者圣埃克苏佩里说过："如果你想让人们造一艘船，不要雇人去收集木头，不要发号施令，也不要分配任务，而是去激发他们对海洋的渴望。"这个道理同样适用在孩子的学习上。如果你想让孩子好好学习，你就给他描述未来属于他的精彩世界，并不断强化，让孩子对这个渴望根深蒂固，培养和激发孩子的内驱力，孩子自然会努力学习，追求未来。

参考素材

1. 马克 . 智慧父母 四堂修炼课 [M]. 北京: 北京理工大学出版社 ,2020.04.

《如何激发孩子学习内驱力》课堂学习任务单

学校：　　班级：　　姓名：

请根据教师指引和课堂所学，完成以下学习任务

任务1：为了让孩子愿意学习，您都做过哪些尝试？有哪些是有用的尝试？有哪些是一开始有效后来逐渐失效的?

任务2：在任务1中，您的哪些尝试是属于为孩子设置"内部学习动机"的条件?

任务3：根据本节课所学，回顾任务1，如果让您换一种方式做出尝试，您会怎么做?

任务4：请对本节课的课程设计、教学安排以及授课教师作出评价，提出您宝贵建议，期待我们携手成长。

平复焦虑，科学陪考

一、设计理念

每逢临近中考、高考时，很多学生都会陷入这样一个复习怪圈——总是认为自己还有很多知识没有复习，想在剩下的时间好好复习，但越是急切，越是难以进入状态。如果遇到不会的题，就更加焦虑，甚至平时会做的题也会频频失误。由此，容易出现失眠、食欲不振、注意力不集中等问题……这便是我们常说的考试焦虑。

目前，绝大部分学生在面临升学时，会在相当长的时间内无法缓解自身焦虑。并且，在《学校心理教育全书》中的一项数据表明，在（中考和高考）考生中，有中度或重度焦虑的占到 25%—40%，说明学生考试焦虑的现具有普遍性。

作为家长，如何在生活中帮助孩子平复焦虑，缓解压力，积极应对考试，成为大家迫切想要学习的内容。因此，本课聚焦于"考试焦虑"，带领家长一起认识焦虑、探讨应对方法，从而为孩子营造一个安心舒适的备考氛围，做好考试的准备。

二、教学目标

认知目标：认识考试焦虑，知道处于焦虑状态的身心反应，了解焦虑产生的原因。

技能目标：学习并运用化解考试焦虑的方法。

情感目标：理解焦虑存在的意义，合理看待焦虑，更强调焦虑的积极作用。

三、教学重难点

教学重点：认识考试焦虑，知道处于焦虑状态的身心反应，了解焦虑产生的原因。

教学难点：学习缓解考试焦虑的方法。

四、教学对象

初三、高三学生的家长

五、教学准备

PPT、课堂学习任务单、笔

六、教学时长

60分钟

七、教学内容

（一）游戏导入：报数（10分钟）

规则：从第一组到第五组S型接龙报数，从1开始，每位家长说出自己轮到的数字，但轮到数字中出现3（13、23、33等）或是数字为3的倍数（6、9、12等）时，该家长不可报出此数，而是拍一下手。

第一轮按上述规则进行；

第二轮增加一条规则：如果说出数字或说错数字者要站到讲台上。

分享：邀请家长分享两轮的不同感受。

师：第一轮，大家普遍觉得没有压力。第二轮，有的人将压力转化成动力，效果反倒更好；有的人过于担心出错，反倒表现不好。其实，这种情况在我们的孩子身上也有发生，特别是在考试的时候，这其实就是我们常说的焦虑。

设计意图：通过游戏，带领家长初步体会焦虑的感受以及对行为、结果的影响，从而将真实的生活问题引入课堂，引起家长思考与总结。

（二）主题内容：何为考试焦虑（25分钟）

1. 定义

师：什么是考试焦虑呢？

【PPT展示、教师讲解】

焦虑是人们日常生活中普遍存在的一种情绪，于学生而言，焦虑的体验大多与考试有关。考试焦虑，又称怯场，是一种考前、考时、考后出现的，对于考试结果过度担心的负向情绪，会造成自身过度紧张。

2. 影响——头脑风暴，并完成任务1

【PPT呈现规则】

以小组为单位，组内成员每人想出一个考试焦虑的负面影响。

以小组为单位，组内成员每人想出一个考试焦虑的积极意义。

师：心理学家认为，适度的考试紧张心理可以为学生提供适度的压力，提高学生的思维张力，强化学生做题效率与学习动力。但是，学生过度的紧张则会出现考试焦虑现象，降低学生的应考能力和学习效率，影响学生的考场表现，甚至波及学生的身心健康。

3. 表现

（1）学生考试焦虑的表现

【PPT展示、教师讲解】

①多种躯体不适：绝大多数学生在焦虑的时候会出现手抖、身体发冷或发热、头昏、眩晕等。焦虑会引发自主神经系统功能失调，所以，我们要保持心情愉快放松，才能有利于身体健康。

②精神运动性不安：如坐立不安，心神不定，喜欢走来走去，小动作增多，注意力无法集中。

③认知表现：注意力不集中，记忆力下降、学习效率低下，思维反应迟钝，在考场上还会出现大脑一片空白，会背的忘记了，会做的做不出来，丢三落四的毛病也会增多。

④不良情绪反应：害怕、紧张、不安是常见的情绪反应，有些学生在焦虑的同时还会伴随着情绪低落、缺乏信心、厌学。有时会出现情绪激动、失去控制力，比如因为一些小事而发脾气，与家人争吵等。

（2）家长焦虑的表现

完成任务2，家长"考试焦虑"自查。

《中小学家长学校建设与课程开发指南》（理论＋课程45例）

师：家长焦虑的表现就像是"打哈欠"一样，很容易"传染"给身边的人，很多学生之所以感到焦虑，很大程度上是受到了家长的影响，其典型表现包括以下5种：

【PPT展示、教师讲解】

①对孩子格外殷勤和小心，说话不敢大声，总担心自己的行为会影响孩子学习考试。

——卑微型

②一看到孩子没有在学习，就忍不住批评"怎么还不看书""怎么就知道玩"等。

——冲突型。

③孩子一到家，不管孩子有没有听进去，就冲孩子唠叨"作业写完了吗""上课要注意听讲""你就是不刻苦，老惦记着玩"等。

——唠叨型

④喜欢忆苦思甜，"我们当年比你们这条件差得多了，你们现在的条件这么好，还不努力……"

——回忆型

⑤"考不好以后周末都别出去玩了！""考不好就不要回来了……"

——恐吓型

设计意图：通过对考试焦虑定义及影响的梳理，帮助家长认识到焦虑来了并不可怕，焦虑的存在有其一定的积极意义。通过梳理考试焦虑的表现，帮助家长察觉孩子或察觉自身焦虑的程度，及时给予孩子帮助、及时进行自我调整。

（三）缓解考试焦虑的方法（15分钟）

师：那缓解考试焦虑的方法有哪些呢？

【PPT展示、教师讲解】

1.扎实复习学业知识

很多孩子焦虑的一大原因是认为自己复习不够充分，所以在生活中时刻提醒自己跟随老师节奏，认真规划、按时执行，确保自己的复习是有质量、够扎实的，才能有足够的信心与充分的准备迎接考试。

2.调整认知评价

（1）对于自我的认知

调整自我认知的关键在于加强自信心培养。学生在考试过程中的焦虑多数是由于缺乏自信心造成的，因此，在学习、生活中，家长可以有意识地培养孩子的自信心，鼓励孩子参加公开场合的活动，或是在家庭中为孩子提供公开发表意见的轻松氛围，以增强孩子的胆识，提高心理素质，增强自我效能。

（2）对于考试的认知

考试焦虑是考生在认知上对考试事件的歪曲，导致情绪上的紊乱和行为上的异常。他们对自己的要求过高且常常绝对化，以偏概全，即认为考试失败就是自己人生的失败。

因此，家长可以帮助孩子改变对考试和考试焦虑之间关系的错误认知，应该将考试看成是一种阶段性检测，不过分看重考试结果，正确地面对考试。使他们改变不合理信念，放下心理包袱。

3.劳逸结合，张弛有度

大多数考试焦虑的学生在处理学习与休息的关系上存在缺陷，他们在学习上投入的时间太多，且生活安排单调，不注意休息和文体活动。即使在娱乐时也在想着学习，使自己的大脑老是处于紧张状态，不能通过文体活动，达到生理与心理上的完全放松，导致神经系统的兴奋与抑制调节机能紊乱。

因此，家长可以鼓励孩子适当休息适度用脑，维护神经系统的正常机能。

4.放松训练

呼吸放松法：闭合双眼，吸气5秒钟，憋气20秒钟，呼气10秒钟，反复练习10次，达到放松的目的。

运动放松法：课间走出教室，活动活动腰肢。坚持每天锻炼身体，但要减少剧烈运动。

音乐放松法：快节奏的音乐令人兴奋，听轻音乐对调整人的紧张情绪有积极作用。

冥想放松法：在轻音乐的伴奏下，冥想自己进入大自然的美景，冥想听到小溪流水、小鸟鸣叫等，这会达到放松的目的。

师：完成任务3，根据所了解的缓解考试焦虑的方法，思考并填写。

设计意图：通过对考试焦虑应对方法的探讨与总结，家长在生活中科学的、有效地为孩子提供帮助，缓解孩子的焦虑情绪，陪伴孩子从容应考。

（四）课堂任务（5分钟）

回顾本节所学，思考并完成任务3、4。

（五）课堂总结（5分钟）

师：其实，考试焦虑并不可怕，正确对待和处理，它也会成为孩子前进的动力。当孩子出现焦虑时，作为家长，我们首先要放下自己的焦虑，学会用心陪伴，用爱支持，为孩子的备考之路保驾护航。

参考素材

1. 智慧父母课堂 | 科学陪考：认识考试焦虑 https://mp.wei×in.qq.com/s/usFUfOIclx0xx-2vWGyNuA.

2. 阎加民，高胜云 . 青少年学生考试焦虑的应对 [M]. 山东人民出版社，2016-11.

《平复焦虑，科学陪考》课堂学习任务单

学校：　　　　班级：　　　　姓名：

请根据教师指引和课堂所学，完成以下学习任务

任务1：根据小组头脑风暴讨论结果，思考并填写以下内容。

（1）考试焦虑有哪些影响？请从积极与消极两方面分析。

　　积极影响：

　　消极影响：

（2）通过分析与讨论，你发现考试焦虑与学习效率的关系是？

任务2：家长"考试焦虑"自查，若符合以下描述，请打"√"。

（1）对孩子格外殷勤和小心，说话不敢大声，总担心自己的行为会影响孩子学习考试。（　）

（2）一看到孩子没有在学习，就忍不住批评"怎么还不看书""怎么就知道玩"等。（　）

（3）孩子一到家，不管孩子有没有听进去，就冲孩子唠叨"作业写完了吗""上课要注意听讲""你就是不刻苦，老惦记着玩"等。（　）

（4）喜欢忆苦思甜，"我们当年比你们这条件差得多了，你们现在的条件这么好，还不努力……"（　）

（5）"考不好以后周末都别出去玩了！""考不好就不要回来了……"（　）

任务3：考试焦虑的背后，很多都是孩子或家长对于考试失利的消极假设引起的，作为家长，我们如何改变自身对考试的认知？请思考以下问题。

（1）万一孩子考试失利，您会怎样？（如：批评、失望、嫌弃、无所谓……）

（2）孩子考试失利，对您来说意味着？

（3）孩子的成绩，在多大程度上决定了孩子在家庭所处的地位？

任务4：请对本节课的课程设计、教学安排以及授课教师作出评价，提出您的宝贵建议，期待我们携手成长。

课后任务：和孩子共同完成备考清单

备考清单		
	准备事项1	准备事项2
心理准备	例：如何让自己不紧张	如何让自己有信心
知识准备		
身体状态准备		
材料准备		

积极归因，助力成长

一、设计理念

归因是指人们对他人或自己行为原因的推论过程。不同的归因方式会影响动机、心境，甚至恰当表现的能力。一个人是积极还是消极，主动还是被动、轻易放弃还是坚持不懈、敢于冒险还是安于现状，这些都受到归因风格的影响。

每逢考试，特别是在期中、期末考试前后，因学业问题前来咨询的学生明显增多。按照学校惯例，期中期末后都会召开家长会，所以学生会格外重视，甚至担忧自己的考试成绩不够理想。本课的设计灵感最初源于咨询过程中学生几句无心的抱怨，"考不好我就完了""考不好我就不活了"……听上去有几分玩笑的意味，但作为心理老师，还是能感受到孩子们的压力和恐惧。在与学生、家长交流的过程中发现，其实还有很多家长因工作繁忙等原因，根本没有机会了解自己孩子的日常学习情况，只是凭借一次两次的成绩来评价孩子。对于如何与孩子分析成绩、总结考试得失还不是很擅长。

因此，本节课意在引导学生和家长在考后共同尝试进行原因分析，带领学生和家长发现、了解自己当前的归因风格，分析不同归因方式产生的影响，从而找到积极、合理的归因方法，引导孩子发现自身的积极潜能，做出可预见且成功的有效行为。

二、教学目标

认知目标：认识归因，了解、发现自己的归因风格，明晰不同归因方式所带来的不同影响。

技能目标：掌握积极归因的方法，能够在生活中对孩子的问题进行积极回应。

情感目标：感受不同归因方式所带来的不同情绪体验，激发家长对"积极归因"的重视程度。

三、教学重难点

教学重点：认识归因，了解、发现自己的归因风格，明晰不同归因方式所带来的不同影响。

教学难点：掌握积极归因的方法，在生活中对孩子的问题进行积极回应。

四、教学对象

各学段学生家长

五、教学准备

PPT、课堂学习任务单、笔、半杯水

六、教学时长

60分钟

七、教学内容

（一）导入：归因情境选择（5分钟）

师：欢迎各位家长的到来，希望在今天的《积极归因，助力成长》的家长课堂中，大家能够有所收获和成长。在正式进入课程之前，我想邀请各位家长进行一个情境选择，给大家一分钟时间思考。

【PPT展示、教师讲解】

（1）当孩子成绩不理想时，您常说的话是？

A.考不好，肯定是你没努力！

B.你就不是学习的料！

C.是不是你的学习方法不对？

D.你平时都挺认真的，怎么考试的时候这么粗心？

E.是不是考试的时候心态没调整好，影响发挥了？

（2）当孩子成绩不理想时，他/她常说的话是？

A.是我不够努力。

B.我太笨了，怎么都学不会！

C.这次题太难，大家都没考好。

D.我明明做对了，是老师批改错了

E.考试的时候，身体不太舒服，状态不好。

师：每个人都避免不了犯错，生活中也会遇到各种各样的问题，孩子存在学习问题更是常事，而如何处理问题，关键在于对事情的看法以及情绪，其中归因占有很重要的作用。作为家长，如何帮助孩子正确归因、认识自我是一项很重要的教育任务。面对问题，父母的语言和态度在很大程度上会影响孩子对事件的看法与自身情绪，久而久之，也影响着孩子看待自己、看待世界的眼光是积极还是消极的。

设计意图：通过情境选择，带领家长初步察觉自己和孩子在日常生活中的归因方式，引出正确归因的重要性。

（二）认识归因与归因风格（20分钟）

师：在刚刚的情境选择中，我们初步可以判断出自己和孩子对事件结果的分析是更倾向于寻找自身原因还是外界原因？但其实，寻找原因的这一过程就是归因。

1.什么是归因？

【PPT展示、教师讲解】

归因是指人们对他人或自己行为原因的推论过程。遇到同一件事情的时候，不同的人总是有不同的后续反应和表现，而这往往源于他们对于事件的归因风格。简言之，就是对事件及事件的发展和结果找原因，这一过程就称为归因。

在韦纳的成败归因理论中，韦纳认为，人们在解释自己或他人的行为、分析行为结果的原因时，往往考虑以下六个方面，即能力、努力、任务难度、运气、身心状况与外界环境，并进一步提出了归因的三维结构，即因素来源、稳定性、可控性三个方面。韦纳成败归因理论中六因素与三维度观点，如下表所示：

归因	稳定性		因素来源		可控性	
类别	稳定	不稳定	内在	外在	可控	不可控
能力	√		√			√
努力		√	√		√	
任务难度	√			√		√
运气		√		√		√
身心状况		√	√			√
外界环境		√		√		√

韦纳成败归因理论的六因素与三维度

师：不难发现，努力是可以由自己控制的，而能力、工作难度、运气、身心状况和别人的反应都是不可控的。

2.归因风格

师：在了解归因风格之前，我们先来完成任务1。

【PPT展示、教师讲解】

不同的归因，会使个体产生不同的情感反应，如喜悦、自豪、自卑、内疚、厌恶、羞愧、沮丧、无奈等。这些情感反应和期望的变化对个体将来的行为具有促进或抑制作用，可以激发、增进或削弱、消除某种行为。如下表所示：

积极	成功→能力高→自豪、自尊→增强对成功的期望→愿意从事有成就任务的愿望
	失败→缺乏努力→内疚→相对地对成功的高期望→愿意并坚持从事有成就的任务
消极	成功→运气→不在乎→很少增强对成功的期望→缺乏从事有成就任务的愿望
	失败→缺乏能力→沮丧、无奈→降低对成功的期望→避免或缺乏对有成就任务的坚持性

师：结合刚刚所学，分析自身归因风格，并在相应的归因风格处出打"√"，完成任务2、3。

设计意图：通过理论讲解，并结合生活实际案例，使家长认识归因，了解不同的归因风格；并且，在理解的基础上，引导家长分析出不同归因风格对个人及孩子的情绪、行为产生哪些影响。

3. 如何积极归因

积极归因的重要性

师：（拿出课前准备好的半杯水）邀请家长分享：面对这半杯水，你首先看到的是什么？想到的是什么？

【PPT展示图片】

"半杯水思维"

师：同样的半杯水，有人看到的是缺少的那一半，有人看到的则是拥有的那一半。其实，我们看待自己的孩子也常常如此，有人只看到孩子不足的一面，有人能看到孩子突出的一面，你如何看待他们，他们就会朝着哪种方向发展。所以，家长在与孩子沟通交流时，需要理性、客观。因为你的回应正在塑造孩子的解释风格，家长不同的归因方式，在潜移默化中都会影响孩子看待自己、看待世界的眼光是积极的还是消极的，这也正是促成孩子形成积极思维或消极思维的关键因素。

师：消极的归因方式会更容易导致孩子出现自卑心理，家长如果不能正确地对孩子的行为结果进行归因，常常把学业成绩不良或者其他任务没有完成好简单地归因为孩子内部原因，例如能力问题、孩子的态度问题，对孩子总是给予负面的评价，孩子会形成消极的自我概念，从而产生自卑感、无力感。

设计意图：利用半杯水思维，引导家长发现积极归因的重要性，以及积极归因对子女教育的重要指向作用。

（三）积极归因的方法（25分钟）

师：学会正确的归因方式，孩子在挫折和错误发生后就不会怨天尤人，而是积极面对，会更容易获得成功。

【PPT展示、教师讲解】

①培育孩子正确归因的能力，要及早进行

在孩子刚刚能具有语言交流能力的时候就要开始。父母若注意引导孩子学习积极的自我归因——即凡事主动自己承担责任，认定事情可以向着好的方向发展，并积极寻求自己可以解决的办法，那么随着孩子逐步长大，他会学会自己承担责任，并善于从失败中汲取教训，最终能够成为把握自己命运的人。

②指导孩子形成、保持和提高良好的自我效能感

孩子一旦出现良好行为，家长应当马上对其表扬，使学生体验到这一行为带来的成功快感，促使孩子产生下一次行为愉快的预期，从而使学生有较高的成就动机。

对于出现的不良行为，家长应当态度坚决地给予批评，要让孩子体验打破失败的不愉快感，从而避免行为的再次产生，这就要求家长必须是时时关注我们的学生，及时发现他们的行为，及时给予强化或纠正。

③对于考试成绩的积极归因

当孩子把考试成功归因于能力、努力等内部原因时，就会感到满意、自豪、信心十足；

当孩子把考试失败归因为缺乏能力时，会产生无助感，那么以后的考试还会期望失败；

当孩子把失败归因于努力不够时，会产生内疚感，并在今后更加努力；

当孩子把考试失败归因为运气不佳，就会感到气愤，但仍会坚持原来的行为。

所以，我们在教育孩子的过程中，要注重培养孩子形成积极的、正确的、科学的归因风格；对于已有的、消极的、不合理的归因风格，应通过归因训练等有效的方式加以调整，保证孩子们的心理健康发展。

设计意图：通过对积极归因方法的介绍，帮助家长更好地理解、掌握归因

方法，并在家庭教育中更科学地指导孩子。

（四）课堂任务（5分钟）

回顾本节所学，思考并完成任务4、5。

设计意图：通过完成课堂学习任务单，对归因及自身的归因风格有了更深刻的认识；增强家长在日常教育中对积极归因的重视，完成课堂学习任务单也是对积极归因方法的提炼总结。

（五）课堂总结（5分钟）

师：家长在学习了本课之后，可以在日常生活中引导孩子进行归因训练，通过实例来分析几种归因方式对学习和生活的重要影响。让孩子认识到积极归因与个人努力的重要性。同时，还需要教会孩子综合归因，一部分归为不可控因素，保护自尊；另一部分归为可控因素，以激起孩子继续努力奋斗的心态。

总之，父母应该引导孩子去关注完成一件事的过程，而不只是看结果。只有让孩子关注事情的过程，学会综合客观归因，才能保护孩子的自尊，不断激励孩子的内部动力，孩子才能逐步建立这样一个观念："我的能力会随着我的努力和勤奋而改变！我的能力是持续发展变化的！"

参考素材

1. 考试之后话归因 | 了解你的归因风格

https://mp.wei×in.qq.com/s/Pew6u2B8o_93RN69246BNg.

2. [解忧杂货铺·家长篇] 引导孩子学会积极的归因方式

https://mp.wei×in.qq.com/s/fhoPNl_Ts×Rt_×bTOJaNCw.

《积极归因，助力成长》课堂学习任务单

学校：　　　　班级：　　　　姓名：

请根据教师指引和课堂所学，完成以下学习任务

任务1：（1）面对挫折和失败，外控者最不可能的反应是（　　）

　　　　A.怨天尤人　　　B.祈求"神明"

　　　　C.反省自己　　　D.听天由命

（2）当一个小孩子走路时不小心撞到桌子角，痛得大哭起来，妈妈赶紧跑过去用力拍打桌子说："桌子真坏!妈妈帮你打它!"孩子也学着妈妈的样打骂桌子。这是一种（　　）

　　　　A.不着边际的教育　　　B.错误归因的教育

　　　　C.满足情感需要的教育　　D.解决问题的教育

任务2：当我出色完成一项任务时，我习惯归因于 _____ ，这种归因倾向属于积极归因风格/消极归因风格；当我遭受失败时，我习惯归因于 _____ ，这种归因倾向属于积极归因风格/消极归因风格。

任务3：我的这种归因风格对孩子成长的优势和劣势是什么?

任务4：当孩子考得不错时，如何进行积极归因? 当孩子考得不理想，如何进行积极归因?

任务5：请对本节课的课程设计、教学安排以及授课教师作出评价，提出您的宝贵建议，期待我们携手成长。

培养时间观念，提升学习效率

一、设计理念

自我管理在孩子个人成长过程中发挥着重要作用，能够帮助孩子更加独立、自主地学习和生活，而时间管理作为自我管理的重要组成部分，其重要性应引起孩子与家长的高度重视。许多孩子进入中学阶段后，由于时间管理意识不足，在面临中学日益增多的学业任务后，会出现学习无计划、无秩序，不会管理时间，统筹兼顾，不能有效学习，使自身容易陷入忙乱不堪、效率低下的困境，从而产生焦虑感、挫败感。因此，本课意在帮助家长学会在日常生活中培养孩子的时间观念，使孩子意识到时间管理的重要性，学会时间管理的方法，提升孩子的学习效率。

二、教学目标

认知目标：认识时间特性，分辨自然时间与心理时间，了解时间管理四象限法则。

技能目标：觉察时间管理的能力，学会运用四象限法则管理时间。

情感目标：增强时间管理意识，重视对孩子时间观念的培养。

三、教学重难点

教学重点：分辨自然时间与心理时间，了解时间管理四象限法则。

教学难点：觉察时间管理的能力，学会运用四象限法则管理时间。

四、教学对象

中学学段学生的家长

五、教学准备

PPT、课堂学习任务单、笔、纸条

六、教学时长

60分钟

七、教学内容

（一）活动导入：时间都去哪了（10分钟）

1.活动过程：

（1）发给每位家长一张纸条，把每张纸条均分为24格，代表一天24小时。

（2）撕去你每日睡觉—起床的这个时间段，如果是晚上11点至早晨7点就撕掉对应的格子。

（3）撕去吃饭的时间。

（4）撕去洗漱的时间。

（5）撕去玩手机、聊天等娱乐的时间或处理家庭事务的时间。

（6）撕去我没有列举的用于其他事件但又不是你个人用来学习的时间。

2.活动分享：

师：请各位家长结合自己手中剩下的纸条分享自己的感受与想法。

师：我们一天真正用于个人学习、提升的时间的确很少。我们都清楚时间是看不见也摸不着的，我们感受不到时间流逝的过程，自然也意识不到时间的宝贵。我们的孩子更是如此，刚刚这个"撕纸条"活动可以帮助我们清楚看到时间流逝的过程，在家里，我们也可以带领自己的孩子进行，让孩子真真切切感受到时间易逝不可逆。

设计意图：通过活动让家长感受到一天甚至一生的时间看似很长，但能够用于学习或者工作的时间却不多，从而审视自身及孩子的时间利用情况，增强珍惜时间的观念。

（二）认识时间与时间管理（20分钟）

1.认识时间，觉察时间

【PPT呈现，结合教师讲解】

时间是物质存在的一种客观形式，过去、现在、将来构成的连绵不断的系统。是物质运动变化的持续性、连序性的表现。

时间具有四个显著特征。

（1）不变性。时间对任何人来说每日均为24小时；

（2）不可存储性。时间一旦浪费就无法追回；

（3）无可替代性。时间不可用其他事物所替代；

（4）伸缩性。即我们在占用时间的数量上是相等的，但在利用时间的效率上是不等的。

师：根据时间特性可以发现，时间是客观的，但对于时间的体验却是主观的，因此，时间又被划分为自然时间与心理时间。

【PPT呈现，结合教师讲解】

自然时间指的是钟表上显示的时间，是客观的；心理时间则是指体验到的时间，是主观的。

很多时候，自然时间和心理时间往往不是重合的。特别是对于年龄较小的孩子而言，如果是看动画片，可以一动不动在沙发上坐两个小时；但如果是做作业，可能没有5分钟就坐立不安，一会要喝水，一会要上厕所。

师：这种自然时间和心理时间的冲突，需要我们对孩子的心理时间进行调整。因此，我们可以从家庭生活氛围入手，引导孩子养成良好的生活规律，进一步帮助他们改变心理时间。

设计意图：对时间特性的介绍，有助于家长和孩子了解日常时间的使用情况，以及辨别孩子在生活中是否存在自然时间与心理时间冲突的问题，从而有针对性地寻找解决办法。

2. 认识时间管理，觉察时间管理现状

完成《时间管理能力评价表》，见课堂学习单任务1。

完成后说明：总分10分以下，有较好的时间管理能力，总分10分以上，时间管理能力欠缺。

设计意图：通过时间管理能力评价表，帮助家长觉察孩子日常时间管理能力如何，为后续的对策讨论提供现实依据。

（三）学会时间管理，提升学习效率（20分钟）

1. 规划任务清单，用好时间管理四象限

【PPT呈现图】

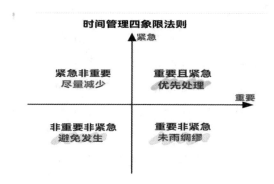

师：思考并完成任务2，列出自己今日任务清单，可以将事情按照"紧急、不紧急、重要、不重要"排列在上图的象限中，再把自己对时间的分配也写在这四部分中。

师：首先考虑做好重要且紧急的事情，其次安排好紧急的事情，自己做好重要的事情，最后考虑不重要、不紧急的事情。

2. 排除干扰

讨论：在孩子的学习过程中存在哪些干扰因素？

【PPT呈现，教师讲解】

客观因素：环境、声音、物品（手机、电脑……）

主观因素：心理状态

3. 发挥自身示范引领作用

师：家长自身的不良习惯对孩子容易产生负面影响，如家长的作息不规律、做事磨蹭、拖延，没有时间观念等，孩子的模仿能力极强，因此，家长需要以身作则，发挥示范引领作用。

4. 减少过度包办行为

师：家长在日常教育过程中，应减少三类包办代替行为，第一是凡事都亲力亲为，事无巨细，如每天帮孩子收拾书包、整理作业等；第二，控制欲过强，孩子做任何事都必须按照自己的意志进行；第三，频繁催促，没有留出孩子独自面对时间的机会。这样孩子会特别依赖父母，没有主见，容易焦虑又毫无时间观念。

5. 使用准确的时间语言

师：减少"马上""快点"的使用，用具体的时间信息代替，如还有10分钟就开饭了，还有10分钟就要睡觉了……把时间和具体的生活场景联系起来，会有效提升孩子对时间的感知能力。

设计意图：利用时间管理四象限的理论讲解和互动讨论，帮助家长更清楚地掌握时间管理的方法，让家长更科学、合理地在生活中引导孩子如何树立时间观念。

（四）课堂任务（5分钟）

回顾本节所学，思考并完成任务3。

（五）课堂总结（5分钟）

师：培养孩子的时间管理能力，能让孩子高效地利用学习时间，合理地安排自己的休闲时间，能让孩子在紧张的学习与生活娱乐中找到平衡，帮助孩子学得轻松、玩得快乐。但这需要家长在日常生活中循序渐进地渗透和引导，更需要家长耐心地陪伴和鼓励。

在孩子未养成良好习惯之前，作为家长，我们一定要有耐心，要相信良好习惯一旦养成，之后的教育自然会事半功倍，家长用心陪伴，耐心指引，才能让孩子真正成长为时间管理的主人。

参考素材

1. 时间锦囊 | 四象限管理法则 https://mp.wei×in.qq.com/s/QbQwkrpqqDPgaMzUG7CjMA.

2. 周晓燕，聂丽霞 . 学习时间管理研究：进展、成果及反思 [J]. 基础教育，2011.

3. 曾卉，罗良针 . 家庭教育视野下初中生时间管理能力的培养 [J]. 中国科教创新导刊，2009
（16）.

《培养时间观念，提升学习效率》课堂学习任务单

学校：　　　　班级：　　　　姓名：

请根据教师指引和课堂所学，完成以下学习任务

任务1：完成时间管理评价表。根据孩子日常学习、生活的表现，在1—5分之间给出最符合实际情况的分数。1—完全不符合，2—比较不符合，3—不确定，4—比较符合，5—完全符合。

（1）写作业时，花费较长时间与人讨论或寻求答案，但从中受益很少。

（2）做事、学习没有明确的先后顺序。

（3）由于时间紧迫，任务繁重，孩子总是觉得很难完成任务，故而总是拖延。

（4）每天只完成老师安排的学习任务，完成后感到无所事事。

（5）会做计划，计划做得很完美，执行却很困难。

任务2：时间管理四象限

（1）列出今日任务清单。

TO do list

（续表）

《培养时间观念，提升学习效率》课堂学习任务单
学校：　　　　班级：　　　　姓名：

（2）将任务清单按属性分类，并将对应事项的序号填在时间管理四象限内。

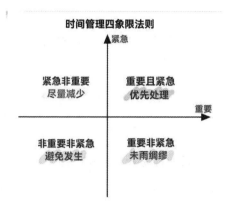

任务3：请对本节课的课程设计、教学安排以及授课教师作出评价，提出您的宝贵建议，期待我们携手成长。

课后任务：和孩子共同制定一日学习计划清单，并根据时间管理四象限，对任务进行分类，并记录完成情况，家长可进行评价。

时间	事项	事件属性	完成情况	用时	家长评价

第十章　行为习惯

孩子总是坐不住，家长怎么办

一、设计理念

孩子总是坐不住，注意力容易分散，没法好好集中在当前的学习任务上，家长们为此很头痛。发展心理学的研究证明，孩子的注意力受其心理年龄特点和生理发育影响，小学阶段的孩子活泼好动、自制力比较弱，注意力不能够持久，易受外界其他事物的影响。这也验证了认知资源理论的观点：人的认知资源是有限的，当认知资源被当前感兴趣的任务占用时，其他的外界事物将不被注意。若孩子被一项事物所吸引，外界其他事物则会被孩子无视，例如孩子在玩积木时。而在CAT法则里面提到兴趣、期望值、定时转换任务这三点，可让孩子更主动地做好自己专注力的小主人。

为此，本课意在通过讲授，分享给小学阶段的家长关于孩子为何坐不住的身心原因，以及如何引导孩子养成自己的专注习惯这一方法技巧。

二、教学目标

认知目标：了解孩子总是坐不住的原因。

技能目标：掌握如何引导和培养孩子的专注习惯。

情感目标：理解孩子注意力发展是循序渐进的，当中需要家长的支持与耐心引导。

三、教学重难点

教学重点：了解孩子总是坐不住的原因，掌握如何引导和培养孩子的专注习惯。

教学难点：理解孩子注意力发展是循序渐进的，需要家长的支持与耐心引导。

四、教学对象

小学阶段学生的家长

五、教学准备

PPT、课堂学习任务单、笔

六、教学时长

60分钟

七、教学内容

（一）课前调查（5分钟）

师：各位尊敬的家长，感谢大家百忙之中抽空来参加今天这场家长课堂，本次的主题是《孩子总是坐不住，家长怎么办》，相信在场的家长都十分忧心孩子总是在学习的时候开小差、坐不住，希望能通过今天课堂的交流分享，给大家在这方面的家庭教育带来一点启发。

课前先来做个小调查：请问在场多少家长认为自己孩子总是坐不住，您认为表现在哪方面以及原因是什么？请大家把你们的思考写在本课的课堂学习任务单的任务一里面。

设计意图：通过课前调查，获取在场家长和孩子的大体情况，并为接下来的课程做铺垫。

（二）了解孩子总是坐不住的行为表现及其原因（25分钟）

师：关于孩子坐不住的情况，我们要知悉以下几点：

1.行为表现

师：我们有时会给孩子随意地贴上坐不住的标签，但具体什么样的表现才算是坐不住呢？

【PPT呈现，教师讲解】

主要体现在孩子是否能够坐得住不乱动、不走神，学习和玩耍的时候是否能够有效集中。

2.原因

师：有关于坐不住的原因，我们要从生理、心理、环境三方面来辩证看待。

（1）生理原因

【PPT呈现，教师讲解】

①孩子本身的注意力发展阶段

各个年龄段的专注力时长是不一样的。越小的孩子注意力时长越短，小学阶段的孩子注意力时长一般在10分钟左右，这与孩子大脑发育的规律有关。大脑里主要是额叶区和一些相关脑区在掌管注意力，比如顶叶、小脑，而孩子恰恰这一块发育比较迟缓，要到成年20岁之后才完全发育成熟。且由于旺盛的新陈代谢以及神经系统兴奋和抑制发展得不平衡，好动是幼儿时期的一个显著特点，但只要引导的方法得当，随着年龄的增长，大多数孩子是能做到注意力集中的。

②孩子的身体尚在发育

由于小学阶段的孩子身体还处在发育时期，其核心肌肉稳定度（又称肌耐力）和颈部张力反射尚未整合，且上背部肌肉力量不佳，无法很好维持自己身体的稳定度，另外孩子的前庭刺激需求量较大，日常活动难以满足。总的生理发育原因叠加导致孩子身体在坐着学习时出现不自主的动作，如坐着也动来动去、不时站起来等，干扰孩子的学习，这也让孩子被学校老师与父母所误解。

（2）心理原因

【PPT呈现，教师讲解】

①年龄限制和父母期望的差距

区别于学前阶段，小学学龄阶段有学业的要求，并且由于教育改革带来的学业考核压力，家长对孩子有学业等各方面的期待，但受孩子生育发展的限制，其注意力的发展较为迟缓。家长对于孩子的学业抓得很紧、不断督促，表现出来的言行举止和态度在一定程度上会给孩子带来压力，使孩子处于一种紧张、焦虑的状态，抑制孩子思考与记忆保留的能力，导致孩子难以专注，完成效率低，且质量差。

②家庭养育方式

家庭养育孩子的方法态度也会对孩子专注力有所影响。家长们可以从这几方面自查：

a.父母养育孩子的态度是否一致？

b.是否太宠爱孩子，使孩子缺少行为规范？

c.是否为孩子买过多的玩具或书籍？

d.家庭生活步调是否太快令孩子不能适应？

e.家里的活动是否太多，无法给孩子提供安静的环境？

f.孩子是否有情绪上的压力？是否过多地批评、数落孩子？

（3）环境原因

【PPT呈现，教师讲解】

①缺乏合适的学习环境

安静的学习环境有助于孩子专心学习，但在家庭中由于众多家庭成员有不同的需求，如看电视、说话等，会造成一定的音量，这会使孩子在学习的过程中受到影响。在孩子刚开始投入学习就有来自外界干扰的话，他们的思维就会中断，一旦中断就很难再集中精力，而这个外界的干扰往往来自家庭里面的成员，例如孩子家人随意进出学习场地、父母不时进门关心送水果等。另外如果孩子学习的时候缺乏合适的场地，则会少了一种学习的仪式感和相对应的学习氛围。

②家长过度地干预

轻松的学习环境能让孩子专心地投入学习，反之会让孩子内心充满忧虑。而在家庭中，父母为督促孩子快点完成作业，会守在孩子身边盯着，这在一定程度上给孩子带来了压力。当孩子心理压力比较重的时候，注意力就无法集中。

师：请各位家长回顾刚刚讲解的孩子总是坐不住的原因中，您家孩子最符合哪几条？并且以1—10的分值给予打分，越高分值代表越符合。把你们的答案写在本节课的课堂学习任务单中的任务二中。

设计意图：通过讲解孩子为何总是坐不住的原因，让家长初步认知孩子注意力发展的情况。

（三）如何引导孩子养成专注的好习惯（25分钟）

师：请问各位家长，针对刚刚您选择的自家孩子总是坐不住的原因有何对应解决的方法呢？把你们的答案写在本节课的课堂学习任务单的任务三中。

那从科学角度上来说，如何引导孩子养成专注的好习惯呢？

1. 正确认识孩子的专注力

师：专注力是孩子成长过程中需要掌握的核心能力，但我们也要认识到专注力具有一些特点：

【PPT呈现，教师讲解】

（1）生理成熟度较弱

年龄越小的孩子越难以在单一事件上停留较久的注意力，这也是由他们的大脑发育阶段所决定的。由于前额叶皮质尚未发育完全，所以他们控制感官信息（如图画、视觉信息）出入丘脑的能力还较弱，注意力很容易就被涌进大脑的各种信息给分散了，为此不能一味地要求孩子"专注、别分心"，因为这其实是在和人的自然生长规律过不去。

（2）对世界充满好奇

另外孩子对世界充满了好奇，他的注意力是分散的，周围有什么动静就会被吸引过去，这也符合小学阶段孩子的发展特点。或许家长会认为孩子好动、不专注，但其实可能只是孩子专注的地方不是你想要他专注的地方。对那些非功利性事物的专注，于孩子而言可能反而是很重要的学习，是孩子认识世界和感知世界的重要方式。所以说孩子的"走神"也可能是进入了另外一项事物的学习观察中。

（3）自我意识强烈

对于孩子的专注，他们会把时间花在自己感兴趣的事物上，只要孩子感兴趣，他们就能完全沉浸在自己的小世界里，把周围调成静音。但很多家长的出发点都不在"兴趣上",而是一开始就强调我们大人觉得重要的事情,比如在课堂上坐得住、听老师讲话时不分心……孩子们没做到,我们就焦虑起来:我的孩子专注力不行。实际上是家长把孩子不能好好完成他们所觉得重要的事和"专注力"本身搞混淆了。有的孩子可能写字坐不住几分钟,但玩起积木来一个小时都不歇气;有的孩子做数学题要磨磨蹭蹭,但听故事时却听得入迷。所以没有绝对的"专注力不足",只是没有激发起孩子的兴趣。

师:所以想要孩子专注请从兴趣入手,抓住孩子的兴趣就会使得他们专注当前任务,让他们在自己感兴趣的事物上自然而然地练习"专注",使之成为一种习惯。

2. 善用 CAT 法则

师:面对学习总会存在一些枯燥重复的任务,但面临这些不喜欢但又必要的任务时,我们可采用CAT法则帮助孩子做自己专注的主人。

【PPT呈现,教师讲解】

(1) C(curiosity)好奇心

可以通过提有趣的问题,勾起孩子的好奇心,让他们把注意力放在当前任务上。这是用问题来获得孩子的关注,鼓励他们尝试。

(2) A(anticipation)期望值

通过改变做法来让孩子对已经做过,或者重复了很多遍的事情重新充满期待。其中可以采取"指令+后果"的做法,如叫孩子去洗澡,可以说"洗澡了,我们可以去浴缸里面玩水了"。

(3) T(timely interest)定时转换任务

一般来说小学阶段的孩子能连续集中注意力的时间在10分钟左右。超过这个时间限度,分神是很正常的。根据注意力的时限来调整孩子所做的事情,避免孩子陷入低专注力、敷衍的运作方式。

3. 创设良好的学习环境,营造良好的学习氛围

师:营造一个有利于集中注意力的家庭学习环境,让孩子远离"干扰源"。

【PPT呈现,教师讲解】

孩子的书桌上,只能放有书本等相应的学习用品,不可摆放玩具、食品,文具要简洁。

父母也尽可能不在孩子学习时进进出出,大声干扰。这样一来,孩子每当

走进这个房间，坐在书桌前，会直接进入一种学习状态，大脑活跃度、专注力立刻提升到较高水平。即家长要做到不过度打扰，避免不合时宜地提醒和关心。

4. 培养孩子良好的学习习惯，进行有效的注意力训练

师：注意力也是必不可少的重要一环。

【PPT呈现，教师讲解】

（1）给孩子一个完成作业的明确期限（但不能过长），并规定相对应的奖惩。以此培养孩子的时间紧迫感和学习责任感，当中做好以下三点：给孩子提供充足的时间、与孩子共同协商任务划分、让孩子做任务后的反馈，从而慢慢地让孩子形成学习规律。

（2）培养孩子的学习兴趣。可让孩子由易到难、循序渐进地学习。先做最简单的题目，让孩子从中体会到成就感，然后再逐渐引导孩子去做较难的题目，让孩子在解决问题的过程中获得快乐，在当中注意积极评价。

（3）日常不断进行注意力发展训练。如a.通过游泳等运动来促进孩子的身体发育从而进行注意力的发展；b.大声思维训练，这是使孩子口、眼、脑相互协调的过程，根据孩子的水平不断调整难度，并及时给孩子正面的鼓励；c.设计专门的锻炼注意力的小游戏，如舒尔特训练法。

设计意图：通过分享如何引导孩子养成专注习惯的好方法，从而让家长掌握如何引导和培养孩子的专注习惯，同时进一步理解孩子注意力发展是循序渐进的，当中需要家长的支持与耐心引导。

（四）课堂总结阶段（5分钟）

师：孩子的"坐不住"只是表面现象，它真正影响的是孩子看待事物和完成事情的行为方式。正是因为坐不住，他们对各种事情容易产生浅尝辄止的心态。孩子如果不愿意深入思考问题，对未来的学习能力会造成极大影响。要孩子坐得住，家长首先要了解自己孩子年龄阶段的特点，要了解孩子真正喜欢什么，并且要懂得如何在正确的时机用正确的方法去引导孩子。这些都需要家长在日常生活中仔细体会和揣摩。最关键的是，家长不要总因此批评、打骂孩子，让孩子形成"我就是一个不专注的坏孩子"的认知。家长要做的，是"引导"而不是"惩罚"。如果孩子知道他的父母是他的同盟者，而不是一个裁判和监工，他就会全力以赴地对付他自己的"坐不住"，会更有自主权和自控力，也会更有自信心。

参考素材

1. 赵静 . 小学生注意力不集中怎么办？ [J]. 大众心理学，2022（05）:35+46.

2. 张丽萍，王涛 . 浅谈小学生注意力的培养 [J]. 智力，2021（21）:21-22.

3. 王守美 . 小学生注意力不集中原因分析及对策探讨 [J]. 求知导刊，2021（26）.

《孩子总是坐不住，家长怎么办》课堂学习任务单

学校：　　班级：　　姓名：

请根据教师指引和课堂所学，完成以下学习任务

任务1：课前调查

请问在场多少家长认为自己孩子总是坐不住，您认为表现在哪方面，以及原因是什么？

任务2：了解孩子总是坐不住的行为表现及其原因

请各位家长回顾刚刚讲解的孩子总是坐不住的原因，您家孩子最符合哪几条？并且以1—10的分值给予打分，越高分值代表越符合。

　　　　　　　　　符合的打钩　　　　分　值

1.孩子本身的注意力发展阶段

2.身体尚在发育

3.年龄限制和父母期望的差距

4.家庭养育方式

5.缺乏合适的学习环境

6.家长过度的干预

任务3：如何引导孩子养成专注的好习惯

针对您选择自家孩子总是坐不住的原因中有何对应解决的方法呢？

任务4：请对本节课的课程设计、教学安排以及授课教师作出评价，提出您的宝贵建议，期待我们携手成长。

掌握方法，助力孩子时间管理

一、设计理念

《中小学心理健康教育指导纲要（2012 年修订）》指出，学习时间管理是小学生的重要学习内容之一，有效的学习时间管理不仅可以提升学生的学业成绩、增强其自主学习能力，还可以提高学生的心理素质、促进其身心健康和谐发展。如何科学、合理地管理学习时间，是小学生需要学习和培养的重要能力，尤其是在"双减"政策要求对学习提质的背景下。小学生通过家庭和学校方面的教育已初步拥有了基本的时间概念，但尚未形成清晰明了的时间价值感，不能深刻地意识到时间管理对自己人生发展的意义。

在时间管理倾向的三维结构模型理论中提到：时间管理主要包括时间价值感、时间监控观和时间效能感。本课将通过讲述时间管理能力的三个倾向，来逐步向家长分享如何按照科学合理的方法对孩子进行时间管理能力的培养，为小学生树立一个正确的时间价值观念，帮助其更好地利用时间。

二、教学目标

认知目标：了解时间管理的三个倾向，明白孩子如何进行时间管理。

技能目标：掌握科学合理的方法对孩子进行时间管理能力的培养。

情感目标：理解孩子时间管理的主体在于自己，成人只能做好引导，给予自主权。

三、教学重难点

教学重点：了解时间管理的三个倾向，明白孩子是如何进行时间管理。掌握科学合理的方法对孩子进行时间管理能力的培养。

教学难点：理解孩子时间管理的主体在于自己，成人只能做好引导，给予自主权。

四、教学对象

小学阶段学生的家长

五、教学准备

PPT、课堂学习任务单、笔

六、教学时长

60分钟

七、教学内容

（一）导入阶段：感受一分钟（5分钟）

师：各位尊敬的家长，感谢大家百忙之中抽空来参加今天这场家长课堂。在本次分享开始之前，想邀请大家来完成一个体验游戏《感受一分钟》。接下来我会播放一分钟的音乐，大家可以通过聆听音乐、击掌、与他人交谈等的方式去度过这一分钟，音乐停止我会随机邀请家长来分享自己这一分钟的度过方式与感受。

师：刚刚这一分钟大家都有不同的度过方式和感受，也能从中看到大家对于时间管理的一个倾向，那本次分享的主题是《掌握方法，助力孩子时间管理》，不知道大家是否有注意到孩子平日的时间管理习惯是怎样的，是否观察到孩子有一些待提高的时间管理习惯，接下来给大家一分钟时间思考，并把你们的答案写在本节课的课堂学习任务单中的任务一，随后邀请各位来分享。

设计意图：通过热身游戏《感受一分钟》和有关孩子时间管理习惯的提问，引起家长的关注，为接下来的课程开展起了铺垫作用。

（二）了解孩子的时间管理倾向（20分钟）

1. 小学生存在的时间管理问题

师：作为家长想要助力孩子时间管理，我们先要了解当下孩子在时间管理方面面临的问题是什么。

【PPT呈现，教师讲解】

（1）缺乏时间管理的概念

大多数小学生缺乏时间管理的概念。由于一直处于家长和教师的监控和管理之下，他们倾向于被动地完成任务，缺乏完成任务的计划性与自主性，不会自主地安排自己的任务，更不会科学合理地管理自己的时间。

（2）缺乏时间管理的方法

由于小学生缺乏系统全面的时间管理教育，导致他们不知如何制定明确适用于自身且科学的时间管理策略。

（3）缺乏时间管理的意志力

小学生容易受到外界的刺激干扰，从而轻易地把注意力转移，遇到困难也容易退缩。正是由于缺乏坚定的意志力，使得自己规划的任务与现实行动产生了差距，不能持之以恒，从而陷入焦虑、矛盾和自责的负面情绪中。

2. 了解小学生的时间管理倾向

师：小学生的时间管理倾向是孩子在对待时间功能和价值上以及运用时间方式上所表现出来的心理和行为特征，是影响其学习时间管理的人格因素，具体分为时间价值感、时间监控观和时间效能感三个维度。

【PPT呈现，教师讲解】

（1）时间价值感

时间价值感是小学生对时间的功能和价值的稳定态度及观念，它能驱使孩子朝着一定的目标行动，对个体驾驭时间具有导向作用，是个体时间管理的基础。同时它影响着时间监控能力的倾向，但该倾向对小学生的判断力有着较高的要求。

（2）时间监控观

时间监控观是小学生运用时间的能力和观念，即小学生是否能掌握当前任务对应的用时并进行有效管理，它体现在一系列的外显活动中，如在计划安排、目标设置、时间分配、结果检查等系列监控活动中表现出的能力及主观评估。

（3）时间效能感

时间效能感是指小学生对自己驾驭时间的信念和预期，反映个体对时间管理的信心及能力的估计，它是制约时间监控的一个重要因素。

设计意图：通过分享小学生存在的时间管理问题和时间管理倾向，让家长进一步明白孩子是如何进行时间管理，为下一步掌握科学合理的方法来对孩子进行时间管理能力的培养做准备。

（三）掌握科学的时间管理方法（30分钟）

师：我们来做个课中调查：您是如何助力孩子进行时间管理的呢，有哪些具体做法？接下来给大家一分钟时间思考，并把你们的答案写在本节课的课堂学习任务单中的任务二，随后邀请各位来分享。

【家长分享】

师：大家分享了如此多的掌握科学时间的管理方法来助力孩子进行时间管理，那从科学上来讲，我们应该注意些什么呢？

1. 注重对孩子进行时间管理的心理引导

师：首先，心理引导很重要。

【PPT呈现，教师讲解】

（1）培养孩子对时间管理的概念，增强孩子的时间价值感

家长可以陪同孩子设立一个阅读时间，在此时间中让孩子感受时间的流逝，并且可以通过阅读具体有关时间的故事和名人典范，从中寻找、感受、体味时间的意义，也可以收集一些与时间有关的名言警句，让孩子在意识层面树立起时间观念；体会"时间是什么"，逐步培养儿童的时间价值感。

另外要对孩子进行生活和学习的独立性教育，为孩子创设民主平等的成长氛围，使得其意识到自己是时间管理的主人，用积极向上的态度、自主自信地对时间进行管理。

（2）教授孩子时间管理的方法，提高孩子的时间监控观

不同学段小学生适用的时间管理方法也有所不同，应不断地收集和整理适合自家孩子时间管理的方法和策略，并将它们传授给孩子。例如可采用"一日时间管理表"，让孩子用自己喜欢的方式计划好一天要做的事，用图画或简单

的符号表示。

（3）锻炼孩子时间管理的意志力，促进孩子的时间效能感

由于小学生正处于身心发展的重要阶段，其生理和心理方面的特质导致其性格活泼好动，注意力容易转移，遇到困难容易退缩，在学习过程中很容易受外界诱惑，为此应该为小学生创设安静的学习环境，逐步培养其战胜困难的意志力并对其进步及时给予肯定，必要时还可以用代币的方法进行激励。

此外还要创设机会让儿童有成功的体验，从小的事情和目标开始，每次都完成，逐步树立对时间管理的自信心，相信"我可以安排好自己的学习，可以利用好自己的时间"。

2. 营造有利于孩子进行时间管理的家庭氛围

师：其次，家庭氛围对于孩子的时间管理来说也很重要，我们可以尝试从以下几方面来引导。

【PPT呈现，教师讲解】

（1）创设良好的学习环境

相较于学校，家庭是一个相对放松的场所，在此环境中孩子容易松懈下来，造成时间管理无规律性、无计划性，因此需要营造一个利于时间管理的环境氛围，为小学生排除干扰。比如在孩子的书桌上放置钟表，潜在提醒孩子建立时间意识，做好时间监控，也可使其明确自己的任务执行情况和目标之间的差距；书桌上不放置与学习无关的物品，让孩子学会整理自己的书桌；学习空间的光线要符合科学护眼的要求，同时有利于孩子注意力的集中。

（2）给予孩子时间管理的自主权

父母应适时地放手，给孩子提供独立进行时间管理的环境和空间，使其认识时间管理的重要性。这一民主做法，一方面会使小学生感到被尊重与肯定；另一方面也有助于他们调动自身的积极性，科学合理地安排时间。

（3）家长加强榜样示范作用

父母是孩子的第一任老师，孩子习惯的形成在于家庭，父母的榜样示范作用是不可小觑的。通过家长的以身作则，用良好的家庭环境影响孩子。首先，家长自身要有时间管理的意识和良好的时间管理习惯；其次，家长要通过自我充电不断提高自己，合理利用自己的零碎时间；最后，要建立家庭时间管理制度。父母要先严格遵守家庭的时间管理条例，才能带动儿童遵守和执行，尤其

是使用电子产品的纪律。

设计意图：通过调查了解在场家长对孩子进行时间管理的助力详情，进而分享科学的时间管理方法，让家长能够掌握科学合理的方法，来对孩子进行时间管理能力的培养，同时理解孩子时间管理的主体在于自己，父母只能做好引导，给予自主权。

（四）课堂总结阶段（5分钟）

师：在家庭教育中，父母要起督促作用而不是包办式管教，力求在督促常态化的同时注意保护孩子的自信心，用适合儿童的方法帮助孩子建立时间观念，学会利用时间，养成良好的时间管理习惯。

参考素材

1. 杨晓燕，刘衍玲. 我的"时间瓶"——小学高年级时间管理团体活动设计 [J]. 中小学心理健康教育，2021（30）:48-51.
2. 姚雪莹. 时间管理：精彩你的人生 [J]. 中小学心理健康教育，2016（23）:33-35+37.

《掌握方法，助力孩子时间管理》课堂学习任务单

学校：　　　　　班级：　　　　　姓名：

请根据教师指引和课堂所学，完成以下学习任务

任务1：课前调查
孩子平日的时间管理习惯是怎样的，孩子是否有一些待提高的时间管理习惯？

任务2：课中调查
您是如何助力孩子进行时间管理的呢，有哪些具体做法？

任务3：课后反馈
哪些是您听完刚刚的内容觉得自己在做法上可以完善的呢？

任务4：请对本节课的课程设计、教学安排以及授课教师作出评价，提出您的宝贵建议，期待我们携手成长。

家有拖延娃，家长如何应对

一、设计理念

拖延作为经常出现在小学生身上的一种现象，让家长们头疼不已，普遍存在于学业方面和日常生活的点滴中。拖延会给小学生带来不良体验，不仅不能如期完成任务，也会造成情绪上的困扰，甚至一度让小学生养成拖延的习惯。在《中小学心理健康教育指导纲要（2012年修订）》中提到：小学生要树立良好的时间意识，而拖延本身对于小学生而言，是个人时间和目标管理的情况体现。

针对此种情况，SMART理论中提到：个体可制定具体的、可以衡量的、可以达到的任务目标，并且与其他目标具有一定的相关性，同时必须具有明确的截止期限。这有利于小学生更加明确高效地学习，也是为了小学生自身和家长能对目前的任务完成情况进行监控。

二、教学目标

认知目标：认识小学生拖延行为的特征。

技能目标：掌握应对小学生拖延的方法。

情感目标：理解小学生拖延的原因，耐心引导孩子，给予孩子自主权而不是过多压力。

三、教学重难点

教学重点：认识小学生拖延行为的特征，掌握应对小学生拖延的方法。

教学难点：理解小学生拖延的原因，耐心引导孩子，给予孩子自主权而不是过多压力。

四、教学对象

小学阶段学生的家长

五、教学准备

PPT、课堂学习任务单、笔

六、教学时长

60分钟

七、教学内容

（一）课前调查（5分钟）

师：各位尊敬的家长，感谢大家百忙之中抽空来参加今天这场家长课堂，本次的主题是《家有拖延娃，家长如何应对》，相信在场的家长对于自家孩子不时出现的拖延行为感到无奈，也希冀孩子能改掉这一坏习惯，那么希望能通过今天课堂的交流分享给大家接下来关于这方面的家庭教育带来一点启发。

在正式进入今天的课程之前，想先来询问大家一个问题：您观察到孩子身上的拖延行为有哪些特点呢？下面给大家一分钟时间思考，并把你们的答案写在本节课的课堂学习任务单中的任务一，随后邀请各位来分享。

【家长分享】

师：小学生拖延行为的特征究竟有哪些呢？

【PPT呈现，教师讲解】

（1）个体的行为意向，即个体先前应该具有做某件事情的意向或打算。

（2）行为意向与实际行动之间存在差距，这种差距表现在开始行动的时间和完成的时间比预期晚，另外完成任务的质量也没有达到预期的标准。

（3）这种行为会产生情绪上困扰，如内疚、焦虑等不良情绪。

217

设计意图：通过课前调查在场家长孩子的拖延情况，针对性分享小学生拖延行为的三大特征，引起家长对本课的兴趣与关注，为接下来的内容做铺垫。

（二）了解小学生出现拖延行为的原因（20分钟）

师：我们来进行一个课中调查，您觉得自家孩子出现拖延行为的原因有什么？以及您是采取了哪些相应做法呢？

【家长分享】

师：小学生出现拖延行为的原因有很多，其影响因素是什么呢？

【PPT呈现，教师讲解】

1.小学生个体因素	2.父母因素
注意力和自制力缺乏	对孩子的期望过高
时间感缺乏和时间管理低效	对孩子要求过于严格
逆反心理	缺乏榜样示范，父母自身拖延
学习兴趣不足	
学习意识淡薄	

师：以上我们所谈到的拖延行为的影响因素，有什么科学理论依据吗？其实是可以透过科学理论来加以解释的。

【PPT呈现，教师讲解】

1.行为强化理论

拖延行为一直存在于小学生的学习和生活中，就是因为拖延行为在任务产生的开始给小学生带来了一种舒适感。但是这种拖延带来的刺激感使得拖延慢慢发展为一种习惯，所以，当小学生遇到不喜欢的任务时，就会采取拖延来平衡这种厌恶感。因此拖延可以被看作是一种回避责任的方式。

2.认知行为理论

拖延行为与小学生本身的自我认识有关，当小学生在面对某项任务的时候，产生了某种不必要的自我否定，或者自我效能感较低，这两者都会对小学生完成任务带来不利影响，会使小学生出现拖延行为。

设计意图：通过课中调查，引起家长反思平日与孩子的相处模式，进一步系统讲解小学生出现拖延行为的原因，包括其影响因素和理论解释。

（三）掌握应对小学生拖延的方法（30 分钟）

师：结合以上学习，我们了解了小学生拖延习惯的特征和影响因素，那我们应该从哪些方面来改善孩子的拖延行为呢？

1. 加强对小学生个体的行为引导

师：孩子的可塑性很强，同时可变性也很强，在小学阶段加强个体的行为引导可以有效缓解拖延现象。

【PPT呈现，教师讲解】

（1）与孩子一同设置SMART目标，改掉拖延的习惯，增强对时间和目标的监控

SMART目标即具体的（Specific）、可衡量的（Measurable）、可达到的（Achievable）、切合实际的（Realistic）、合时宜的（Time-based）目标。制定SMART 目标，有利于促进小学生对执行自己任务情况的反思、审视、认知能力，对于目标任务的管理要从制定计划开始，日计划（我的一天）、周计划（我的一周）的设置要符合上述五个条件。注意与孩子设立好目标后，也约定遵守后的奖惩机制，要严格执行。

（2）创造机会，让孩子在完成任务中树立自信，增强自我效能感

让小学生在克服拖延上有成功的体验，从小的事情和目标开始，每次都完成，逐步树立其对自我时间和任务目标管理的自信心，相信"我可以安排好自己的学习，可以利用好自己的时间"。

（3）助力孩子找到兴趣点，学会合理分配自己的时间

由于小学生尚处于身心发展的阶段，他们对很多事物都缺乏一定的正确的认知力，包括对时间意识的认识，这导致部分小学生非常不会管理他们的时间。而且他们对时间的概念是模糊的，他们不知道如何合理安排自己的时间，大多数时候就是想起什么就去做什么，或者就是做任何事情都慢慢吞吞，不会尽快去完成自己的任务。

但小学生一旦对什么事情感兴趣就会积极投身其中，兴趣是他们最好的老师，孩子在不同的年龄阶段具有不同的兴趣，家长要依据孩子的独特性去培养他们的学习兴趣。家长要经常问孩子的兴趣是什么，并且帮助孩子去不断地发展自己的兴趣。在小学生拥有了自己的兴趣点后，家长可以分享时间管理的"四象限

法则"，即以事情的重要性和紧急性给任务排优先顺序来管理自己的时间。

2. 营造良好的家庭氛围

师：父母是孩子的镜子，在家庭生活中是否营造家庭氛围也是孩子是否拖延的关键因素。

【PPT呈现，教师讲解】

（1）归还管理权利，给予孩子自主权

孩子出现拖延行为，很大一部分原因是父母一手包办事务，导致小学生产生依赖心理，觉得只要被动地全盘接受父母给予的一切就好，失去了自我事务管理的自主权。如果孩子可以根据自己的意愿在一定程度上自由控制时间，那么他就会体会到控制感、自主感，还有成就感和责任感。

（2）父母以身作则，做好榜样示范，助力孩子养成良好的时间管理意识

父母是孩子的第一任老师，家庭环境对孩子的成长起着巨大作用。孩子会无意识模仿父母的言行举止，所以父母的言行举止会对孩子的各种行为产生重大影响。为此父母自己要以身作则，做到做事不拖拉、说话不拖泥带水，做到"今日事，今日毕"，这样才能使小学生受到潜移默化的影响。

（3）提供适合的环境，尽量排除无关刺激的干扰

小学生注意力的集中性和稳定性还不强，容易受到外部环境（如外界干扰、诱惑）和情绪（如疲劳、厌恶）的影响，容易分心。这时需要家长给孩子在家中提供一个合适、安静、稳定的环境，能让孩子自主完成学习任务，注意环境的布置并且不要随意进出干扰。

（4）降低期望值，保持平常心，让孩子能健康成长

由于对孩子严要求、高期待，有些家长会给孩子布置额外的学习任务，这无疑会增大其学习压力，有的学生内心就会出现排斥心理，所以面对这些学习任务时就会选择逃避，有的学生选择沉默，而有的学生就会用拖延完成作业的方式来表现对父母这些期望的反对。长此以往，不仅养成了拖延的习惯，还一度不利于孩子的身心健康，为此父母需要调整自己的心态。

设计意图：通过分享应对小学生拖延的方法，让家长掌握技巧能在家中自如应对孩子不时出现的拖延行为，同时让家长复盘自己的教育心态，耐心地慢慢引导孩子，尝试给予孩子一定时空的自主权。

（四）课堂总结阶段（5分钟）

师：孩子的拖延行为不是由单一原因引起的，而是由多方综合原因共同引起的，这需要家长学会清晰分辨，了解孩子内心的想法，多沟通，给予孩子一定管理的自主权，自己也要做好教育引导。家长要当的不是包办者，而应该是同行者，在教育这条路上和孩子相互陪伴成长，共同进步。

参考素材

1. 彭建，胡志艳，郑中梅，周琳 . 影响小学生学习拖延的内因及教育策略 [J]. 新课程教学（电子版），2019（24）:36+136.
2. 金丽，冷英，张志泉 . 小学生学习拖延现状和原因探析 [J]. 当代教育论坛，2017（01）:89-97.

《家有拖延娃，家长如何应对》课堂学习任务单

学校：　　　班级：　　　姓名：

请根据教师指引和课堂所学，完成以下学习任务：

任务1： 课前调查

您观察到孩子身上的拖延行为有哪些特点呢？

任务2： 课中调查

您觉得自家孩子出现拖延行为的原因是什么？以及您是采取了哪些相应做法呢？

任务3： 课后反馈

哪些是您听完刚刚的内容觉得自己在做法上可以完善的呢？

任务4： 请对本节课的课程设计、教学安排以及授课教师作出评价，提出您的宝贵建议，期待我们携手成长。

如何引导孩子养成良好的行为习惯

一、设计理念

北京师范大学的林崇德教授曾提出：帮助学生养成良好行为习惯的关键期是小学阶段。根据皮亚杰儿童认知发展理论的观点，小学生的认知发展正处于具体运算阶段，依赖于外界具体的形象和事物进行思维活动，这时候对于儿童而言认识世界最重要的学习方式就是观察和模仿他人，陶行知先生提出的生活教育也在肯定这点。而在儿童道德认知发展理论中提到，在儿童6—8岁的阶段，他们服从来自父母和老师的权威影响。在此时的阶段，儿童无论是身心还是所处环境都面临着一个迅速变化的重要转折期，他们的各种行为习惯也面临着巨大的变化与挑战。由于儿童刚入小学，学段的变化带来了学业和生活管理上的更高要求，造成一定行为习惯上的冲突，此时父母的角色非常重要，父母引导得当会让孩子逐渐养成良好的行为习惯。

为此本课意在通过讲授，分享给小学低年级阶段学生的家长，如何在小学初期的关键阶段引导孩子养成良好的行为习惯。

二、教学目标

认知目标：了解儿童行为习惯的定义及分类。

技能目标：掌握引导孩子养成良好行为习惯的方法。

情感目标：理解父母角色对于儿童行为习惯养成的影响，做好引导及家校沟通。

三、教学重难点

教学重点：了解儿童行为习惯定义分类，掌握孩子养成良好行为习惯的方法。

教学难点：理解父母角色对于儿童行为习惯养成的影响，做好引导及家校沟通。

四、教学对象

小学阶段学生的家长

五、教学准备

PPT、课堂学习任务单、笔

六、教学时长

60分钟

七、教学内容

（一）课前调查（5分钟）

师：各位尊敬的家长，感谢大家百忙之中抽空来参加今天这场家长课堂，本次的主题是《如何引导孩子养成良好的行为习惯》，相信在场的家长都十分关注孩子行为习惯的养成，希望能通过今天课堂的交流分享，给大家接下来关于这方面的家庭教育带来一点启发。

课前想邀请大家来做个调查：请问您认为孩子有哪些行为习惯是需要养成，以及当中有哪些影响因素呢？下面请大家把你们的思考写在本节课的课堂学习任务单中的任务一。

【家长分享】

设计意图：通过课前调查，掌握在场家长对孩子行为习惯的教养态度，为接下来的课程做引导。

（二）了解儿童行为习惯的定义及分类（20分钟）

师：想要从根本上改变儿童的行为习惯，作为家长就要从源头上认识到儿童行为习惯的分类以及定义，再结合实际情况对孩子的行为习惯进行矫正和培养。

1. 小学生行为习惯的定义

【PPT呈现，教师讲解】

儿童在老师或家长的指导和帮助下，通过重复的训练练习并加以巩固，形成稳定的、自动化的行为方式。

2. 小学生行为习惯的分类

师：生活和学习是小学生的两项重要任务，即学习习惯和生活习惯，生活习惯是学习习惯的基础，生活习惯和学习习惯的情况直接决定了小学生的成长发展状况。

【PPT呈现，教师讲解】

（1）生活习惯

①饮食习惯

由于小学阶段正处于儿童身心发展的飞跃阶段，饮食习惯直接决定了孩子的健康状况。家长应与孩子强调饮食均衡、荤素搭配，不能挑食偏食，吃饭要定时定量，日常控制摄入高盐高糖高油的食品，且尽量少吃零食。吃饭时保持愉快轻松的家庭气氛，不在吃饭的时候指责或批评孩子。

②卫生习惯

卫生习惯体现在生活的细微处，家长要教育孩子注意在公共场合的卫生。良好的卫生习惯，是孩子身体健康的重要保障，也是良好人际交往的开始。

③劳动习惯

劳动不仅可以培养孩子的动手能力，还可以培养孩子的责任感。孩子只有参与劳动，才能真正体会父母和周围人的辛苦，才会懂得感恩。因此，家长要有意识地培养孩子的劳动习惯，给孩子分配他力所能及的任务，可以在孩子完成任务的过程中给予建议，并在完成后大力肯定，在孩子有倦怠情绪时，施以鼓励。

④体育锻炼的习惯

持之以恒的体育锻炼不仅对于孩子体质的增强，而且对于儿童良好性格的培养都有非常重要的作用。作为家长不仅要重视孩子的体育锻炼，平日还要有意识地陪伴和推动孩子参加各项体育活动，帮助孩子选择适合的体育项目，循序渐进地养成日常进行体育锻炼的习惯。

⑤规律作息和时间管理的习惯

睡眠对小学生的生长发育至关重要，每天要保持10小时的睡眠。由于小学生对于时间概念的意识比较抽象，不能很好地掌控自己的时间，自律性差，因此需要家长的督促。家长可以和孩子一起制订作息时间表，帮助孩子合理安排其日常生活和学习的时间，并通过温馨提醒帮助孩子养成有规律的作息习惯。

⑥文明习惯

文明礼仪不仅映射了小学生的个人品质，还展现了小学生在人际交往方面的教养。家长要注意引导孩子的文明言行，让孩子养成良好得体的文明习惯，短期来看这有助于以后孩子在学校的师生交往，长此以往则帮助孩子在社会上立足。

（2）学习习惯

师：同时，学习习惯包括注意力的习惯、执行学习计划的习惯、独立思考的习惯。

【PPT呈现，教师讲解】

①集中注意力的习惯

小学生的生理发育条件限制了其注意力集中的时间为10分钟左右，但随着后天的训练，孩子的注意力是可以提高的。首先家长要引导和激发孩子的兴趣。其次，帮助孩子设立明确合理的目标和要求。明确目标可以培养孩子的有意注意，而目标的指向性会激发孩子的动力与兴趣，两者相辅相成。最后，家长在孩子专注学习时不要随意做出一些行为打扰孩子。

②严格执行学习计划的习惯

学习计划的执行离不开定时定量的学习保障，这需要小学生有比较强的意志力，但往往外界的诱惑或多或少影响了孩子，所以需要父母的监督与提醒。其中定时学习要做到两点：一是每天必须保证必要的学习时间，二是到了该学习的时候马上学习，这是需要孩子与家长相互协作制定好合理的学习计划。而定量学习则是完成学习计划的保证。只有儿童做到定时定量地完成学习计划，才能在学习这条道路上不断前进。并且在孩子严格执行学习计划的前提下，才能使得知识的量达到一定程度，从而实现现阶段的学习目标。

③独立思考的习惯

独立思考是指在不借助外界帮助的情况下，通过自己的探索和思考来解决问题的能力。这对于小学生而言存在一定难度，他们在生活和学习上多有依赖家长和老师，为此家长需要引导孩子主动思考，逐步脱离外界的依赖。独立思考的习惯能够帮助孩子积极主动地学习，学会学习比获得知识更为重要。

设计意图：通过分享小学生行为习惯的定义及分类，让家长了解基本情况，利于其判断如何进一步引导孩子养成对应的良好习惯。

（三）掌握引导孩子养成良好行为习惯的方法（30分钟）

师：课程进行到这里，我想问一下各位家长，您为培养孩子良好行为习惯做了哪些准备，哪些已采取的措施您觉得是有效的呢？关于如何引导孩子养成良好行为习惯，我们从转变教育观念和多渠道采取不同措施两方面来谈。

【PPT呈现，教师讲解】

（1）转变家庭教育观念，秉持开放宽容的态度引导孩子

①按照儿童发展水平循序渐进地引导，做到期望要求低一点

刚入小学阶段的孩子各方面的发展还不够完善，认知水平有限，教育其养成良好行为习惯必须要根据孩子的最近发展区去设定条件，如果家长操之过急反而会适得其反，造成揠苗助长的现象。所以，对于儿童良好行为习惯养成，就要求父母要循序渐进，帮助孩子一点一点地进步，其中更需要父母对孩子耐心地支持与宽容地鼓励。

②重视生活中的教育契机，从细节处抓起行为习惯的教育

陶行知先生曾提出"生活即教育"的观点。6—8岁是儿童道德品质、行为习惯和个性开始形成的重要时期，培养儿童的良好行为习惯，必须抓住这一关键时期，利用儿童每天都会做的事作为教育儿童的机会。家长可以结合生活中的具体情境，让孩子在想象中通过具体的事例去学习，根据孩子的性格特点，考虑他们的接受能力，用简明生动的语言将期望培养孩子良好行为习惯养成的要求表达出来。

（2）多渠道采取不同的措施，帮助孩子养成良好行为习惯

①创设良好的家庭教育环境，寓教于乐，引导的方式活一点

在家庭中，父母首先要努力创设和谐愉快、互相尊重的亲子互动氛围，在快乐的氛围中，孩子能轻松地掌握良好的行为习惯。其次，家长要努力打造优美整洁的家庭环境，使儿童从小在这样的环境中熏陶养成整洁、爱护物品、有规律的生活习惯。最后，要将学校老师的要求延伸到家庭教育中来，学校要求孩子是怎么做的，在家里同样如此要求孩子。这样，才能巩固良好的行为习惯。多形式的环境熏陶和家长引导，便于儿童养成良好行为习惯。

②通过榜样示范的作用，发挥父母角色的积极影响

儿童的行为习惯是在成人的影响和帮助下形成的。如果父母本身具备良好的行为习惯，孩子就会耳濡目染、潜移默化，从中得到积极熏陶，受到父母的启发，从而形成良好的习惯。儿童年龄越小越容易养成，尤其是6—8岁的儿童，具有爱模仿的年龄特点。著名的教育学家蒙台梭利说："在孩子的周围，成人要尽量以优美的语言，用丰富的表情去跟孩子说话。"所以，父母应较多地注重用自己的言传身教去影响孩子，培养孩子良好的生活习惯。

③采用科学的教养方式，正面评价儿童，慎用惩戒手段

表扬和鼓励是孩子成长过程中一种强化其良好行为习惯养成的好方法。孩子期望父母与老师的正面评价，喜欢被人称赞，在人们对其的评价中认识自己。教育学家陈鹤琴教授曾说过："无论什么人，受激励而改造是很容易的，受责罚而改过是比较难的。"所以，父母在孩子做出对应的积极行为时，应该及时表扬和鼓励，使得孩子正确的行为固化下来，逐渐养成行为习惯。而在孩子做出相反的行为时，谨慎考虑惩戒的方式和手段，在惩戒时要注意以下几点：一是要注意惩戒所针对的是出现的不良行为，而不是孩子本身；二是要注意惩戒的目的是教育，必须让孩子认识到问题所在，而不是简单粗暴地惩罚了事；三是要注意惩戒的合情合理、公平、准确，避免主观、武断和随意性，这样才会让孩子接受。

④针对儿童的水平设立分级分层的目标，做到精准细化目标

儿童良好行为习惯的养成也需要根据学生不同年龄阶段的特点，设置不同的层级目标，将目标细化，使得目标符合孩子在每一个年龄阶段的特点。为此，家长要足够了解自己孩子当前的发展水平，可针对不同的行为习惯采取不定期的检查，如卫生习惯、文明礼仪习惯、集中注意力的习惯等，从中掌握孩子在每个阶段行为习惯养成所达到的水平。

⑤注重家校协同，多与孩子所在班级教师沟通交流

家长要密切关注孩子的在校情况，主动与教师进行沟通交流。同时家长应当对学校和教师给予充分信任。当孩子出现问题时，应及时与对应的老师沟通，共同解决问题。当家长与学校保持高度统一的教育态度，能有效避免孩子在家在校行为习惯不一的情况发生，使得教育效果事半功倍。

设计意图：通过分享引导小学生行为习惯养成的方法，让家长转变教育观念，做好日常引导及家校协同的准备。

（四）课堂总结阶段（5分钟）

师：坚持良好的行为必然要养成良好的习惯，而良好的习惯又会养成良好的品格，当孩子拥有良好的品格就可以创造自己美好的人生。教育孩子一定要把培养好习惯放在重要位置，家长要转变观念，营造适合孩子成长的环境，并且以身作则，发挥自身榜样的力量潜移默化地影响孩子，使孩子将来成为一个对学习、对工作、对家庭、对社会负责的人，实现与人的良好互动。

参考素材

1. 金海英. 小学生不良行为习惯的转化教育 [J]. 教师教育论坛，2022，35（06）:91.
2. 丁文仁. 有坚持，才有习惯——分析小学生行为习惯养成教育 [J]. 知识文库，2022（10）:184-186.
3. 沈玉琴. 家校共育，培养小学生良好行为习惯 [J]. 天津教育，2022（06）:58-60.

《如何引导孩子养成良好的行为习惯》课堂学习任务单
学校：　　班级：　　姓名：

请根据教师指引和课堂所学，完成以下学习任务：

任务1： 课前调查
请问您认为孩子有哪些行为习惯是需要养成，以及当中有哪些影响因素呢？

任务2： 课中调查
您为培养孩子良好行为习惯做了哪些准备，哪些已采取的措施您觉得是有效的呢？

任务3： 课后反馈
哪些是您听完刚刚的内容觉得自己在做法上可以完善的呢？

任务4： 请对本节课的课程设计、教学安排以及授课教师作出评价，提出您的宝贵建议，期待我们携手成长。

如何指导孩子合理使用电子产品

一、设计理念

在现在这个互联网高速发展的时代，我们通过手机、平板等电子产品来获取信息、沟通彼此，也用于日常生活的娱乐消费等，因为电子产品的便捷性，中小学生也在频繁地使用电子产品，但过度的使用电子产品会带来身心方面的弊端。为此，如何指导孩子合理使用电子产品成为诸多家长所考虑的问题。

其实在引导孩子合理使用电子产品之前，家长们需要先想清楚两个问题：孩子们为何需要使用电子产品？怎么看待孩子使用电子产品？这两个问题背后反映了孩子的需求和家长的观念及其可能存在的冲突。根据马斯洛的需求层次理论，人有生理需求、安全需求、社交需求、尊重需求和自我实现需求这五大需求，人的需求会支配其行为。

本节课将探讨孩子使用电子产品背后的需求，引导家长思考自家孩子使用电子产品的动机，从而更好地掌握方法指导孩子去合理使用电子产品。

二、教学目标

认知目标：了解孩子使用电子产品背后的原因。

技能目标：掌握指导孩子合理使用电子产品的方法。

情感目标：理解孩子为何使用电子产品，正确看待孩子合理化使用电子产品。

三、教学重难点

教学重点：了解孩子使用电子产品背后的原因。掌握指导孩子合理使用电子产品的方法。

教学难点：理解孩子为何使用电子产品，正确看待孩子合理化使用电子产品。

四、教学对象

中小学生的家长

五、教学准备

PPT、课堂学习任务单、笔

六、教学时长

60分钟

七、教学内容

（一）导入阶段（5分钟）

师：各位尊敬的家长，感谢大家百忙之中抽空来参加今天这场家长课堂，本次的主题是《如何指导孩子合理使用电子产品》。在电子产品盛行的今天，相信在场的家长都十分关注孩子使用电子产品的情况，可能也会忧虑着孩子过度使用带来的身心问题，希望能通过今天课堂的交流分享给大家接下来关于这方面的家庭教育带来一点启发。

在正式进入今天的课程之前，家长们需要先想清楚两个问题：

【PPT呈现】

孩子们为何需要使用电子产品？您怎么看待孩子使用电子产品？

师：现在给大家一些时间思考并把你们的答案写在本节课的课堂学习任务单中的任务一，随后邀请各位来分享。

设计意图：通过课前调查，掌握在场家长对孩子使用电子产品的态度，为接下来的课程做引导。

（二）分析孩子使用电子产品的心理需求和外在原因（20分钟）

师：要想清楚孩子为什么对手机如此依赖，我们先要搞清楚孩子对手机的心理需求和外在原因分别是什么。

【PPT呈现，教师讲解】

（1）心理需求1：从网络上获得成就感

有些孩子因为在现实生活中难以在学习上和父母老师同学的评价中获得正面体验，因此希望在网络中获取成就感，而手机游戏能实现及时的一对一互动，富有吸引力和挑战性，让儿童更有成就感。所以请各位家长思考一下，平时对孩子的教育中是肯定、鼓励的做法多一点，还是打压、指责的做法多一点呢？

（2）心理需求2：人际交往和情感支持需求

部分孩子可能由于家庭教育方式的原因，导致其在现实生活中缺乏交友技能和良好的人际关系，或因生性害羞选择回避人际交往，而网络的隐匿性使得他们能在当中畅所欲言，从中获得情感支持和归属感。对于这类孩子，家长首先要学会倾听，成为孩子的朋友、交流对象。

另外由于工作忙碌的关系，父母与儿童的相处时间很少，且由于祖辈之间的代沟，祖辈与儿童的互动频率较低，导致大部分儿童生活在一个孤独的世界里，为此他们渴望有人能心甘情愿、不离不弃陪伴他们且能和他们及时互动的，而这往往能在电子产品的网络世界中得到满足。为此，家长之间要相互配合，尽量每天抽空专注陪伴孩子一段时间。

（3）心理需求3：逃避负面情绪和压力

现在教育改革带来了更大的升学压力，孩子们身上的学习压力不容小觑，既有父母、老师的期望，还有同辈同学的比较，以及自身对自我实现的需求。为此，孩子们可能会采用沉溺于电子产品世界的方式，去逃避这种压力，放松自己。但如果存在过度使用电子产品的情况，家长要及时关注，做到坐下来平等不带指责的与孩子分析压力来源，帮助孩子以科学健康的方式减压。

（4）心理需求4：与父母对抗

由于学业方面的压力或者亲子之间的矛盾，有些孩子会借由玩手机和平板的行为与父母对抗，或逃避与父母的交流，或引起父母的关注。这时，家长不要只盯着使用电子产品这件事，而是应该先修复亲子关系，再与孩子谈及电子产品的使用。

（5）外在原因1：生活环境的单一性

城市里逼仄的生存空间和单调重复的生活方式，逼迫孩子只能从手机中寻找更丰富多彩的世界。现在的孩子，他们每天的生活不是在家看电视玩积木，就是上特长班；不是从学校到家，就是从家到学校。为此，家长应该尽可能创造机会让孩子去见识更丰富的世界。

（6）外在原因2：电子产品的信息刺激性

电子产品包含了丰富的声、色、形、效等信息，可强烈刺激孩子的感官，能引起孩子的高度注意，引起孩子的兴趣，让孩子深深被吸引，难以把注意力调整回到学习上来。另外手机和平板里有很多新鲜有趣的信息，让儿童无限向往。为此家长应该把电子产品的色板调到黑白以及静音音量控制，降低孩子使用电子产品的频率。

（7）外在原因3：缺乏浓烈而持久的兴趣

由于儿童天性活泼好动，对于一切事物都充满了好奇，但又没办法持续很久，为此难以收获成就感。在马斯洛的需求层次理论中提到，人对自我实现的需求是持续终生的。无论是哪个年龄阶段，人渴望自我实现，收获成就感。电子产品的出现，让儿童能轻而易举地获取成功的喜悦。

师：有浓烈且持久兴趣的儿童，才有可能对这个世界进行持之以恒地探索，并在不断地探索中获得乐趣，收获对自我的肯定，而不会沉迷于毫无意义的手机游戏中。为此，家长应该从小带领孩子多去尝试不同的事物，从而帮助孩子找到那样能为之持续投入的兴趣爱好。

【家长分享感受】

设计意图：通过分析孩子使用电子产品的心理需求和外在原因，让家长了解孩子使用电子产品背后的原因，理解孩子为何使用电子产品，反思自身对孩子的教养态度，利于家长进一步掌握指导孩子合理使用电子产品的方法。

（三）掌握指导孩子合理使用电子产品的方法（30分钟）

师：我想问一问大家，您为孩子在合理使用电子产品这件事上做过哪些努力？

【家长分享】

师：那指导孩子合理使用电子产品的方法有哪些呢？这也是今天这节课学习的重点内容。

【PPT呈现，教师讲解】

（1）把电子产品简单设置，降低其对孩子的刺激性

通过把电子产品调成黑白模式，使其比彩色屏幕少了很多形、色上的吸引；卸载过度浪费时间没价值的APP，使得电子产品页面简单，让孩子把有限的注意力放在当前重要的任务上；设置关掉不必要的消息推送和通知，截断源源不断的信息干扰流。通过简单的设置，降低使用电子产品的魅力，使得孩子减少使用频率。

（2）与孩子协商规划电子产品的合理使用时间，达到有效利用

电子产品除了娱乐休闲的作用，在家线上教学时，对于孩子而言也能起到获取学习资源促进进步的作用。对于学有余力的孩子，家长可以引导他们下载一些APP辅助学习，如记忆单词类、科普类等APP。而对自控力较弱的孩子，除了观看网课时使用电子产品，其他学习任务应尽量在线下完成，此点需要父母最初在旁监督让孩子养成习惯。课余时间，家长也可视情况为孩子保留一定的电子产品休闲娱乐时间，但要协商使用的时段和时长。

（3）父母以身作则，在电子产品的使用上不设"双标"

父母从一个自由自在的单身角色，转变为一个有家有孩子的人，意味着他们要承担更多的责任和义务。可是很多父母他们并没有认识到自身角色身份的转变，以及角色代表的责任，在家庭中仍然表现得像"一个自由的人"，只会要求孩子不玩手机和平板，自己却在玩，完全没有思考自己这种行为对孩子的影响。只是把自己看作教育者，而没有成为孩子成长的参与者和陪伴者。但父母是孩子的镜子，孩子是父母的影子。想让孩子不沉迷电子产品，父母要先放下。父母树立好榜样，孩子自然能从父母这面镜子中找到自己该有的样子。

所以在家人共处的时光里，父母尽量少用电子产品，即便使用，也最好先征求孩子的意见并说明理由，切不可以在电子产品的使用上"双标"，严以律"子"，宽以待"己"。并且在处理完事情以后，马上把手机放在一边儿，认真陪伴孩子，这是对孩子最好的示范。

（4）引导孩子找到持久的兴趣爱好，在现实中创建良好人际关系

如果孩子在现实生活中拥有玩乐和交往的能力，那么孩子就不容易沉溺于网络世界。要培养孩子持久的兴趣爱好，需要家长一开始带领孩子体验和探索不同的活动，如绘画、游泳等都是不错的生活方式，当孩子对这些感兴趣了，并能从中获得一点点成就感，那么孩子就会坚持下去，慢慢变成他（她）的兴趣爱好，减少玩电子产品的时间了。另外在参加这些活动时，家长应关注孩子的交友圈，帮助孩子在现实中搭建健康快乐的朋友圈，孩子在需要倾诉、分享、支持时有处可寻，不会沉溺于网络中的交往。

（5）构建良好的亲子关系，多正面评价孩子

孩子与父母的关系也会影响孩子使用电子产品的方式，有可能孩子会借"玩手机"的方式逃避与父母的交流，或引起父母的关注，这时候家长需要反思自己与孩子平时的相处方式，积极修复亲子关系。

首先，家长要了解孩子为何要使用电子产品来对抗父母，了解了原因，才好针对性解决问题；其次，孩子需要父母有效地陪伴，就算是每天10分钟也好，请父母放下手头忙碌的事务及手机，专注这一段与孩子或聊天沟通日常或安静陪伴的亲子时光；再次，请家长思考自己与孩子的沟通方式是粗暴直接还是平等交流的，只有父母坐下来心平气和地与孩子沟通，做到尊重和接纳孩子的需求，才能解开孩子的"心结"所在；最后创设机会多带孩子外出走走，可以去博物馆、图书馆等地方，在这些环境里面更有利于亲子关系的和谐，并且也给了孩子更广阔的视野去看待这个世界。

【家长分享感受】

设计意图：通过分享给家长如何指导孩子去合理使用电子产品的方法，让家长转变其教育观念和做法，正确看待孩子合理化使用电子产品。

（四）课堂总结阶段（5分钟）

师：只有做到尊重、接纳、平等地对待孩子，去倾听他们的想法，孩子才会把内心的想法与家长说，也只有这样才能让孩子对自己的行为拥有自主决定权，更好地对自己的行为负责。与其说该如何指导孩子合理使用电子产品，不如先理解孩子为何使用电子产品，以及自己是如何看待孩子合理化使用电子产品，从这两个落脚点入手才能更好地引导孩子，使亲子关系变得融洽，并且能让孩子在我们的引导下成为更好的自己。

参考素材

1. 周建强 . 融媒体视域下中小学生媒介素养培养刍议 [J]. 教育实践与研究（C），2022
（02）:53-55+60.

2. 梁艳霞 . 小学生使用电子产品的现状、利弊及建议——以张掖市甘州区西街小学为例 [J].
甘肃教育，2020（16）:113.

《如何指导孩子合理使用电子产品》课堂学习任务单

学校：　　　　班级：　　　　姓名：

请根据教师指引和课堂所学，完成以下学习任务

任务1：课前调查

孩子们为何需要使用电子产品？怎么看待孩子使用电子产品？

任务2：课中调查

您为孩子在合理使用电子产品这件事上做过哪些努力？

任务3：课后反馈

哪些是您听完刚刚的内容觉得自己在做法上可以完善呢？

任务4：请对本节课的课程设计、教学安排以及授课教师作出评价，提出您的宝贵建议，
期待我们携手成长。

第十一章 人际交往

做孩子交友的知心人

一、设计理念

随着孩子进入青春期，父母的影响力相比儿童时期转弱，同学、朋友对孩子的影响力在逐渐增加。对于这个转变，一方面，家长应该对孩子不同阶段的交友特点有更多的了解，接受孩子的正常变化，调整家庭教养方式和亲子沟通模式；另一方面，同伴群体的价值观、行为习惯对孩子也有一定影响，家长需要对孩子的交友情况有较全面地了解，及时、恰当地给予正面引导，助力发展健康互助的青少年友谊。

二、教学目标

认知目标：帮助家长了解孩子同伴人际关系发展的阶段性特点，以及符合孩子心理特点的家庭教养方式和沟通模式。

技能目标：帮助家长初步掌握正向引导孩子进行同伴交友的技巧。

情感目标：帮助家长体会青春期孩子对同伴友谊的需要和感受。

三、教学重难点

教学重点：让家长了解孩子同伴人际关系发展的阶段性特点，选择合适的家庭教养方式和沟通模式。

教学难点：使家长初步掌握正向引导孩子进行同伴交友的技巧。

四、教学对象

青春期学生的家长

五、教学准备

多媒体课件、学习任务单、笔

六、教学时长

60分钟

七、教学内容

（一）导入：孩子友谊知多少（15分钟）

师：各位家长，大家好！很高兴看到大家能在百忙之中积极参与家长学校的课程，畅聊陪伴孩子成长的点点滴滴。

今天的课程，我们聊一聊孩子的交友话题。首先我们来做个小调查，看看大家对于自己孩子的交友情况都有多少了解。

【PPT呈现】

（1）你知道孩子比较亲密的朋友有几个？叫什么名字？

（2）你了解孩子和朋友经常开展的活动吗？

（3）你了解孩子对朋友的期待或要求吗？

师：从刚才的几个问题中，我们可以快速察觉自己对于孩子的交友情况有几分了解。

孩子逐渐长大，我们感觉他们不像以前这么依赖家庭，转而向同龄伙伴寻找认同、支持和安慰。同伴人际关系的地位愈加重要。

孩子对于同伴有着怎样的情感变化？作为家长，我们又可以怎样引导孩子更好地交友呢？这节课我们将一一探讨。

（二）探究：青春期同伴关系是怎样的（20分钟）

【PPT呈现，教师讲解】

同伴关系指的是同龄人或心理发展水平相近的个体之间建立起来的人际关系，是青少年重要的生活背景，取得同伴团体的认同是青少年阶段非常重要的任务之一。

我们来了解青少年的同伴关系：

1. 青少年同伴关系发展的特点

师：儿童时期，同伴关系多由游戏而生，或者因为距离靠近而相识。到了青春期，随着个体生理发育日渐成熟、认知能力有所提高、情绪感知能力更加细腻，青少年往往会重新搭建自己的同伴关系。

青少年的同伴关系中，同伴之间会经常分享彼此的价值观念，对团体更有归属感，且会在团体中确定自己的地位。

对于同伴之间的友谊，青少年会为此付出更多情感，可以接受更复杂的友谊概念，能更大程度接纳同伴之间的差异。

在青春期不同阶段，同伴团体的构成也有所不同：

青春期早期	同伴团体中一般是同性，活动常限制在几个人之间的日常聊天和游戏。
青春期中期	同伴团体开始扩展，融入异性的伙伴，在更广的范围内交往交流。
青春期后期	开始倾向于一对一的（异性）交流，宽泛的团体开始解体，友谊与二元亲密关系有了更明显的区分。

2. 同伴关系对青少年发展的影响

师：青少年对同伴有很高的接纳意愿和感受性，存在明显的"同伴向导"。同伴关系对青少年的情感、认知、行为及人格的健康发展和社会适应都有重要的影响。

【PPT呈现，教师讲解】

社会学习理论中提到，个体通过观察他人习得社会行为。青少年期间，同伴是主要的学习对象。

在平等的同伴关系中，孩子通过与同伴的互动学习到：

如何表达自己，接纳他人，沟通合作，建立边界在情绪调节方面，青春期是充满焦虑、不安和自我怀疑的，这是探索自我的必经之路。平等、尊重和有爱的同伴关系可以为青少年：

倾听烦恼，分担忧虑；共享兴趣，赞美肯定；提供归属感、包容感和安全感

但若孩子处于不平等、伤害性的同伴关系中，也会更容易受到伤害，缺乏自信，往后难以建立对他人的信任。

3. 同伴影响 vs 父母影响

师：尽管同伴关系的重要性在不断增加，对于青春期孩子来说，父母的影响还是占有重要的位置。两种关系之间不是孤立的，而且还形成了"父母—同伴互动影响模式"。

父母—同伴互动影响模式

交友环境	家长选择了居住的环境、上学的学校、人际交往网络等，这些选择很大程度上初步决定了孩子的交友范围。
交往技能	孩子在家庭中长大，耳濡目染父母的沟通方式、待人处事的策略，这些社交技能会影响孩子与同伴的相处。
价值准则	孩子通常会继承家长的价值观和行为准则，在选择朋友时，这些观念都会起到重要的影响。

研究发现，父母与同伴在不同的方面对孩子的影响力也不同：在休闲娱乐、交往活动、兴趣爱好等方面，青少年更偏向于与同伴保持一致；但在生活场景以及进行重大人生决策（如教育升学、职业选择）时，他们更看重父母意见。

（三）建议：如何积极支持青春期孩子的同伴交往（20分钟）

师：了解了青春期孩子对于同伴关系的偏好、受到的影响之后，我们知道亲子关系与同伴关系两者有关联，父母的影响是深远且重要的。

作为家长，我们可以做些什么能让孩子的同伴交往带来更多积极的能量呢？

【PPT呈现，教师讲解】

1. 营造温暖氛围，巩固亲子关系

亲子关系是我们支持孩子、引导孩子的基础

对于青春期的孩子来说，当他们遇到困难时，更愿意向认同的、亲近的人

求助，而不是听取"正确的"建议。温暖的家庭氛围会让孩子感受到被爱和被尊重，更容易建立对自我和他人的乐观态度和信任。在可以平和且理性沟通的家庭中长大的孩子也会用这样的交流模式建立同伴关系。

2. 循循善诱，积极支持

作为家长，我们可以做孩子的情商顾问，通过情景模拟、换位思考、同理他人等方式与孩子一同分析情况，让孩子自己总结和悟出交友之道。

人际交往中，问题和矛盾在所难免，如何解决这些矛盾和问题，最能表现一个人的情商水平，这也是孩子们需要学习的地方。作为家长，我们可以做孩子的情商顾问。通过言传身教、循循善诱，帮助、支持孩子找到自己与人相处的原则、方法。

3. 了解孩子交友圈，联手家庭共成长

在今天课程的开始，我们做了个"孩子友谊知多少"的小调查，里面的很多问题与孩子的朋友圈子有关。我们都知道，青春期孩子会经常受到同伴关系的影响，作为家长，我们应该多留心孩子的朋友圈，以及他们所属的小圈子，了解他们对孩子的影响程度。我们可以：

与孩子聊友谊、聊活动、聊感受

邀请孩子的朋友们参加家庭活动

实地观察孩子与同伴团体的互动

与孩子朋友的父母保持联系，共同教育

4. 传达积极交友观，创巧时机识益友

常言"近朱者赤，近墨者黑"，有些家长会担心，自己的孩子结交了不好的朋友或加入不良群体怎么办？

这里我们需要从两方面看待：

（1）对"不好"有更具体的区分

是某些方面发展不如孩子（如成绩、家境不好），还是人品有问题

（2）记得"宜疏不宜堵"的道理

我们可以通过孩子对朋友的看法或观察进一步来了解情况。通常来说，孩子会延续家庭的价值观，本身对于"好与坏"也有自己的判断力，家长没必要反对和多加干涉。我们可以：

（1）与孩子一同分析在这段同伴关系中的体验

（2）为孩子创造更多认识乐观向上的同龄人的机会

我们可以与孩子一同分析在这段同伴关系中，发现了对方的什么优点，自己的感受如何？是受到鼓励、更有力量，还是被打击、需要做伤害自己和他人的事情来讨好对方？引导孩子更客观地看待这段同伴关系。

与此同时，我们可以为孩子创造更多认识乐观向上的同龄人的机会，多鼓励他们相处。在日常生活中，多向孩子传达正确交友方式、道德观念、行为准则，也会在他们心里播种下正确交友的种子。

（四）课堂总结（5分钟）

师：人际交往是孩子成长路上第一个要解决的社会问题，家长们需要重视。在孩子交友问题上，我们家长是可以发挥积极引导和支持作用的，因为只有家长才能是孩子最好的情商指导师、心理咨询师。希望通过今天的课程，大家都可以成为我们孩子交友的知心人！

参考素材

1. 王振宏 . 青少年心理发展与教育 [M]. 陕西师范大学出版社，2012.

《做孩子交友的知心人》课堂学习任务单

学校： 班级： 姓名：

请根据教师指引和课堂所学，完成以下学习任务

任务1：孩子友谊知多少？

（1）你能说出几个孩子好朋友的名字呢？

（2）你知道孩子比较亲密的朋友有几个呢？

（3）你了解孩子和朋友经常一起开展的活动是什么吗？

（4）你了解孩子选择朋友的期待或要求吗？

任务2：作为家长，我们可以做些什么能让孩子的同伴交往带来更多积极的能量呢？

任务3：请对本节课的课程设计、教学安排以及授课教师作出评价，提出您的宝贵建议，期待我们携手成长。

家庭氛围好，朋友少不了

一、设计理念

家庭是孩子的第一个课堂，从家庭人际关系中孩子观察并学到与人交往的技巧。青春期孩子的重要人际关系从亲子关系扩展到同伴关系，带着家庭氛围塑造的初级模式迈向同伴群体，在与同龄人的交往碰撞中，探索自我，确认自我，建立自我同一性。在温暖的家庭氛围中成长的孩子，更容易拥有安全感、自信心，热情开朗、积极乐观，有更好的社交、共情、语言表达等能力，是群体中受欢迎的存在。本课探究家庭氛围与孩子人际交往之间的关系，提供家庭相处模式的调整建议。

二、教学目标

认知目标：帮助家长了解家庭氛围对孩子人际关系的影响，以及如何养成温暖的家庭相处模式。

技能目标：帮助家长初步掌握营造温暖家庭氛围的方法，帮助孩子增强人际交往技能。

情感目标：帮助家长感受人际交往中受欢迎的品质及温暖家庭氛围的状态。

三、教学重难点

教学重点：让家长了解家庭氛围对孩子人际关系的影响，以及营造温暖家庭氛围的方式。

教学难点：引导家长反思自己家庭中的相处模式，根据孩子和家庭实际情况做调整。

四、教学对象

青春期学生的家长

五、教学准备

多媒体课件、学习任务单、笔

六、教学时长

60分钟

七、教学内容

（一）导入："别人家的孩子"vs"别人的家庭"（10分钟）

师：各位家长，大家好！很高兴看到大家能在百忙之中积极参与家长学校的课程，畅聊陪伴孩子成长的点点滴滴。

家庭，是孩子进行人际交往初体验的首要场所。

孩子在家庭中学习：如何区分自己和他人，如何与人交流相处，学习什么是亲密情感以及如何表达自己的感受、想法和爱。

家庭氛围对于孩子的个性成长、人际交往能力等都有重要的影响。

今天我们就一起聊聊，家庭氛围与孩子人际交往之间奇妙的联系。

（二）探究：家庭氛围与孩子人际交往的关系（20分钟）

1.受同伴欢迎的孩子的特征

师：随着孩子进入青春期，同伴在孩子心理占据的位置越来越重要，同伴选择也从同学、邻居的随机游戏群体，向考虑同伴的个人特点发展。

回想我们的读书时期，您喜欢与怎样的朋友来往呢？

【家长分享】

师：从刚才大家的分享和以往相关研究中，我们能找到一些共同点。

【PPT呈现，教师讲解】

研究发现，在同伴群体中，具有以下性格特点、行为表现的孩子更受欢迎：

(1) 友善、亲和、幽默、有感染力

(2) 具有较高共情能力和更多的亲社会行为

(3) 愿意倾听朋友的心声，乐于帮助他人

(4) 具有较强语言能力，能清晰地表达自己的观点

2.温暖的家庭氛围有助于孩子人际关系的建立

"孩子是父母的镜子，父母是孩子的榜样。"

师：父母的教养方式会给孩子成长过程带来直接的影响，与此同时，孩子通过观察父母的一言一行学习待人接物的方式，也潜移默化了认识自我和看待他人的观念。

【PPT呈现，教师讲解】

(1) 情感温暖教养方式的概念

家长（父母）通过配合、支持和顺从孩子的需要和要求，有意培养孩子的个性、自我调节和自主程度。

(2) 情感温暖教养方式的影响

父母与孩子更常进行积极的情感交流，会给予孩子更多的关注、理解和支持，家庭氛围温馨、和谐。在这样氛围下成长的孩子会获得足够的安全感，对自己有信心，通常具有热情开朗、乐观积极的品质，也懂得怎么尊重他人、共情他人，更愿意与他人保持积极交流，表现出更多的亲社会行为。

师：由此可见，在温暖和谐的家庭氛围中成长起来的孩子，更容易受到同伴的喜欢，人际关系更融洽。

（三）建议：营造温暖家庭氛围，家长怎么做（25分钟）

师：既然家庭氛围与孩子的成长和人际关系都有重要的联系，我们可以适当调整家庭的沟通、相处方式，言传身教，让孩子在成长的过程中获得更多对自己和他人的积极信任，拥有安全感，更顺利地与同龄人建立友谊，具体有以下几点：

1. 夫妻和睦，和平沟通

师：父母之间的沟通交流是孩子观察得最多的人际交往场景之一，夫妻关系对孩子的行为表现有着重要的影响。

【PPT呈现，教师讲解】

夫妻关系	孩子表现
和睦平等、体贴关心	彬彬有礼、富于爱心 性格乐观、自信 遇到困难更可能采取积极的方式去应对
高度紧张，争吵打骂	容易为父母关系失调而感到不安和恐慌，在认同父亲还是母亲中摇摆不定 容易陷入负面情绪中，缺乏安全感而形成难以信任他人、孤僻、自私等不良心理

因此夫妻之间应保持和睦相处，遇到问题和平沟通，如在教育孩子方面产生分歧，也最好私下沟通，统一意见，再与孩子交流。

2. 了解规律，尊重独立

【PPT呈现，教师讲解】

从儿童时期到青春期，孩子的生理心理都在发生着巨大的转变：

（1）更多从同伴关系中获得认同感、信任感、亲密感

（2）对于自主性、控制感的需求大大增加，需要有自己的精神空间和物理空间

拥有独立感和恰当自尊水平的孩子在与他人相处时，更能接纳人与人之间存在差异和观念的不同，拥有合理的心理边界，尊重他人，平等交流，也敢于维护自己。

作为家长，我们可以：

（1）尊重孩子作为个体有自己的感受、想法和需求，以平等的姿态与孩子沟通。

（2）以顾问的角色，了解孩子同伴相处中遇到的挫折、受到的影响等，了解孩子对此的看法，以引导的方式分析利弊、寻找调节方法。

3. 耐心倾听，真情陪伴

师：情感温暖的家庭中，孩子的情绪、想法和需求是被看见的，一方面这

意味着家长看重与孩子一起相处的时间，另一方面意味着家长对于孩子的话语和表现都有真心的关注。

【PPT呈现，教师讲解】

在日常生活中，家长最好能留出高质量的亲子相处时间：

一起运动、散步、读书、做手工等；

倾听孩子分享近况或对某些现象、问题的看法；

专注、真情地陪伴，做到三心三听（耐心、好奇心、同情心）（听情绪、听事情、听需要），不做预判、不要着急解决问题、纠正错误。

被认真倾听、陪伴的孩子有更好的语言理解能力和表达能力，愿意与同伴分享，也乐意做朋友的倾听和陪伴者。

4. 积极表达，不吝爱意

师：我们回想一下，在生活中，你是一个会积极表达爱的家长吗？

父母对孩子都有着无限的爱意，但在中国文化氛围中我们倾向于用更隐蔽的方式表达这种爱，可能是生活上细致的关怀，也可能是严厉的教导。

青春期孩子内心是敏感多变的，也由于思维能力还在发展中，看待事情容易从自我、片面的角度出发，容易忽略家长不这么明显的爱，或将亲子冲突后父母表现得明显的爱视作"一个巴掌一颗枣——别有用心"。

【PPT呈现，教师讲解】

家长可以将对孩子的爱积极表达出来（优先语言，也可尝试留言、书信）；

发生亲子冲突时，我们也应该就事论事，告诉孩子冲突并不会影响父母对他的爱。

当孩子感受到来自父母的爱和支持，他也更能向同伴表达出更多的关心、认可和赞美，将这种关爱和友善投向他的同伴，学会对事不对人的处理方法。

（四）课堂总结（5分钟）

师：家庭是孩子的第一个课堂。在这里，孩子获得爱，也学会爱；感受群体之间的联系和互助，也懂得个体的独特、彼此的区别；学会如何表达自己，如何感受他人……带着家庭中学习的人际交往技巧，孩子开始与同龄人结交，建立友谊。

相信通过今天的课程，大家对孩子的人际交往有更多的了解，也对温暖支持的家庭相处模式有更深刻的感受。祝愿家长与孩子们都能拥有爱，学会爱。

参考素材

1. 论文素材

宋戈 . 试论家庭人际关系与家庭教育 [J]. 天津市教科院学报，2000（01）:62-64.

何锦花 . 父母教养方式和初中生人际关系的关系研究 [D]. 河北大学，2020.

2. 书籍素材

王振宏 . 青少年心理发展与教育 [M]. 陕西师范大学出版社，2012.

《家庭氛围好，朋友少不了》课堂学习任务单

学校： 班级： 姓名：

请根据教师指引和课堂所学，完成以下学习任务

任务1：回想读书时期，那时您喜欢与怎样的朋友来往呢？

任务2：课后思考：为什么家庭氛围会影响孩子在同伴人际关系中的表现？

任务3：课后思考：家庭中有哪些相处方式可以调整？

任务4：请对本节课的课程设计、教学安排以及授课教师作出评价，提出您的宝贵建议，期待我们携手成长。

家有"社恐"别慌张

一、设计理念

"人之生，不能无群"，人具有社交性，喜欢通过与他人建立和谐的人际关系，更好地融入社会生活。随着"社恐"一词的流行，我们经常能听到孩子说自己是个"社恐"，或者在与人交际时表现出焦虑和恐惧的状态。"社恐"是"社交恐惧症"的简称，其成因与孩子早期的抚养环境、父母的养育方式和早期经历的创伤性事件都有千丝万缕的关系。作为家长，我们可以通过对孩子共情倾听、陪伴练习社交技能、为孩子创造社交机会、适度放手等方式改善孩子社交困难的情况，提高孩子人际交往的能力。

二、教学目标

认知目标：帮助家长了解孩子社交困难背后的原因以及家庭教育改善方法。

技能目标：帮助家长掌握提高孩子社会交往能力的技巧。

情感目标：帮助家长理解并接纳孩子出现社交困难的消极情绪，并能够共情孩子在社交场景中的焦虑和恐惧。

三、教学重难点

教学重点：家长了解孩子社交困难背后的原因以及家庭教育层面的改善方式。

教学难点：家长理解并接纳孩子社交场景中的消极情绪，且能给予温暖支持。

四、教学对象

小学生的家长

五、教学准备

多媒体课件、视频素材、学习任务单、笔

六、教学时长

60分钟

七、教学内容

（一）导入："社恐"无处不在？（15分钟）

师：各位家长，大家好！很高兴看到大家能在百忙之中积极参与家长学校的课程，畅聊陪伴孩子成长的点点滴滴。

家长朋友们，你们都去过海底捞吗？有感受过或者听说过海底捞的"生日服务"吗？在那个场景下，您有什么感受呢？

【家长分享】

师：下面这个视频里的场景也发生在海底捞。男孩在海底捞和家人庆生，服务员热情地围绕在桌子旁给他唱生日歌，男孩坐着一动不动，不敢抬头。

【观看视频】

师：北大女生鸟鸟也曾在脱口秀表演中提过自己"社恐"的情况，我们一起来听听她的吐槽。

【观看视频】

师：近几年"社恐"一词好像经常出现在我们的视野里，不少家长会担心自己的孩子是否也有"社恐"的情况，比如会有以下的一些表现：

【PPT呈现，教师讲解】

亲朋好友聚会，孩子默默坐在角落，不与他人交流；

孩子在学校不小心擦伤手肘，不敢去校医室，一直等到放学回家才和父母说；

班级小组分享，孩子是小组内容的积极贡献者，但却不愿意上台与同学一起展示……

249

师：怕生、不敢与人交谈、容易脸红、肢体紧绷、手脚局促……你的孩子平时是否也有这样的情况呢？这是不是就是我们说的"社恐"呢？

我们首先需要区分"内向"和"社恐"两个概念：

【PPT呈现，教师讲解】

"内向"是个人的一种气质，内向的人语言、思维和情感通常是指向内心的。

师：内向的孩子虽然不太喜欢扎堆、主动与人交流、参加社交活动和表现自己，但他们可以独自安静地做自己的事情，并从中获得快乐和能量，这是正常的。

【PPT呈现，教师讲解】

"社恐"从定义来说是一种精神疾病，叫作"社交焦虑障碍/社交恐怖症"，会长时间的严重影响个人的正常生活和工作。

师：比如在社交互动、被观看，以及在他人面前表演时，会出现显著的害怕或焦虑，儿童的这种焦虑不仅发生在与成人交流中，也发生在与同伴交往中。当情况十分严重时，我们需要带孩子到精神专科医院接受进一步的检查和治疗。

从上面家长们的提问中，我们看到比较多的是孩子性格内向，或者对社交有一点退缩和恐惧，不一定到了"社交恐怖症"的地步。

（二）探究：孩子为什么会"社恐"？（15分钟）

师：有些家长会很好奇，"社恐"是天生的吗？请大家先回忆一下，如果我们的孩子在社交上有出现退缩和恐惧的情况，那么一般是从什么时候开始的呢？从小到大，有没有状态的转变呢？

【家长分享】

师：目前的研究中，对于社交恐惧症是否由遗传因素导致的观点尚未统一，但普遍认为环境因素是有更大影响的，比如孩子早期的抚养环境、父母的养育方式和早期经历的创伤性事件等都会对孩子的社会交往能力有重要的影响。

【PPT呈现，教师讲解】

1.教育理念的欠缺

孩子天生的气质是各异的，有些活泼好动，有些安静沉稳，这是由遗传因素决定的。在出生后，孩子与家人的互动也极大影响了孩子社交能力的发展。

亲子关系是儿童最早的社会关系，安全的依恋关系、积极的情感和语言互动都能促进孩子的发展，建立对外部世界的信任感。

有些父母在孩子小时候观察到孩子不敢与亲戚朋友交流，就给孩子贴上"内向""老实"的标签，不再鼓励或陪伴孩子进入到社交情境中，这样的标签会给孩子带来消极的心理暗示，不敢尝试，固化"社恐"的形象。

2. 过于强势的教养方式

我们都希望孩子可以顺利地成长，想为他们做很多事情。但有些打着"为孩子好"的话语或行为，实际却是想让孩子严格遵从自己的期待，往往是忽略孩子情绪和意愿、给孩子带来伤害的。

过于强势的教养方式包括：对孩子的过分保护，批评或否定孩子的各种情绪、想法和行为，总是拒绝孩子的请求等。

影响：在这种教养方式下成长的孩子，会觉得自己总是达不到父母的要求，担心出错，进而将父母的要求和批评内化为对自己的负性评价，产生强烈的自卑感和不自信，久而久之容易泛化到与其他人的交往中。

3. 早期经历或目睹创伤事件

有些孩子在成长的过程中不幸遇到很多挫折和苦难，这些生活经历可能会影响他们的心理发育过程、安全感和掌控感的建立等。

研究发现，经历与父母的分离或死别、家庭成员有精神障碍、受到或目睹家庭暴力和性虐待的孩子患上社交恐怖症的比例更高。

（三）对策：孩子"社恐"怎么办？（25分钟）

师：当孩子出现了一些对社交抗拒、焦虑的状况，我们也不用太担心，注意不要给孩子贴上"社恐"的标签，也不需要强迫每个孩子都成为"社交达人"，而是了解孩子真实存在的社交问题，在了解孩子性格的基础上，给予暖心的陪伴、创造合适的社交机会、提供积极地引导。我这里有四个锦囊妙计分享给大家。

【PPT呈现，教师讲解】

1. 共情倾听

当孩子表现出对社交的抗拒时，通常是有具体原因的。只有了解到孩子背后的情绪和感受，才能真正解决问题，如果此时再采用说教、指责或对比，会让孩子更加回避和退缩。作为家长，我们可以这样帮助孩子：

（1）温柔询问抗拒的具体原因，肯定焦虑、恐惧等情绪，再与孩子一同寻找应对方法；

（2）保护孩子的分享欲，带着耐心、好奇心、共情力专心听，及时给予肯定和反馈；

（3）如果孩子语言能力有限，可以积极提供补充，让孩子在分享的过程中积累词汇，也建立表达的信心。

2.陪伴练习

有些孩子愿意交流，但缺少沟通的技巧，对于这类孩子，家长可以这样做：

（1）借用绘本、动画片人物交流的场景和例子

（2）分享家长自己在生活中的应对方式

（3）在模拟情景中与孩子练习如何更好与人交流

对于很多害怕主动社交的孩子来说，他们担心自己的需求会被拒绝，或者担心自己所作所为不受他人喜欢，从而不敢迈出第一步。家长可以陪伴孩子练习如何表达自己的意见，知道每个人有自己的观点，看淡他人对自己的评价，学会拒绝和接受被拒绝。

小练习：勇敢说不

（1）家长和孩子分别扮演"请求者"和"被请求者"

（2）结合生活情景，"请求者"提出充分理由，尽力说服被"被请求者"答应自己

（3）"被请求者"提出充分理由拒绝"请求者"的请求

（4）交换角色，重复练习

（5）亲子交流自己扮演"请求者"和"被请求者"时被拒绝和拒绝的体验

【家长现场练习并分享】

3.创造机会

社会交往其实也是需要学习和锻炼的技能，如果孩子一直没有什么与他人交流、互动的机会，那对此感到焦虑和不安也是正常的。作为家长，我们可以：

（1）有意识地给孩子创建一些社交环境

推荐的社交环境可以是孩子自己的家庭聚会，此时孩子是家里的小主人，

在熟悉的环境和家长的鼓励下，孩子可以尝试迎接客人、分配餐食、关注在场宾客、欢送客人等，增加社交能力。也可以是一同外出吃饭的餐厅或商场超市，让孩子帮家人向服务员点单或添加物品，让孩子在社交中获得成就感。

（2）**适时为孩子提供技术和情感支持**

在社交情景开始前，与孩子聊聊接下来会发生的事情，可以让孩子先谈谈自己在场景中可以做什么、怎么做，若有不懂应对的，家长可以提供应对方案以供参考，结束后也多肯定孩子的尝试和努力。重要的是，要给到孩子情感上的支持和鼓励。

4. 适度放手

前面探究部分我们说到，过于强势的教养方式不利于孩子社交能力的发展，过于担心而包办孩子的生活就是其中一种情况。家长可以：

相信孩子比我们想象的更有力量，独自也能处理好生活；

做孩子的社交顾问，让孩子知道当他遇到困难时可以求助或获得安慰；

给孩子自己摸索、碰壁、反思的机会。

（四）课堂总结（5分钟）

师：家有"社恐"别紧张！通过今天的课程，相信大家都对孩子的社交不畅情况有了更多的了解。我们可以先评估一下，我们的孩子是性格内向还是确实存在社交困难，多倾听孩子在社交场合感到焦虑不安的原因，接纳他们的情绪，帮助他们练习社交技能，鼓励孩子在安全的社交场景中多尝试，肯定他们的每一寸进步。同时也对孩子抱有信任，相信他们能在社交上找到自己舒服的状态。

参考素材

1. 视频素材

"社恐男孩"海底捞过生日！大伙唱歌他不敢抬头看：脸都要丢完了

https://www.iqiyi.com/v_2fr3h6uph10.html.

2. 视频素材

鸟鸟脱口秀：演绎社交恐惧症的社死场面，是你吗？

https://www.bilibili.com/video/BV1bq4y1o744/?spm_id_from=333.788.recommend_more_

video.0&vd_source=4ab93844c659ff4c5b9c4d50a5b7264a.

3. 论文素材

刘东台，李小健.社交焦虑障碍发展成因探讨（综述）[J].中国心理卫生杂志，2008

（05）:376-381.

《家有"社恐"别慌张》课堂学习任务单

学校：　　　班级：　　　姓名：

请根据教师指引和课堂所学，完成以下学习任务

任务1：观看视频，分享您眼中"社恐"的表现。

任务2：回忆孩子的成长过程，孩子对社交的态度是怎样的？是否有变化？

任务3：现场与一位家长朋友体验"勇敢说不"小练习，并分享感受。

任务4：请对本节课的课程设计、教学安排以及授课教师作出评价，提出您的宝贵建议，期待我们携手成长。

如何正确指导孩子间的异性交往

一、设计理念

随着青春期的到来，孩子们的生理和心理都在快速成长着，对于异性的好奇和关注也在逐渐增加。适当的异性交往有助于孩子建立健康的性别意识，增加学习动力，增强自信，丰富人际交往等，与异性交往是孩子成长过程中自然且重要的阶段。对于孩子青春期出现的情感波动，作为家长我们应该感到高兴，但同时应及时给予恰当引导，帮助孩子分析状况，厘清利弊，保护自身安全，教育孩子懂得珍爱自己，也学会关爱他人。

二、教学目标

认知目标：帮助家长了解青春期孩子异性交往的身心基础和发展阶段。

技能目标：帮助家长在面对孩子异性交往不同情况时，树立相应的应对态度并掌握正向引导技巧。

情感目标：减轻家长对孩子存在异性交往情况的担心，以平和、支持的心态陪伴孩子成长。

三、教学重难点

教学重点：家长了解青春期孩子异性交往的原因，掌握正向引导技巧。

教学难点：家长接纳青春期孩子的异性交往是自然现象，平和积极地引导孩子恰当与异性交往。

四、教学对象

青春期学生的家长

五、教学准备

多媒体课件、冥想音频、黑板、学习任务单、笔

六、教学时长

60分钟

七、教学内容

（一）导入：青春正当时（10分钟）

师：家长朋友们大家好，欢迎来到本期家长课堂。

今天我们先不聊家里的娃，我们来看看青春年少的自己。随着音乐，我们试着回想一下，当我们处在自家孩子这般年纪时，自己是怎样的？

【PPT呈现，音乐，教师引导】

当时，我穿着什么类型的衣服？留着怎样的发型？

当时，我是什么模样？喜欢自己的相貌和身材吗？

当时，我课间、放学都和哪些朋友在一起？怎样度过？

当时，我有心怡的、特别的那个他（她）吗？我们有怎样的碰面和交集呢？

当时，我有哪些或腼腆羞涩，或心潮澎湃，又或忐忑不安的记忆场景呢？

【家长分享】

师：回忆起我们的青春年少，也许是温暖、柔和、怀念的，也许是困惑、挣扎、孤独的，这些多样的青春体验也是我们孩子目前正在经历着的独特时光。

随着青春期生理和心理的变化，孩子们开始对异性产生自然的好奇和关

注，开始体验情感上的波动。面对孩子成长路上的新阶段，我们父母既欣喜，又不免有些担忧。

今天我们一起来聊聊青春期孩子的异性交往话题。

（二）探究：青春期异性交往合理吗（20分钟）

师：想象一下，当得知孩子有喜欢的人了，或者看到孩子收下的告白情书，我们脑海里第一时间出现的想法是什么呢？

【家长分享，老师于黑板记录】

师：也许大家会出现一些担心、好奇或生气，尤其是女生的家长，可以看到大家都很关心我们的孩子，希望他们健康顺利地长大。其实异性交往并不是洪水猛兽，它是符合孩子身心成长的规律，也是对孩子有积极的作用。

【PPT呈现，教师讲解】

1.对异性的关注是青春发育过程中的正常现象

青少年的异性交往，从心理学上来说大体分为四个时期。

疏远期：小学中高年段开始，孩子们的第二性征持续发育，孩子们对自己的性别有了一定认识，对生理变化还比较害羞和陌生，更喜欢与同性友人一起，男女界限分明。

接近期：随着身心进一步发展，青少年开始对异性有朦胧神秘的好奇感，开始感受到异性的吸引力，更注重自己的外貌穿着和言行举止，喜欢通过求助、帮忙、公开场合发言、运动、表演等行为吸引对方的注意力。

眷恋期：在对异性有好感的基础上，孩子们会逐渐形成自己的"理想型"，也更渴望一对一的相处模式，喜欢形影不离地陪伴在对方身边，结伴学习、运动、游玩等。

择偶期：随着年龄的增长，青少年心理发展愈加成熟，择偶的价值观更稳定，对于异性的爱慕和追求更专一，更有可能进入到正式恋爱关系中。

从这四个阶段中可以看出，不同阶段的异性吸引是受到生理变化和心理成熟度的影响而普遍存在的，虽不是每个人都会经历所有的阶段，但发展的趋势是比较一致的，且我们在前几个阶段中积累的经验、反思也会成为我们未来建立亲密关系的基础。这个过程正常且重要，家长们无须太过担心。

2. 合适的异性交往有助于心理健康、取长补短

异性之间的相互吸引以及想要获得异性关注其实也是一种自然的驱动力。俗话说"男女搭配，干活不累"，这是因为青春期的孩子在异性面前更愿意展现自己的能力，希望自己做得更好，留下好的印象。

"合适"的异性交往比较推荐是集体的、公开的、互相尊重的，比如以学习、兴趣、运动、社团、校园活动筹备小组等。

在教室里，我们也常能看到一起讨论学习、攻克难题的男女生，思维上的互相补充和为对方解惑的成就感，也能提高孩子本身对学习的热情。这个时期，异性的关注和肯定也更容易给孩子带来自信和满足，有利于积累积极体验。

（三）对策：如何引导孩子的异性交往（20分钟）

师：我们再看看刚才大家提到与孩子异性交往有关的担忧上，这些担忧一般与两种异性交往状态有关：

【PPT呈现，教师讲解】

一种是孩子对异性非常恐惧，鲜少来往；

另一种则是孩子与异性交往过于密切，家长们担心这样的交往会影响孩子的学习成绩、身体健康等。

师：那作为家长，我们应该如何引导孩子异性交往，保持适度距离和正常的异性交往状态呢？

1. 专注活动立自信，集体活动广交友

培养信心多鼓励，培养兴趣爱好，创设活动机会

师：对于恐惧与异性交往的孩子，其实不需要专门强调与异性的接触，而是多关注培养孩子的自信心。

我们可以多鼓励他（她）参与自己感兴趣的集体活动，培养兴趣爱好，当孩子有自己的特长和爱好时，有事情可做时，本身也会变得更自信。集体活动中，最好是男女生共同参与的，或者有孩子熟悉的朋友陪伴，在活动中共同参与，自由对话，建立自然友谊。

2. 留心观察识变化，耐心倾听齐探讨

日常关注孩子成长过程中外貌、情绪、生活状态的变化，当发现孩子特别

在意自己的外貌打扮、情绪多变、经常躲着家长发信息或聊天、晚归但没有说明原因、成绩突然下降等情况时，相信你本能会意识到"有事情发生"。

带着这样的好奇和关心，我们可以真诚地向孩子反馈观察到的变化和自己的关注。当孩子愿意分享时，我们可以：

耐心倾听，不贴"早恋"的标签，不讲大道理，不做过多的评判

如果孩子主动提到有喜欢的人，或正处于恋爱关系中，我们应该感谢他（她）的信任，适时地聊聊他（她）对这个人和恋爱的看法。比如：

鼓励孩子分享现在的感受

说说这个人的特别之处/喜欢他（她）的地方

聊聊你们在一起时喜欢做什么

分享自己青少年时期或类似的感受

一起探讨"好感、喜欢、爱"的区别

……

总的来说，与孩子讨论这些问题，比直接告诉他们应该做什么，不应该做什么，要更有利于亲子关系的建立和维持，而关系很大程度上决定了青春期孩子是否愿意再与你分享，或听取你的建议。

如果孩子还没有准备好分享他们的青春秘密，也不用太着急，表现出父母随时都在，都愿意倾听的态度，耐心等待。

3. 实地观察破隔阂，健康知识保安全

如果我们对孩子的倾慕对象或交往对象直觉感到不妥，可以：

邀请他（她）参与到家庭活动中（单独邀请/邀请好友圈），同时观察他们与孩子的互动情况。如果可以了解他们的父母，能帮助我们更全面地评估情况。

直接下禁止令往往不见得有帮助，反而容易引起"罗密欧与朱丽叶"效应，即关系内部由于受到外界的压力而变得更加紧密，一致对抗外部。这样既容易破坏亲子关系，也可能会让孩子的关系转向地下发展，更不可测。

如果我们认为孩子的倾慕对象确实不是一个好的选择，或者不认同孩子与异性交往的方式，可以：

分享家长视角的观点，平和地向孩子解释家长的担忧

同时，青春期的孩子对自己的生活有着越来越强的掌控感需求，家长也可以在平时多帮助他们练习做选择的能力，如：

学会分析问题，衡量利弊，考虑结果

学会综合信息和价值观后做选择

能够珍惜并执行自己的选择

在过密的异性交往中，无论我们的孩子是男生还是女生，性是大家都需要提前考虑和探讨的重要问题。家长在孩子讨论性时，更多是提供：

家庭内的性价值观

相关的生理健康常识

科学性教育知识获取方式

遇到伤害时的求助途径等

作为家长，我们可以分享对于未成年人性行为的看法和观念，也可以了解孩子是如何看待这个问题，或者通过角色扮演的方式练习"如何坚定地表达自己的期待和拒绝"，避免孩子让自己或对方陷入危险的境地。

（四）演练和总结（10分钟）

【PPT呈现】

情景展现：当你在家中发现一封属于孩子的情书（孩子收到的/写的），你打算怎么处理？

【家长分享，教师总结】

师：青春年少最动人。面对孩子成长路上的新变化，我们可以与孩子共同探讨，分享我们曾经的故事，好奇孩子如今的想法。不对立，不训斥，帮助孩子分析现状，厘清可能，积极引导。

我们也应该相信，每个人都有积极向上的本能，在有良好亲子关系的家庭中成长的孩子，也会有提高自我、向阳生长地期待，在爱和尊重中长大的孩子，也会知道爱护自己、尊重他人。作为父母，我们最重要的任务是建立好家庭支持系统，让孩子知道自己值得被尊重、值得被爱。

参考素材

1.黛布拉·W.哈夫纳.从尿布到约会——家长指南之养育性健康的青少年[M].望秀云,译.上海社会科学院出版社,2020.

《如何正确指导孩子间的异性交往》课堂学习任务单

学校：　　班级：　　姓名：

请根据教师指引和课堂所学，完成以下学习任务

任务1：随着音乐，回想当我们处在孩子这般年纪时，自己是怎样的?

任务2：情景展现

当你在家中发现一封属于孩子的情书（孩子收到的/写的），你打算怎么处理?

任务3：请对本节课的课程设计、教学安排以及授课教师作出评价，提出您的宝贵建议，期待我们携手成长。

第十二章　生命教育

与孩子共寻生命的力量

一、设计理念

生命是我们体验感受世界、联系情感、成就自我、贡献力量的基础，是无可比拟的重要存在。《国家中长期教育改革和发展规划纲要（2010—2020年）》中特别提到要重视生命教育，而家庭生活是进行生命教育不可或缺的重要载体。家长可以通过日常生活的教导和陪伴，帮助孩子认识生命、感受生命、理解生命、丰富生命，挖掘自己生命的意义和重要性，与自我、他人、社会和自然和谐共处，寻找生命的力量，发展生命的潜力，享受生命的美好。

二、教学目标

认知目标：帮助家长了解家庭生命教育的理念、引导方式和亲子活动。

技能目标：帮助家长初步掌握与孩子共同了解生命、体验生命、直面生命的技巧。

情感目标：帮助家长形成热爱生活、热爱生命的人生态度，对生命充满感恩、珍惜和憧憬之情，并能将这种情感传递给孩子。

三、教学重难点

教学重点：家长了解家庭生命教育的理念、引导方式和亲子活动。

教学难点：家长初步掌握与孩子共同了解生命、体验生命、直面生命的技巧。

四、教学对象

中小学学生的家长

五、教学准备

多媒体课件、视频素材、学习任务单、笔

六、教学时长

60分钟

七、教学内容

（一）导入：感受生命的力量（10分钟）

师：各位家长，大家好！很高兴看到大家能在百忙之中积极参与本期家长学校的课程，共同为孩子成长提供更好的陪伴。

今天我们先来观看一段影片，观赏后请大家聊一聊。

【PPT呈现】

1.影片中，您看到了什么？

2.画面中，您感受到了什么？

【视频呈现】

种子发芽、嫩芽生长、枝条延展、花朵盛开等植物生命蓬勃发展的画面……

【家长思考并分享】

师：从影片中，我们能感受生命勃发带来的感动和震撼。生命是美好的，多彩的，充满力量的，我们的所有体验、感受和成就也都建立在生命的基础上。

今天就让我们从家庭教育角度出发，一同探讨亲子间的生命教育，与孩子共寻生命的力量。

（二）探究：寻找生命的力量，家长如何做？（25分钟）

【PPT呈现，教师讲解】

1. 帮助孩子认识生命

认识生命是生命教育的第一步，包括自己的来历、生命发展的过程、生死之间的客观规律等。"我从哪里来"是很多孩子从小就会好奇的问题，避讳不谈或用"捡来的"等借口敷衍并不是好的示例。

我们可以用符合孩子认知层次的方式向他介绍生命：

揭示出生的秘密	展示母亲怀孕时、在医院出生时、为迎接新生命家庭布置时的照片，严谨、认真地给孩子解释他的出生，让孩子感受到怀胎不易和家人对他生命降生的欢迎和重视。 通过绘本、动画片、纪录片等，让孩子了解生命的来源。
探究生命的发展	与孩子一起孵化鸡蛋、观察蚕宝宝的变化、接生小动物等，探究生命发展的过程。
悼念逝去的珍爱	在特定的节日（如清明节）、纪念日，可以陪伴孩子一同纪念逝去的生命。 若家里不幸有人逝去，允许孩子各种提问并尽可能温柔但真诚地解释现状，让孩子参与到哀悼仪式中，并用符合孩子年龄阶段的方式解释什么是死亡。

帮助孩子认识生命时，我们要注意带着爱和尊重，用科学的、匹配孩子理解能力的话语，让孩子明白生命的来之不易，生命长度有限但深度和广度无限，鼓励孩子分享自己的想法和困惑，有针对性地解答。

2. 陪伴孩子感受生命

生命的痕迹无处不在，当我们用心感受，就能看到其中的力量与美好。从动植物的身上，我们最能直观感受到生命的变化。

培育植物	与孩子一同在家中布置种植区域，从种子开始养育，观察过程。 用书写、拍照、绘画等方式记录植物每天的变化，体会生命的力量。
照顾宠物	给孩子喂养小动物的机会，感受生命的活跃与脆弱，体会哺育的不容易。
观察自然	多和孩子走进自然，感受物种的丰富，觉察四季的变化。 创造观察机会，如散步、写生、摄影、收集标本，也可以是在老家农村的田埂间，或报名参加认识身边的自然、野外探索等活动。

孩子对自然的好奇是与生俱来的，作为家长我们可多鼓励并为他们创造机会，让孩子感受生命的温度，接受生命的变化，习得生命的力量。

在感受自然生命的过程中，让孩子知道生命不是永远光鲜亮丽，也不是永远一帆风顺的，有风雨，也有彩虹，有衰落，有蓄能，也有绽放和新生，为预防将来的心理脆弱、思想困惑、行为失控等打下基础。

3. 引导孩子理解生命

我们最了解的生命是自己的生命，孩子理解生命的第一步也是理解自我：

个性特征	认识自己的性格、性别、兴趣特长、家庭角色、社会角色等。
自我价值	肯定优点，接纳或调整不足，以成长型思维面对挫折。
生命价值	爱护自己，尊重他人/物，以温暖之心对待每一个生命。

（1）对自我个性特征的认识

家长平时可以通过聊天、共读等方式，引导孩子对自己的性格、性别、兴趣特长、家庭角色、社会角色等方面有所思考，随着年龄经历的增长，形成较为稳定、统一的自我意识。

（2）对自我价值有正确的认识

在心理发展还不够成熟时，孩子对自我的评价容易受到外界的影响，不够全面和稳定。

作为家长我们应该多肯定孩子自身的价值，帮助他们看到自己特点中优秀的与不足的部分，肯定优点，接纳或调整不足。评价孩子时，应该以平等尊重的态度，就事论事，避免对孩子人格的贬损。在生活中，我们可以陪伴和鼓励孩子以成长型思维面对挫折，不因失败否定自我本身的价值。

（3）对生命价值的理解

对自我而言，生命是个体体验、发展、超越的基础和前提。对父母而言，孩子的生命是我们爱与责任的具体倾注对象，是我们生命的延续和希望。对社会而言，无数个体的生命构建了群体，个体与社会互相影响着、推动着向前发展。因此，家长应该引导孩子理解生命的意义之重要，不仅对于个人，对于家庭和社会也是如此。

家长带孩子了解生命安全知识，向孩子传递出生命的可贵以及对家人、社会的重要性，鼓励孩子参与服务社会的公益活动等。我们不仅要爱护自己的生命，也要尊重其他人和生物的生命，不伤害自己，不欺负别人，以温暖之心对待每一个生命。

4. 鼓励孩子丰富生命

一个人生命的时间是有限的，但生命里能够体验的、学习的、创造的、贡献的是无限的，当我们着眼于丰富生命的内容时，我们生命的力量就在不断加强，生命的深度和广度都得到了延伸。作为家长，我们可以通过鼓励孩子积极向内向外探索、让生活变得精彩、规划短期和长期的人生目标等方式丰富生命。

（1）我们可以鼓励孩子体会生活

有时，我们会产生平凡生活日日相同的感觉，陷入无聊、无意义的状态中，但当我们用心生活时，能发现其中的趣味与新鲜。我们可以做如下的事：

专注沟通： 与孩子聊聊生活中发生的事、困惑的事、想要做的事，丰富生活的细节。

创造记忆： 设置家庭纪念日、活动日，做有仪式感的、特定的事情，如一起吃应季或喜欢的食物、整理客厅、旅游参观等，让生活更有记忆点。

（2）我们可以鼓励孩子享受成功

生命因一次次的成功体验而更令人欣喜。

作为家长，我们应该让孩子知道生命中有无数成功的可能，避免单一的自我评价标准，有"人生是旷野，不是单行道"的概念，在生活中肯定孩子方方面面，如能整理好自己的物品、关心家庭成员、虽然没获得理想成绩但仍坚持练习等。

鼓励孩子看到自己的成长和进步，享受自主争取成功的体验，这对于孩子建立自信、提高掌控感有很大帮助。

（3）我们可以鼓励孩子规划人生

脚踏实地与仰望星空是同样重要的。

作为家长，我们可以在了解孩子的个性特征、兴趣爱好、能力资源等情况下，鼓励并帮助孩子树立真、善、美的人生理想。可以通过共读名人传记，观看纪录片等方式与孩子探讨他们的人生目标。同时也协助孩子分解长期阶段，细化理想，着眼每个阶段的具体目标，鼓励他们一步一步走向自己的梦想。

（三）运用：寻找生命的力量，家庭活动共设计（20分钟）

师：我们从认识生命、感受生命、理解生命、丰富生命四个方面了解了生命教育在家庭教育中的具体呈现。现在我们可以尝试运用这些家庭生命教育的方法，设计家庭小活动，亲子共寻生命的力量。

【PPT呈现，家长活动】

以小组为单位，每个小组设计一个家庭活动：

（1）活动主题

（2）活动时长

（3）活动参与者

（4）活动内容/形式

（5）活动目的

【家长分享】

师：大家的分享都非常有创意和意义，大家可以根据自己家庭的情况稍做调整，与孩子共同体会生命的美好，感受生命的力量。

（四）总结（5分钟）

师：成长的过程就是生命力量的重要体现。

在进行家庭生命教育的过程中，我们家长需要不断自我充电，从认识生命、感受生命、理解生命、丰富生命四个方面提升自己的能力，在言传身教中，感染孩子，带动孩子。同时我们也是孩子生命的力量，是陪伴他们度过每一个关键期，支撑和为他们赋能的人。

祝我们每个家庭都能感受到生命的力量，享受生命的美好。

参考素材

1. 视频素材

【踩点】带你领略生命之美

https://www.bilibili.com/video/BV1744y1q765?share_source=copy_web&vd_source=6a52ebd334
5f39f5fd2ddcb20eb79b53.

《与孩子共寻生命的力量》课堂学习任务单

学校：　　班级：　　姓名：

请根据教师指引和课堂所学，完成以下学习任务

任务1：观看影片，分享感悟

　　（1）影片中，您看到了什么？

　　（2）画面中，您感受到了什么？

任务2：以小组为单位，每个小组设计一个生命教育主题的家庭活动，亲子共寻生命力量。

　　活动主题：

　　活动时长：

　　活动参与者：

　　活动内容/形式：

　　活动目的：

任务3：请对本节课的课程设计、教学安排以及授课教师作出评价，提出您的宝贵建议，期待我们携手成长。

与孩子一同拥抱不确定性

一、设计理念

当今时代日新月异，更新迭代层出不穷，自然环境、卫生、经济、世界格局等每时每刻都有新变化的发生，这些都影响着我们生活的方方面面。

当我们面对不确定性的时候，不免产生烦躁不安、焦虑恐惧的情绪，这是正常且有意义的。作为家长，我们自己可以看到不确定中蕴含的机会，觉察自己的情绪和背后的需求，寻找应对不确定性的方法，从积极的角度去看待不确定性。也将这种积极的态度传递给我们的孩子，一同拥抱不确定性。

二、教学目标

认知目标：帮助家长了解不确定性产生的原因、影响和积极意义。

技能目标：帮助家长初步掌握接纳、应对不确定性的技巧，引导孩子积极应对。

情感目标：帮助家长接纳生活中、孩子成长过程中的不确定性，以积极态度应对变化。

三、教学重难点

教学重点：家长掌握接纳、应对不确定性的技巧，以积极态度应对不确定性。

教学难点：家长接纳生活中的不确定性和孩子成长过程的不确定性。

四、教学对象

中小学学生的家长

五、教学准备

多媒体课件、学习任务单、笔

六、教学时长

60分钟

七、教学内容

（一）导入：生活中的不确定性（10分钟）

师：各位家长，大家好！很高兴看到大家能在百忙之中积极参与家长学校的课程，畅聊陪伴孩子成长的点点滴滴。

【PPT呈现】

上课前，请大家回想：从您知道这节课的时间、主题到现在，有没有一些时刻会影响您今天到场呢？

【家长分享】

师：看来今天我们的相聚实属不易，但大家都坚定地选择参加这次的课程，可见大家对孩子教育的关注！

【PPT呈现】

假如现在我们因不可控因素，课程取消，大家会有怎样的感觉呢？

【家长分享】

师：谢谢家长们真诚地分享。

从刚才的分享中也能感受到，我们的生活充满了不确定的因素。我们计划或期待有时会被打断，焦虑、不满、烦躁、无奈等情绪很容易占据我们的心灵，同时也影响着孩子们。

今天我们就一起来聊聊不确定性，探讨如何与孩子一同拥抱不确定性。

（二）探究：不确定性知多少（10分钟）

【PPT呈现，教师讲解】

不确定性是指事情的发展是不明确的，不由我们自己控制的。

师：我们会察觉到不确定性，是因为我们对事情有既定的期待，如习惯的模式、对人对己的目标，所以当事情的发展可能与我们习惯或期待的不一样时，就会让人感到失去了对生活的控制。

1. 不确定性的影响

从进化的角度来说，原始时期环境中的不确定性会降低存活的概率，为了保证自身的安全，大脑会把不确定的、模棱两可的东西视作威胁，提高我们的警惕性，从而避免受到伤害。

在一项与不确定性有关的研究中，预知自己有50%的机会遭受痛苦电击的参与者，会比那些预知自己肯定会受到电击的参与者，更加焦虑和激动。

可见当面临不确定的情况时，焦虑、不安、紧张等都是正常的情绪。

但现在我们的不确定性很多都与存活无关，令我们难以承受的不是不确定性事件发生的后果，而是无法承受不确定性事件发生时脑海里的灾难性想法，以及伴随的各种各样的负面情绪。

因此，如何觉察这些情绪及产生的信息，如何接纳或直面不确定性成了重要课题。

2. 不确定性的积极意义

不确定性的状态除了会激发个体焦虑、紧张等反应，同时还会促进认知的升级。

心理学家皮亚杰在认知发展理论中提出，人们的认知发展是从一个平衡状态向另一个较高平衡状态过渡的过程。在生活中我们会发现，一些新刺激、新状况的出现，是我们以前熟悉的思维模式和行事方式接纳不了、解决不了的，这时就会产生不平衡的状态。

这种不平衡会让我们感受到痛苦，但也促使我们去寻找新的模式，从而完成认知升级。

教育经济学的比较发现，当未来多变不可预测时，父母也倾向于投入更多支持在孩子的教育上，期待孩子可以通过学习提高社会阶层、提升未来收入。

可见，当我们深究不确定性和其带来的焦虑，也会获得成长的动力。

（三）对策：拥抱不确定，亲子共成长（25分钟）

师："人生唯一确定的就是不确定性"，这是我们生活中避不开的话题。

身教大于言传，作为家长我们首先要自己能接纳万事万物的不确定性，提高自己工作中、生活中、与孩子相处中的不确定性容忍度，才能让孩子也感受到这份从容，拥抱不确定性。

下面我们一起来看看有哪些提高不确定性容忍度的好观点、好方法。

【PPT呈现，教师讲解】

1.建立成长型思维，培养长期好品质

"成长型思维"认为人的能力是可以改变的，人的状态是可以通过学习和努力来培养的。

拥有成长性思维的人遇到挫折时，可能会感到痛苦，但会认为这只是一个需要面对和解决的问题，然后学习新知识、扩展自己的能力范畴，把挫折当作一种待攻克的挑战。

相反，"固定型思维"的人认为挫折意味着失败，而且往往会归因到个人是失败者、缺乏潜力上，情感上受到创伤，然后回避挫折或向下寻找安慰。

做一个拥有"成长型思维"的父母，是可以接受孩子成长过程中的不确定：

一方面可以看到孩子表现是有符合期待也有不符合期待的，另一方面可以接受孩子在某些方面、某些时刻有困难，并一起寻找解决困难的方法。

例如，在陪伴写作业的情境中，父母希望孩子可以自觉专心完成功课。当家长感觉孩子不专心时，可以仔细观察和思考：

（1）不专心行为具体是什么？（2）发生频率如何？（3）什么原因导致？

（4）怎么减少这些行为的出现？

不专心行为	孩子写作业的时候喜欢看门外。
频率	家长从房间门口路过时。
原因	孩子在抽屉放了课外书在写作业时看，为了避免被发现，就一直留意着父母的动静。
如何减少	与孩子商量好写作业和看课外书的时间应该要分开，把课外书先放在父母处，写完作业再尽情阅读。

在这个调整的过程中，改变的时机和程度是不确定的，很难一次达到期待，如出现孩子偷偷藏书、孩子没有书也会玩别的东西，或者还是会盯着房间外看等情况。

带着"成长型思维"看待这样的不确定性，只需要我们每次针对细节问题解决沟通，肯定孩子的点滴进步，将不确定看成培养专注力过程出现的必经道路，而不是失败的结果即可。

与此同时，我们不怕将自己对不确定事件的担心或遇到的挫折告诉孩子，只要分享时让孩子看到我们正在做的努力和努力后的成果即可。

让孩子知道事情是可以通过努力而改善的，就可以帮助孩子提高对不确定性的容忍度，潜移默化"成长型思维"。

2. 区分可控事项，积极采取行动

不确定性中让人最担心的就是无法控制事情走向，但不确定并不意味着完全不可控，我们要区分哪些是可控的，哪些是不可控的。

担心防疫安全	做好家人的消毒、检测，家中常备必要物资，减少前往风险地区。
孩子出门远行	陪孩子准备出行物品，制定出行计划、提醒外出后保持联系。
不能参加讲座	托其他家长帮忙记笔记或留意其他相关主题的线上线下讲座。

对于孩子的成长，我们也可以区分我们家长可控和不可控的部分，去争取有弹性的可控。例如：

"我（家长）也不知道你（孩子）未来的人生将会发生什么，将会碰到什么样的不确定性，但是我知道的一点是，我可以在今天帮助你培养并提升能力，让你对未来可期、可控。"

师：就好比我们无法预测今天热门的专业、一线城市、风口行业，现在好的事物不知等孩子长大是否还是最好的，但孩子在成长过程中培养的情绪调节能力、思辨能力、持续学习能力、自爱和爱人的能力等一定会给孩子带来应对不确定性的力量。

3. 接受既定事实，调整情绪认知

有时我们会发现，事情远超出我们的控制，这时我们唯一能控制的是自己

的态度和情绪反应，所以积极处理情绪也是非常重要的。

（1）合理发泄情绪

当我们对某种情况无能为力时，先处理好负面情绪，用健康的方式发泄出来，然后照顾好身体，这样才能有足够的资本去面对这种不确定性。

（2）觉察并调整状态

多觉察自己和孩子的情绪变化，当发现身体明显紧绷、肩颈部僵硬、紧张，有呼吸急促、头疼或胃部不适，我们很可能已经处于焦虑状态。我们可以采取：

专注训练：腹式呼吸、正念放松、拉伸运动

转移注意力：沉浸一件事，如运动、洗/叠衣服、打扫卫生

我们平时可以多尝试多感受哪种方式最适合自己，也可以鼓励孩子、陪伴孩子去体验，建立自己的"安慰清单"。

（3）挖掘不确定的积极意义

不确定意味着事情可能往任何一个方向发展，与现状无异、现状不够好、又或者超出我们的期待，就像阿甘正传里说的"人生就像一盒巧克力，你永远不知道下一颗是什么味道"。当我们带着积极的视角去看待不确定性，我们可以看到改变的动力，也能看到新的机会。

（四）赋能：确定清单（10分钟）

师：人们恐惧的往往是未知的东西，当我们通过学习、查询、实践去了解我们不确定的事，也可以给我们带来掌控感，消除焦虑和恐惧。

接下来，我们可以一同来完成一个"确定清单"。大家可以思考自己拥有的资源，将可控的事情具体化、可视化，当不确定感袭来时，我们可以从清单中获得力量。这个清单可以持续补充，也可以陪孩子一起建立属于孩子自己的、家庭的"确定清单"。

【PPT呈现，家长参与】

在面对不确定的情况时，我拥有以下资源可以帮助自己好好度过。

我拥有＿＿＿＿＿＿＿＿＿＿＿＿＿＿的能力，可以帮助我应对。

我拥有＿＿＿＿＿＿＿＿＿＿＿＿＿＿的伙伴，可以给予我支持。

我可以做＿＿＿＿＿＿＿＿＿＿＿＿＿＿事情，让自己感觉好一些。

我还需要＿＿＿＿＿＿＿＿＿＿＿＿＿＿＿资源，帮助我更好地应对不确定。

我可以对自己说＿＿＿＿＿＿＿＿＿＿＿＿＿＿＿＿＿＿＿＿＿＿＿＿

【家长分享】

（五）总结（5分钟）

师：也许我们无法预测明天，但我们可以把握现在；也许我们无法改变世界，但我们对孩子无条件的爱就是不确定中最确定的部分，持续不断地给孩子力量，让他（她）有勇气面对外面的千变万化。

参考素材

1. 文章：第十四届中国心理学家大会逐字稿系列｜疫情之下——如何帮助孩子在不确定性中成长？

网址：https://mp.wei×in.qq.com/s/Vh×IbNAQKZD_t9YR8_KBWg.

《与孩子一同拥抱不确定性》课堂学习任务单

学校：　　班级：　　姓名：

请根据教师指引和课堂所学，完成以下学习任务

任务1：请回忆，从您知道这节课的时间、主题到现在，有没有一些时刻会影响您今天到场？

任务2：请写出，若得知课程取消，当下出现的情绪。

任务3：确定清单

　　在面对不确定的情况时，我拥有以下资源可以帮助自己好好度过。

　　我拥有＿＿＿＿＿＿＿＿＿＿＿＿＿的能力，可以帮助我应对。

　　我拥有＿＿＿＿＿＿＿＿＿＿＿＿＿的伙伴，可以给予我支持。

　　我可以做＿＿＿＿＿＿＿＿＿＿＿＿＿事情，让自己感觉好一些。

　　我还需要＿＿＿＿＿＿＿＿＿＿＿＿＿资源，帮助我更好地应对不确定。

　　我可以对自己说＿＿＿＿＿＿＿＿＿＿＿＿＿＿＿＿＿＿＿＿

任务4：请对本节课的课程设计、教学安排以及授课教师作出评价，提出您的宝贵建议，期待我们携手成长。

如何面对孩子的自伤行为

一、设计理念

青春期的孩子处于身心发展的"风暴期"，面临的困难和挑战增加，情绪波动大，部分孩子会采取伤害自己的方式来应对挫折，对抗、表达或控制情绪上的不适。面对这些伤口，家长们通常是惊慌、困惑和难过的，但这些担心、痛心的情绪往往会因为家长的不知所措而以愤怒、否定、指责的态度表达出来，从而使亲子关系变得更加僵硬，进一步加剧孩子的自伤行为。

对此，家长可以以温柔坚定的态度，表达对孩子的关心，维护与孩子的关系和信任，循序渐进地了解孩子自伤背后的困难和挑战，帮助孩子尝试学会安全积极的情绪表达方式，调整家庭氛围，帮助解决现实问题，培养积极的兴趣爱好和活动，同时掌握专业支持资源，陪伴孩子渡过难关，重建充满希望的人生。

二、教学目标

认知目标：帮助家长了解青春期孩子自伤的常见原因及应对方式。

技能目标：帮助家长初步掌握与孩子讨论自伤行为的沟通方式和引导方向。

情感目标：帮助家长建立对自伤行为重视但不恐慌的态度，通过了解科学应对方式减轻预期焦虑。

三、教学重难点

教学重点：家长了解当发现孩子有自伤行为时，可采用的沟通、应对方式。

教学难点：家长理解孩子自伤行为背后是情感的需求，并能有温柔坚定的态度帮助孩子处理需求。

四、教学对象

青春期学生的家长

五、教学准备

多媒体课件、视频素材、学习任务单、笔

六、教学时长

60分钟

七、教学内容

（一）导入：雨中的女孩（10分钟）

师：各位家长，大家好！你们能在百忙之中积极参与家长学校的课程，想必都是对孩子非常关心的，希望他们能健康快乐地成长。但成长的道路总有波澜起伏，特别是处于青春期阶段的孩子，身体茁壮成长的同时，心情也如天气变幻多端。

当我们看到孩子的欢笑时，心里会感到喜悦和值得，那若看到孩子忧郁不安，又会有怎样的心情呢？

下面我们来看视频，请大家聊一聊：

【PPT呈现】

（1）看到这一幕时，您有什么感受？

（2）如果看到自己孩子正这么做，您第一反应是什么？

【视频呈现】

天下着雨，一位女孩心情不佳地躺在自己家门口的空地上，此时女孩的家长开车回家……

【家长思考并分享】

师：我听到大家的感受有不解、担心、愤怒等，也听到有家长说想立刻把孩子拉起来，带进家里去……我们都不愿意看到自己的孩子莫名其妙地躺在雨中，一方面担心他们会感冒发烧，另一方面这样的行为似乎并不会给我们带来什么好处，只是在伤害自己罢了。

在青春期阶段，像女孩这样的行为其实很常见，部分孩子似乎并不想保护自己，反而是对自己的身体实施破坏，如主动制造伤口、痕迹，或是行事非常鲁莽以致事故频发，这些都可以归为自伤行为（非自杀性自伤）。在2018年的一项元分析中可以看到，中国男性学生的自伤发生率为20.6%，女性学生发生率为21.9%（Lang et.al,2018），即五个孩子中可能就有一人存在自伤行为。

（二）探究1：为什么孩子会伤害自己（20分钟）

师：趋利避害是人的本能。生活中，我们看到尖锐的物品或可能会发生意外的场景都会小心避免，孩子们难道不怕疼吗？为什么他们会这么做呢？

【PPT呈现，家长思考并分享】

以下有几种不同的说法，请选择您是否认同这样的说法：

（1）伤害自己是"作"的表现，想要吸引他人注意力

（2）伤害自己是为了要挟父母完成他们的心愿

（3）伤害自己是为了惩罚父母

（4）伤害自己是懦弱的表现，只是他/她不够坚强

师：很多孩子自伤的原因是基于心理和生理以及社会环境多方面的。

【PPT呈现，教师讲解】

1. 青少年特定发展阶段的困难和挑战

"比起心理的难过，伤口的痛不算什么。"

青春期对于所有孩子来说都是一个巨大的变化，他们生理上快速成长成熟，心智还在幼稚和成熟之间摇摆；既感到充满力量、想独立自主，也面临着学校、社会多方面的压力和挑战，需要成人的支持和帮助。

在此阶段，他们的神经发育尚未成熟，更增加了情绪不稳定的风险，面临挫折、迷茫时，情绪体验更深刻，如果没有掌握健康的情绪宣泄方式，有可能选择自伤等极端行为。

2. 缓解强烈的情绪压力

"当时我感到很崩溃，分不清自己有什么情绪，像是被裹在混乱一团的黑雾里，仿佛要窒息……我划下去看着血流出来，世界渐渐平静，我也平静下来。"

"我觉得自己做了天大的错事，无法原谅自己，让自己的疼痛惩罚自己会让我觉得好受。"

身体受到伤害时，疼痛管理系统迅速响应，大脑分泌内啡肽缓解疼痛，起到安抚的作用。持续的自伤行为会让大脑负责奖赏的脑区更活跃、内源性阿片肽水平异常，使人对疼痛的感知减少。

有些孩子对自己的评价很低，自伤是为了惩罚自己，然后短暂地被（自己）原谅；有些孩子遇到悲痛的情绪无法承受，借自伤后片刻的宁静获得喘息；有些孩子因为生活中遭遇太多痛苦，为避免崩溃陷入麻木的状态，借助自伤的痛觉让自己体会"活着"。

过分强烈的情绪所造成情绪应激事件、环境和心理疾病等都有可能会是自伤行为背后的原因。

3. 渴望关注、关心和支持

"当我手上出现伤口的时候，他们才会看向我，虽然惊恐和不解，但他们看到我了……"

有些孩子在成绩或人际关系中并不突出，或者因父母忙碌、多孩家庭照顾不来等原因，自觉存在感较弱，难以获得关注，缺少被关爱的感觉和良好的社会支持系统，所以通过自伤发出自己的呼喊，以此来寻求注意。

4. 同伴群体和网络环境

"大家都这么做，所以我也想试试……"

青少年非常看重同伴关系，也更容易受其影响。如身边朋友有自伤行为，有些青少年也会想到要尝试。某些社交网络中，自伤行为从个人隐私变成公开展示的现象，部分青少年受此影响会将自伤看成有勇气、有性格的行为，从而跟风行动。

（三）探究 2：我们可以怎么帮助自己的孩子（25 分钟）

师：了解了常见的自伤行为背后的原因，大家可以回头看一下刚才您对自伤原因的判断，是否有新的看法呢？如果我们真的发现自己的孩子有自伤行为，会怎么应对呢?

【家长思考并分享】

师：还记得课程开始时那位雨中的女孩吗? 我们来看一下她的家长做了什么。

【视频呈现】

女孩的妈妈将车停下，立即下车走到她身边，与她一起躺在雨中，牵起她的手，轻轻询问，女孩侧过头朝向妈妈，与她分享自己的想法……

师：比起去猜测孩子伤害自己的目的是什么，我们不如把伤口看作一张开但未发声的嘴，认真去聆听它的呼喊、求救，了解孩子们青春期的脆弱和不安，帮助他们渡过难关。

如果发现自己的孩子有自伤行为，可以怎么应对?

【PPT呈现，教师讲解】

1. 情绪准备

听说或观察到孩子有自伤行为，您有何感受? 您会将这样的感受向孩子表现出来吗?

其中，我们特别注意"愤怒"的情绪，为什么而愤怒?

因为心疼、担心失去孩子，被蒙在鼓里，不被孩子信任（当孩子的自伤是被他人告知时），或者其他原因?

想象一下，当我们在工作中出现一些小差错需要支援时，会去找愿意倾听、分析问题的领导，还是喜欢指责、埋怨的领导呢? 孩子们也是这样，相比会被批评责骂，他们更容易在一场预期自己能得到同情和理解的谈话中表达心声、寻求帮助。

所以我们有愤怒的情绪是正常的，但保持冷静和镇定非常重要!

它有助于我们保持与孩子良好的关系，而关系是亲子互相影响的重要因素。

2. 亲子对话：了解自伤的情况和原因，表达关心

关于自伤的讨论应该在温柔的语境中谨慎地进行，这种温柔不仅体现在遣词造句中，也体现在语音语调、身体姿势等非语言信息中。

了解孩子生活中遇到的困难，表达关心和希望帮助的心情，不去假设孩子的目的，而是真的好奇孩子心里的想法，保持发问，允许尴尬和停顿，允许当下的不想回答。

以下有几种不同的谈话语言，请思考哪些可尝试，哪些该避免：

（1）你这样做是为了引起注意吗？

（2）我能做些什么来帮助你/改善现状吗？

（3）你在什么时候感到最难受？那时是怎么应对的？

（4）如果你不停下来，我会惩罚你的。

（5）很多人都生活得不愉快，但他们没有自伤。

（6）如果你现在不想和我聊，你觉得什么时候/什么方式聊会好一点？你可能会想和谁说说这个事？我可以帮你安排。

（7）你为什么要自杀？

（8）是不是你朋友这么做，所以你也这么做？

（9）我希望能做点什么让你感觉好一点，和你聊聊也是想知道我能做什么。

（10）你需要/愿意去看医生吗？

（2、3、6、9、10可以尝试，1、4、5、7、8应该避免）

师：当孩子愿意表达时，可以循序渐进地了解孩子自伤的背景和细节，如：

频率：每天都会划手吗？一周会有几次呢？

程度：可以让我看一下你的伤口吗？用什么工具划的？当时有没有流血，后来怎么停下来了呢？有没有处理伤口呢？

意图：当时这么做是为了什么呢？缓解情绪？结束生命？或者其他的？

情景：可以和我说说最开始这么做时，是什么事情发生了吗？

地点：是在学校/家里/其他地方发生的事情吗？

3.共情陪伴，现实帮助

师：了解了孩子自伤背后原因需求后，我们还是以温柔支持的态度表达我们的关心，在生活中提供帮助，做好调整。以下是孩子因不同类型问题自伤时，家长可以提供的支持：

（1）亲子沟通、家庭氛围方面的问题

充分表达对孩子的关爱，调整沟通模式；

增加高质量的亲子时光，开展亲子活动；

家长本身有稳定的情绪和良好的夫妻关系就可以给孩子提供避风港。

（2）现实层面的问题

如学业困难、人际交往矛盾，家长可以聚焦具体问题，提供可行的建议和帮助。

（3）不安全的情绪表达

鼓励孩子采用倾诉、哭泣、转移注意力、培养积极兴趣爱好等方式调节，家长可以陪伴孩子一起建立"开心活动清单"。

4.寻求专业支持

帮助孩子不是单打独斗，是资源整合。

对于孩子的自伤，家长可以告知班主任老师，联系学校的心理老师，获得帮助，加强家校沟通。

如果自伤情况严重，要及时就医，也应及时到正规的精神疾病专业医院或综合医院心理精神科寻求专业医疗帮助。

5.限制自伤工具，建立安全协议

为了避免、减少自伤的发生，家长应该管理好孩子可接触范围内的自伤工具，多陪伴孩子，减少孩子封闭独处的时间。在与孩子开启谈话、获得信任后，也可以和孩子共同探讨属于他/她自己的安全计划，如情绪不佳时可以采取的积极有效的应对方式、可以联系的人、可以降低风险的行为等，如下：

事情开始变得严重的信号（行为、场景、情绪）；

独处时，可以让自己感觉好点的行为；

和他人在一起时，可以让自己感觉好点的行为；

他人推荐的应对好方法；

我可以联系的人；

我可以联系的机构；

使风险降到最低，我可以做的事；

值得我活下去的理由/我珍惜的人和事。

（四）课堂总结阶段（5分钟）

师：孩子们青春期的成长就像是航行，路上有骄阳似火，也有风暴浪潮。孩子是掌舵者，我们的爱是罗盘，陪伴着孩子经历风浪。有时风浪太大，孩子们会疲惫、会迷茫、会短暂停滞，但罗盘还是不离不弃地陪伴，坚定地指向希望，帮孩子看到光明的未来。

参考素材

1. 视频资源：女儿躺在雨中，母亲陪伴

网址：https://weibo.com/tv/show/1034:4789904564224012?from=old_pc_videoshow

2. 书籍资源：《折翼的精灵：青少年自伤心理干预与预防》

作者：[澳] 米歇尔·米切尔 著，鲁婷 译，江光荣 审译

出版社：中国人民大学出版社

3. 书籍资源：《中小学生自伤问题：识别、评估和治疗》

作者：David N. Miller,Stephen E. Brock，唐苏勤，黄紫娟 译，李慧君 审校

出版社：中国轻工业出版社

4. 论文资源：

Junjie Lang,Yingshui Yao.Prevalence of nonsuicidal self-injury in Chinese middle school and high school students. A meta-analysis. Medicine,2018.97:42.

《如何面对孩子的自伤行为》课堂学习任务单

学校：　　　　　班级：　　　　　姓名：

请根据教师指引和课堂所学，完成以下学习任务

任务1：观看视频，聊一聊

看到这一幕，您有什么感受？

如果看到自己孩子正这么做，您第一反应是什么？

任务2：以下有几种不同的说法，请选择您是否认同这样的说法

（1）伤害自己是"作"的表现，想要吸引他人注意力

（2）伤害自己是为了要挟父母完成他们的心愿

（3）伤害自己是为了惩罚父母

（4）伤害自己是懦弱的表现，只是他/她不够坚强

任务3：以下有几种不同的谈话语言，请思考哪些可尝试，哪些该避免

（1）你这样做是为了引起注意吗？

（2）我能做些什么来帮助你/改善现状吗？

（3）你在什么时候感到最难受？那时是怎么应对的？

（4）如果你不停下来，我会惩罚你的。

（5）很多人都生活得不愉快，但他们没有自伤。

（6）如果你现在不想和我聊，你觉得什么时候/什么方式聊会好一点？你可能会想和谁说说这个事，我可以帮你安排。

（7）你为什么要自杀？

（8）是不是你朋友这么做，所以你也这么做？

（9）我希望能做点什么让你感觉好一点，和你聊聊也是想知道我能做什么。

（10）你需要/愿意去看看医生吗？

任务4：请对本节课的课程设计、教学安排以及授课教师作出评价，提出您的宝贵建议，期待我们携手成长。

面对失去，我们总在你身边

一、设计理念

生活中，我们有许多珍爱的人、事、物，但岁月无常，缘分有深浅，有些离别难以避免。面对失去时，孩子基于年龄阶段、个性特点、文化环境等因素会表现出不同的哀伤反应。作为家长，我们可以提前了解孩子哀伤时可能出现的内在、外在表现，以支持的态度、温暖的共情、敏锐的观察、积极地陪伴守护在孩子身边。保持沟通，联合亲人、学校及专业人士帮助孩子顺利度过悲伤，带着思念和记忆继续成长。

二、教学目标

认知目标：帮助家长了解孩子面对失去时的内、外在反应，以及当孩子处于哀伤时的应对方式。

技能目标：帮助家长初步掌握如何陪伴、支持孩子面对失去时的方式，以及该情况下的沟通技巧。

情感目标：帮助家长建立对孩子处于哀伤时重视但不恐慌的态度，通过了解科学应对方式来减轻预期担忧。

三、教学重难点

教学重点：家长掌握对哀伤中孩子的积极陪伴、支持、沟通技巧。

教学难点：家长建立起对孩子处于哀伤时重视但不恐慌的态度。

四、教学对象

中小学学生的家长

五、教学准备

多媒体课件、学习任务单、舒缓音乐、笔

六、教学时长

60分钟

七、教学内容

（一）导入：我的人生五样（10分钟）

师：各位家长，大家好！很高兴看到大家能在百忙之中积极参与本期家长学校的课程，共同为孩子成长提供更好的陪伴。

今天的课程从我们生命中最珍爱的人和事开始，是他们带来了许多感动和力量。

【PPT呈现，教师带领】

请大家仔细思考，并将五样你生命中最珍爱的东西写在学习任务单中。

命运总是造化弄人，带来了惊喜，也会带走一些东西，现在我们必须划掉其中一样，你会选择哪个？思考后请将它划去。

现在我们必须再划掉一个，你会选择哪一个？思考后请将它划去……

现在我们只剩下最后一样了，如果它从你的生活中消失了，你会有怎样的感觉？

【家长体验、分享】

师：感谢大家对我们在场所有人的信任，以及真诚、勇敢地分享。

在刚才的过程中，我们模拟了一场"失去"，一次与珍爱告别的体验。生活中，我们有得有失，孩子在成长中也是一样。面对失去，我们的孩子会有怎样的反应，我们又可以怎样更好地陪伴他（她）顺利度过、健康成长，这是本期课程所关注的。

（二）面对失去，孩子有怎样的反应（10分钟）

师：经历失去，我们大多会进入一种"哀伤"的状态，它包括我们在经历丧失事件后生理变化、外在行为、内在情绪、认知等多方面的变化。

【PPT呈现，教师讲解】

对于孩子而言，失去事件是多样的：

喜爱的玩具丢失、因毕业或搬家与好朋友断联、宠物的丢失或死亡、亲人的离世……

这些离别会给孩子带来情感的波动、增加不确定感、观念的冲击等，若孩子心理比较脆弱，容易造成长期的消极影响。

心理学上有观点认为，人在失去重要的人后会经历"否认—气愤—讨价还价—抑郁—接受"哀伤五阶段。（但不是每个人都会完整经历这五个阶段，或按一样的顺序经历）

孩子，尤其是年龄较小的孩子，对于失去、死亡的理解还不够全面，在表现上也较少受到社会模式的影响，与成人会有些不同的地方。但有爱就有哀伤，我们需要特别留意孩子经历失去后的状态，从内外两方面观察以便评估情况、给予支持。

1. 外在表现

面对离别或亲人离世：

（1）最常见的表现形式是哭泣，尤其是年龄较小的孩子；

（2）身体上，可能会出现肢体无力和疼痛、免疫力下降、发抖、呼吸困难、睡眠紊乱和饮食习惯改变等情况；

（3）行为上，孩子可能会出现过激冲动、强迫、迟缓、缄默和退缩等行为，也可能会出现退行（表现出比真实年龄更低幼的行为，如尿床、咬手指等），有些孩子会用玩耍转移注意力，严重者可能会出现自伤、自杀等行为。

2. 内在表现

哀伤常见的情绪有悲伤、无助、绝望、愤怒等，还可能会出现：

（1）内疚和自责：认为家人的离去与自己调皮、不听话、没达到家人的期待等有关；

（2）记忆问题：当受到冲击过大，孩子对于事件本身的记忆也会受到影响，可能会对逝去、分别感到怀疑、困惑、混淆，甚至完全失去记忆；

（3）精神状态问题：表现出注意力涣散、过于敏感或麻木、整日疲惫等情况；

（4）不安全感：失去亲人的孩子容易变得胆小、缺乏安全感，担心再失去其他的家人。

师：一般来说，大多数孩子都能逐渐适应失去，带着对离别个体的怀念健康成长，也有部分孩子因冲击较大且没有得到及时适当地疏导，留下心理创伤。

如果孩子哀伤的状况持续6个月以上，并明显影响了他们的正常学习和生活，我们应该高度重视，及时寻求专业的哀伤心理干预。

（三）面对失去，家长如何更好陪伴（25分钟）

师：面对失去，孩子表现出哀伤是正常且健康的，这个过程帮助孩子释放对于离开个体的思念和各种情绪。作为家长，我们可以接纳自己的哀伤情绪，与孩子在面对失去这件事情上保持良好的沟通，给予情感支持和生活照顾，帮助孩子度过哀伤。

【PPT呈现，教师讲解】

1. 保持沟通，帮助孩子理解失去

孩子对于失去是敏感的，可能会不断发问，也可能会有自己的认识和逻辑，因此家长应该就失去与孩子保持沟通，了解孩子的想法，解释真相。

我们可以温柔、坚定地，用他们能理解的语言，告诉孩子事实。

（1）对于年龄较小的孩子：

让他了解死亡是不可逆的，是身体机能停止工作，是永久的分别；

参考绘本和故事书，通过故事情节、人物心理和行为向孩子说出现实情况。共读过程也是一种很好地陪伴，是我们爱和支持的体现。

（2）对于能清晰认识离别的孩子：

倾听孩子对失去的认识、悲伤和困扰，有针对性地提供安慰，避免孩子将所爱离去归因于自己而产生自责与内疚。

当然，也不需要给孩子太大的压力，这样的沟通可以发生在孩子主动提起时、发现孩子有行为上的异常时、孩子可以接受坐下来聊聊时等。

2.疗愈伤悲，陪伴孩子接纳情绪

师：压抑哀伤是一种情感忽视，会传达出"负面情绪是不被接受的"的信号。这种压抑容易延长生理和认知上哀伤反应的持续时间，严重时增加长期哀伤转变为心理疾病的可能性。因此，当家长也在经历失去时，可以有如下行动：

（1）接纳：要先照顾好自己的情绪，当感到低落、思念、悲伤时可自然流露，这可以让孩子知道家人有着共同的体验，感到更安全和从容。

（2）表达：注意合理地表达情绪，避免在孩子面前情绪失控，让孩子感到害怕和焦虑。

（3）外化：有些孩子难以或不愿用语言表达出自己的情绪感受，我们也可以采取绘画、书信、手工等方式让孩子宣泄自己的情绪。

无论是哪种方式，最重要的还是为孩子创造一个安全的修复空间，让他知道这些情绪感受是正常的，而身边还有爱着他的人，并不孤单。

3.重视仪式，体验心灵的告别

告别仪式，对于孩子来说会是一次正式且重要的与失去说再见的机会。

若孩子与逝者的关系亲密，可以询问孩子是否参与葬礼，避免孩子留下遗憾。

（1）对于年龄较大的孩子，家长可以先给孩子解释葬礼的环节和意义，过程中陪伴孩子出席、关注孩子的反应，及时给予支持和引导。

（2）对于年龄较小的孩子，可以单独为他办理符合年龄的小仪式，如写信、埋葬物品、种植纪念植物、扫墓等。

（3）家长也可以陪伴孩子整理与失去的人、事、物相关的照片和物品等，分享共同的回忆，孩子可以留下部分实物作为纪念，也可以埋葬或燃烧部分物品作为告别。

4.爱的支持，内外联合

为缓解孩子经历失去后的不安全感和焦虑感，我们可以这样做：

（1）家长多向孩子表达爱意，每天都留出亲子时间，保证孩子随时能联系到家人或其他信任可靠的大人。

（2）如果父母难以调整自己的情绪状态，可以向其他亲人寻求支援，孩子最好有情绪稳定的成年人陪伴和照顾。

（3）尽可能保持家庭原来的生活节奏，不特意改变教养方式。

（4）可以与学校的老师保持联系，了解孩子在校状况，取得学校的支持。还可向专业心理机构寻求支持，特别是孩子出现明显的不健康行为，或哀伤反应出现半年后还没有明显的减轻时。

（四）情景模拟（10分钟）

师：我们了解了孩子面对失去时通常会出现的反应，也一起学习作为家长如何更好提供陪伴。现在，我们可以通过情景模拟，更好地消化这些内容。请与小组成员一起分享，在以下情境中，我们可以如何给予孩子陪伴和支持。

【PPT呈现，家长分享】

假如孩子心爱的小狗不幸离世，我们可以如何陪伴孩子一起面对失去小狗的情景。

（五）总结（5分钟）

师：失去的已经走远，但思念和记忆仍留在我们的心间，我们的爱也一直陪伴着孩子们，给他们坚定的后盾、勇敢的力量面对失去。作为家长，我们以支持的态度、温暖的共情、敏锐的观察、积极的陪伴守护在孩子身边，与他们一起面对，一起成长。

参考素材

1. 书籍资源：《应对新冠肺炎心理自助手册：防疫抗疫 20 问》
作者：王建平 主编；出版社：中国人民大学出版社

2. 论文资源：刘斌志. 震后失依青少年哀伤经验的社会工作研究——基于汶川地震灾区的深入访谈 [J]. 社会工作，2013（01）:77-85+153-154.

《面对失去，我们总在你身边》课堂学习任务单

学校：　　　　　班级：　　　　　姓名：

请根据教师指引和课堂所学，完成以下学习任务

任务1：请写下5样生命中最珍爱的东西。

任务2：依次划去上述5样生命中最珍爱的东西，体验并分享过程感受。

任务3：情景模拟——假如孩子心爱的小狗不幸离世，我们可以如何陪伴孩子一起面对失去小狗的情景。

任务4：请对本节课的课程设计、教学安排以及授课教师作出评价，提出您的宝贵建议，期待我们携手成长。

第十三章　青春期教育

正确对待孩子的性好奇

一、设计理念

小学阶段，孩子出现性别意识后，开始对不同性别之间的差异感到好奇，随着年龄的增长，逐渐渴望地对"性"有更多更深入探索。性好奇是儿童的正常心理活动，而在中国传统教育背景下，家长们对"性"话题总是避而不谈，当孩子主动表现出对性的好奇时，家长会为此感到羞耻，遮遮掩掩不正面回答，甚至粗暴或强制地打断，有的父母还会担心"孩子是不是学坏了"。实际上，这种扼杀性好奇，抵制性教育的方式，反而有可能会使孩子觉得性是神秘的，是见不得人的，驱使孩子产生更强烈的好奇和过分关注，用自己的不成熟方式进行探索，甚至产生对性的扭曲认识，又或者因为过分懵懂无知而遭受风险。因此，使家长建立起对性教育的正确观念，学会用自然、坦诚的心态面对孩子的性好奇，用平常心对孩子进行性教育，是一件重要且必要的事。

二、教学目标

认知目标：使父母理解性教育的重要性和必要性；了解孩子产生性好奇的行为表现。

技能目标：能及时注意到孩子的性好奇；学会用自然、坦诚的方式与孩子交流性话题；掌握与孩子讨论性话题的方式方法。

情感目标：用科学、正确的心态面对孩子的性好奇，避免话题的羞耻感。

三、教学重难点

教学重点：掌握与孩子讨论性话题的方式方法。

教学难点：学会用自然、坦诚的态度与孩子交流性话题。

四、教学对象

中小学学生的家长

五、教学准备

PPT、课前调查

六、教学时长

60分钟

七、教学内容

（一）家长声音：你会和孩子讨论性吗（5分钟）

师：各位家长大家好，欢迎大家来到家长课堂。在上课之前，我们也面向家长们做了一个匿名的小调查，搜集到一些让家长感到尴尬和不知所措的问题。

【PPT呈现】

"妈妈，我是怎么进到你肚子里的？""爸爸，为什么你这里长了很多毛毛？"

发现孩子会画男生、女生的裸体并以此为乐；在孩子的房间里发现了含有色情描写的爱情小说；发现孩子好像有了手淫的行为；发现了孩子书包里的表白信……

【思考】

1.如果是您面对这些问题，您可能会：

A没有感觉 B羞耻、尴尬 C生气 D担心孩子学坏

2.面对这些问题，您的应对方式是：

A大方讨论 B羞耻尴尬，含糊过去 C直接打断，转移话题

3.对于孩子的性教育，您的态度是：

A应该越早越好 B知道一些必要的常识就好了

C不用特意教育，孩子长大了慢慢就会懂的

师：每次提到"性"，家长们往往会觉得这是难以启齿的，这是我国传统文化教育背景导致的。家长在这个问题上总是呈现出一个矛盾，既想给孩子进行科学教育，又怕孩子过分关注，对于孩子的性好奇会产生一种莫名的无措和恐慌。

（二）什么是性好奇

师：作为家长，我们应首先对孩子的心理成长有一个客观的认识，这样才能因势利导。随着孩子性生理的逐渐成熟，性意识开始觉醒和萌发，出现各种对性的好奇是一种正常的心理发展。作为家长需要能敏锐地注意到，当孩子们表现出以下特征时，就已经在释放"性好奇"的信号。

【PPT呈现，教师讲解】

性好奇主要表现为以下几个方面：

1.对性别或性知识产生浓厚的兴趣；

2.喜欢接近异性；

3.具有性欲望和性冲动；

4.开始有了自己的秘密，如把日记藏得严严的，偷偷看爱情小说，甚至有了自己的心中偶像，有的还会给异性同学写"情书"、约会等。

【引导家长讨论与分享】

1.您的孩子曾经有过哪些特征使你注意到他/她开始对性相关产生兴趣呢？

2.当孩子们出现性好奇时，您是如何应对的？

师：在中国的传统教育中，"性"一直是一个上不了台面的话题，在面对孩子的疑惑，或者发现孩子对性话题的关注时，家长们往往会陷入羞耻、尴尬

和担心中。很多家长认为：孩子还太小，等他们长大了再接触这些知识，或者到了那时候他们自然就会明白。可真的是这样吗？

（三）如果没有性教育（12分钟）

【图片呈现，教师讲解】

师：《房思琪的初恋乐园》讲述了美丽的文学少女房思琪被补习班老师李国华长期性侵，最终精神崩溃的故事。房思琪在缺席的性教育环境下，将自己一生陷入泥沼，而现实中和思琪有着相同遭遇的作者林奕含也选择了告别这个世界。

实际上，孩子们在成长的过程中会产生许多困惑或冲突，这些困惑并不是顺其就能自然解决的，他们也会想办法探索出答案。在得不到性教育指导的情况下，孩子们会以自己的方式去探索性知识。

【PPT呈现，教师讲解】

在一项性教育问卷调查结果显示，当性教育缺失时，孩子们会通过自己的方式进行探索。青年人获取性教育的渠道前五名分别是互联网、书籍、杂志、朋友和学校，超过41%的中国青少年获取性知识的渠道集中在网络，占比最高的信息载体为色情读物。

对中小学生大样本的调查显示，67.9%的初中生认为自己没有在学校获得性知识或没有获得足够的性知识。对青春期学生调查显示，他们的性知识53.5%来自网络，46.9%来自同学或朋友，43%来自老师，仅有26.8%来自父母；同时，他们中又有近半数在网络上经历了性诱惑，如谈论性话题、索要性信息、发送裸照及黄色视频或图片，甚至发邮件、打电话，提出线下接触或从事性活动要求等。

师：遮遮掩掩的性教育反而有可能激发孩子对性话题更强烈的好奇，甚至过分关注，他们迫切地想通过自己的方式去探索家长们遮遮掩掩的内容到底是什么，而在很多时候，这些方式并不正确，探索来的信息也鱼龙混杂，甚至充满误导和扭曲。如果孩子们不能正确识别，很有可能受到不良信息的毒害或误导，增加孩子被蒙骗或受到侵害的风险，这也导致了我国很多的儿童青少年性与生殖健康的现状并不乐观。

【PPT呈现，教师讲解】

国内中小学性教育现状

儿童青少年性与生殖健康现状不容乐观。经历70余年的发展，我国中小学生性教育被更多的人接受和认可。但目前中小学性教育还是以"禁欲性教育"为主，有性行为的青年学生中风险性行为普存在；每年人工流产人次多达1300万次，位居世界第一，其中25岁以下青少年占一半以上；HIV感染率逐年增多，其中15～24岁青年占全人群比例逐年增多，以男男性行为传播为主；未成年人性侵害事件多发且呈上升趋势。这些都严重威胁儿童青少年性、生殖健康与心理健康。

——《中小学性教育现状与对策思考》

师：青少年特别是青春期的学生性意识和对性的好奇心增强，是性价值观和性行为形成的关键期，也是可塑性极强的阶段。而科学的性教育可以帮助孩子识别不良信息，建立科学的性观念，对每一个孩子都是重要的、必要的。

（四）正确面对孩子的性好奇（20分钟）

师：当孩子们出现性好奇时，家长要做的不是排斥或躲避，而是要及时有效地对孩子进行科学的性教育，打破他们由朦胧产生的对性的神秘感，使其好奇感逐渐消退，树立正确、科学的性观念。那当孩子们展现出性好奇时，家长要如何做才能抓住这个性教育机遇呢？

【PPT呈现，教师讲解】

当孩子出现性好奇时，家长要怎么做？

1.建立科学认知、科普教育的心态，远离对性教育的偏见

2.采用合适的方式

（1）以自然、坦诚的态度为前提给予回应，不躲避、不指责

（2）用通俗易懂的语言予以回应

（3）以潜移默化的方式进行教育

3.科学的教育内容

（1）要设身处地去体验他们的内心世界，体会到他们的需要

（2）强调科学的性知识

4.给予孩子心理宽慰

（1）交换自身经验

（2）鼓励孩子以正确途径科学求知

（3）尊重孩子的隐私

师：如果想要给孩子提供科学、合理的性教育，首先家长要建立起对性知识的科学认知，用科普教育的心态解答孩子的疑惑。身体上各个器官的发展是平等的，你如何教孩子认识眼耳口鼻，就如何教孩子认识性器官；如何教孩子接受长个，就如何教孩子接受性成熟。家长们要远离对性教育的偏见。

其次最需要做的事，就是"开得了口"。藏着盖着会刺激孩子们的好奇心，自然、坦诚地进行合理的性教育反而会满足孩子的好奇心，使孩子用平常心看待这件事，避免孩子通过"乱七八糟"的渠道来满足对性的窥探。

再次就是用通俗易懂的、孩子可以接受的语言，以潜移默化的方式进行解释和教育。避免信息生涩或者过于激进，使孩子难以接受。

然后要设身处地去体验孩子的内心世界，体会到他们的需要，适时适度地给他们介绍一些有可能使他们产生困惑但科学的性知识，同时要强调知识的科学性，以科普的方式消退孩子的好奇心。

最后对于孩子的困惑家长要表示理解，避免孩子产生情绪或行为问题，家长可以分享自身的过往经验、心理感受等，也明确告诉孩子，当自己遇到身体变化和发育方面的问题时，应多向父母或老师请教，多向热线电话、咨询部门求教，及早寻找到一个科学的答案，千万不要憋在心里。当家长发现孩子出现比较隐蔽的性探索时，要照顾到孩子的隐私和自尊心，以友好、温和的方式开启话题。

（五）结语（3分钟）

师：其实，儿童青少年只要发育正常，到了一定的年龄阶段，性激素水平迅速升高，产生性好奇是很自然的事，这也是每个人都必须经历的发育阶段。当孩子出现性好奇时，家长要正确对待、耐心解答，在尊重孩子自尊和隐私的前提下，帮助孩子建立科学的认识，让家长成为孩子性启蒙的守护人。

参考素材

1. 林奕含著. 书房思琪的初恋乐园 [M]. 北京联合出版公司，2018.

2. 李海兰，杨慧杰等人. 中小学性教育现状与对策思考 [J]. 中国学校卫生，2022，43（07）:965-969.

《正确对待孩子的性好奇》课堂学习任务单
学校：　　　　班级：　　　姓名：
请根据教师指引和课堂所学，完成以下学习任务 **任务1**：您的孩子曾经有过哪些行为使您注意到他/她开始对性相关产生兴趣呢? **任务2**：当孩子出现性好奇时，您是如何应对的? **任务3**：当孩子今后再次出现"性好奇"时，您会怎么做? **任务4**：请对本节课的课程设计、教学安排以及授课教师作出评价，提出您的宝贵建议，期待我们携手成长。

如何开展家庭性教育

一、设计理念

家长作为孩子最贴身的老师，与孩子之间有着天然亲密的纽带，家庭中的人际关系及态度会在无意识中奠定孩子性意识基础，对青少年性态度及性行为有着重要的影响。有效的家庭性教育也起到推迟青少年发生性行为，减少不安全性行为及预防未成年女性怀孕的作用，这使家庭性教育有着社会教育和学校教育无法取代的优势。尽管很多家长知道性教育的重要性，但是却羞于谈及，寄希望于学校教育，又或者不知从何下手，对性教育的内容及方式产生困惑，在实施性教育的过程中屡屡受挫。而实际上，家庭性教育是一个全面引导孩子学习正确性常识，建立正确性观念、性态度、性价值取向的过程，对很多家长来说都是一个考验。本节课将澄清性教育的内容，对家长在性教育中常见的困惑进行解答。

二、教学目标

认知目标：使家长认识性教育的涵盖内容；发现自身家庭性教育中的困惑。

技能目标：通过家长互助解决困惑；掌握合理进行性教育的方法。

情感目标：用科学、坦诚的态度对待性教育。

三、教学重难点

教学重点：使家长认识性教育的涵盖内容；解决家庭性教育中的困惑；掌握合理进行性教育的方法。

教学难点：发现自身家庭性教育中的困惑，并通过家长互助获得建议。

四、教学对象

中小学生的家长

五、教学准备

PPT、课堂学习任务单

六、教学时长

60分钟

七、教学内容

（一）家长声音：说一说你心中的性教育（8分钟）

师：各位家长大家好，欢迎大家来到家长课堂。在上节课，我们了解到，性教育是重要的，也是必要的。我想，今天我们能够在这节课相遇，也反映出大家对孩子性教育的重视，各位家长一定也积极尝试过在家庭中实施性教育。

大家可以认真思考并在任务单上完成以下问题。

【PPT呈现】

您心中的性教育是指教育什么？您曾在哪些方面做出过尝试？

师：从家长们的分享我们可以看出，家长们都非常关注孩子的性教育，也试图探索更多。可是很多家长会认为，性教育也许就是给孩子灌输一些性知识。但实际上，性教育其实是一个很完整的概念，除了我们日常最常关注的生理与生殖发育，还需要从各个方面对儿童青少年进行指导。如果我们希望对孩子做出科学地指导，首先作为家长要先清楚，我们常说的性教育，到底是指什么？包括哪些内容呢？

（二）性教育到底要教育什么（10分钟）

1. 全面性教育的主要内容

师：联合国2018年发布的《国际性教育技术指导纲要》（修订版）指出，全面的性教育包含了八个同等重要的核心概念，包括人际关系，价值观、权利、文化与性，理解社会性别，暴力与安全保障，健康与福祉技能，人体与发育，性与性行为，性与生殖健康。它们相辅相成，在教育中是互相穿插的。每个概念中还包括一些具体的教育主题。

【图片呈现，教师讲解】

核心概念1：关系	核心概念2：价值观、权利、文化与性	核心概念3：理解社会性别
主题：	主题：	主题：
1.1 家庭	2.1 价值观与性	3.1 社会性别及其规范的社会建构
1.2 友谊、爱及恋爱关系	2.2 人权与性	3.2 社会性别平等、刻板印象与偏见
1.3 宽容、包容及尊重	2.3 文化、社会与性	3.3 基于社会性别的暴力
1.4 长期承诺及子女养育		

核心概念4：暴力与安全保障	核心概念5：健康与福祉技能	核心概念6：人体与发育
主题：	主题：	主题：
4.1 暴力	5.1 社会规范和同伴对性行为的影响	6.1 性与生殖解剖及生理
4.2 许可、隐私及身体完整性	5.2 决策	6.2 生殖
4.3 信息与通信技术(ICTs)的安全使用	5.3 沟通、拒绝与协商技巧	6.3 青春发育期
	5.4 媒介素养与性	6.4 身体意象
	5.5 寻求帮助与支持	

核心概念7：性与性行为	核心概念8：性与生殖健康
主题：	主题：
7.1 性与性的生命周期	8.1 怀孕与避孕
7.2 性行为与性反应	8.2 艾滋病病毒和艾滋病的污名、关爱、治疗及支持
	8.3 理解、认识与减少包括艾滋病病毒在内的性传播感染风险

（图片来源：《国际性教育技术指导纲要》联合国教科文组织）

2. 不同年龄阶段的主要性教育任务

师：性教育实际从婴儿期就开始了，并且对孩子来说，在他们成长的每一年龄段都有不同的知识和信息需要了解。家长只有把握住符合孩子年龄特征和个人特征的主要任务，才能进行科学的性教育。

【图片呈现，教师讲解】

年龄	基本知识	安全意识
4岁以下	1. 男生和女生是不同的 2. 男女生身体部位的名称 3. 婴儿是出生于妈妈的肚子里的 4. 人与人之间的身体界限 5. 对身体和身体部位的作用基本的介绍	1. 什么地方是可以触碰的 2. 你的身体属于你自己 3. 每个人都有拒绝别人触碰自己的权利 4. 没有人有权利触碰你的隐私部位
4-6岁	1. 成长带来的身体改变 2. 婴儿诞生的基本过程 3. 人与人之间的身体界限 4. 应该在私下触碰自己的隐私部位	1. 性骚扰的定义 2. 被性骚扰永远都不是你自己的问题 3. 当陌生人试图触碰你的时候，告诉自己信任的人（父母、老师）
7-12岁	1. 如何应对青春期带来的改变 2. 繁殖、怀孕、婴儿出生的基本知识 3. 性行为带来的影响 4. 性交的基本知识 5. 自慰是正常的，但应该在私下进行	1. 性骚扰可能包含触碰，也可能不包含 2. 当和别人在网上交谈的时候，如何保证界限和安全 3. 如何去判断有危险的情况 4. 交往的规则

（三）"力不从心"的家庭性教育难题（20分钟）

师：可以看出，除了一些必要的生理及性健康的知识，性教育还需要能够指引孩子树立正确的价值观，使孩子拥有建立和谐亲密关系的能力，懂得尊重他人，保护自己。如何在家庭中对孩子进行科学、全面的性教育指导，也成为对家长们的考验。

1. 在家庭性教育中，大家有哪些常见的困惑（10分钟）

师：越了解家庭性教育的重要性，家长们越希望可以将性教育做到最好。但是，在真正实施性教育的过程中，又往往会出现令人尴尬或不知所措的局面，使家长们陷入困惑。

【PPT呈现，教师讲解】

在家庭性教育中，您也有过类似的困惑吗？

（1）孩子好像从来没有主动提过相关的问题，家长要主动开口教育吗？

（2）我的孩子好像比我懂得都要多。

（3）每次和孩子讨论这些问题时，我都会不由自主地变得很不自然。

（4）我想用科学用语解释，但是孩子好像听不懂我在说什么，这些内容对他们来说会不会尺度过大？

（5）突然开启性教育话题，会不会显得有点太突兀了？

（6）孩子的好奇太多了，我有点应付不来。

师：可以看出，很多家长在教育方式、教育尺度上难以把握，总是担心会不会起到反效果。各位家长，你们在尝试开展性教育的过程中，是不是也产生过同样的困惑呢？请大家认真思考并完成任务单内容：在实施家庭性教育的过程中，您曾经产生过什么困惑呢？

2.头脑风暴：说出您的好建议（10分钟）

师：家长们有心，却力不从心，往往导致家庭性教育成为难题。但是，不同的家长困惑也是不同的，也许一些家长曾经的困惑在以往家庭性教育的过程中得以顺利解决，收获了一些有效的经验。各位家长在面对各种各样的困惑时都做过哪些探索？有没有一些好的方法值得推荐呢？

【规则呈现，教师讲解】

请和小组内的家长共同讨论，根据自身经验对任意一条其他家长的困惑提出自己的解决建议，并将小组内的提议进行汇总，讨论结束后派小组代表进行总结发言。老师将发言内容简单总结至板书。

（四）如何开展家庭性教育（20分钟）

师：刚才，我们的一些家长利用自身经验总结一些有效的应对建议，想要进行全面科学的性教育，既要把握态度，把握内容，也要把握住教育的手段，在这里，我也基于这几点为家长们完善总结了一些建议。

【PPT呈现，教师讲解】

1.建立科学、坦诚的教育态度

2.合适的教育内容

3.合理的教育方法

师：1.建立科学、坦诚的教育态度

（1）不要回避孩子的性提问

孩子在特定时期出现对性的好奇和懵懂心理是正常现象，有时当孩子向你询问任何与性相关的问题时，往往也是下了很大决心的，这个时候你千万不要一口回绝，这会让孩子在潜意识里认为他提的问题让父母很难堪，这样只会加重孩子的困惑，为今后的成长设置障碍。

（2）不要担心性教育尺度问题

不少家长会担心自己对孩子灌输性知识的时候，会不会超出他这个年龄段应该掌握的知识，影响孩子的发育。其实孩子对知识的掌握也是循序渐进的，家长们不必过分担心，抓住时机针对孩子提出的问题回答即可。

（3）父母不太自在很正常，可以进行提前演练

父母可以告诉孩子，与父母直接讨论性问题，这对父母本身是困难的，请孩子理解父母的困难，但也要让孩子知道你还是希望与他们直接讨论，因为你爱他们并且希望对他们有所帮助。与此同时，可以多做实践练习，比如对着镜子说一些部位的名称。

2. 合适的教育内容

（1）多看书籍等丰富自己的性知识

为了避免孩子在问自己问题时出现不知怎么回答的情况，自己在平时可以抽时间多补充一些性的知识，当然，在给孩子解释性问题时应尽量避免方言的使用。

（2）了解不同年龄的性困惑及需求

了解孩子的性困惑，根据孩子的年龄阶段及发展水平选择适合孩子的性教育内容。父母双方需要提前考虑和讨论好，想把怎样的性信息和性价值观教给孩子。

（3）清楚孩子对相关知识的了解水平

当孩子问家长一个性问题的时候，最好先搞清楚孩子已经知道些什么，真正要问的是什么。家长可以反过来问他们，目前对这个问题了解多少，或者为什么问这个问题。回答时，家长要先给他们最简单的解释，如果孩子看起来产生兴趣再提供更复杂的信息。当孩子表现出不愿再听或开始烦躁不安，则代表

这个话题需要适可而止了。

（4）重视性的感觉

仅讨论事实是不够的，家长还需要和孩子分享自己的感觉、态度和信念，建立性和爱的美好感觉，比如喜欢一个人是怎样的感觉，想念一个人是怎样的感觉。这些都可以帮孩子塑造一个正面的形象，促进孩子未来个人认同感的发展，这也会影响他们的人际关系，包括恋爱和婚姻。

3. 合理的教育方法

（1）用潜移默化的方式进行性教育

将性教育贯穿到孩子的日常生活或玩耍中，利用家庭生活告诉孩子一些相关知识，比如给孩子洗澡时告诉孩子生殖器官的名字是什么，比如孩子疑惑为什么男生不能去女厕所时，可以顺势告诉孩子男女的性别差异。

（2）鼓励孩子问问题，与孩子一起探索科学答案

家长应该鼓励孩子提问，这有助于亲子关系的联结。如果家长不知道答案，可以坦诚地告诉孩子："这个问题可以让我想一想再回答你吗？"也可以和孩子一起通过书籍、文献等正规途径共同寻找答案。孩子会觉得爸妈很真实，自己被重视。

（3）不被动等孩子来问，主动寻找教育时机

主动出击把相关的信息比较轻松和自然地传递给孩子，比如在街上见到孕妇，顺势科普小宝宝是在妈妈肚子里的子宫长大的；看到男宝宝换尿布，可以主动给孩子讲解男女生殖器的不同。

（4）用适合孩子发展水平的词汇和概念与孩子进行朋友式的交谈

对于低年级的孩子，可以通过绘本或童话进行施教；对于高年级的孩子，家长们在给孩子进行性教育时应充分考虑到孩子的心理，避免严肃的说教，家长们可以和孩子进行朋友对话形式的沟通。

师：大家可以回顾一下这些开展家庭性教育的方法，思考哪些是你在实践中已经做到的？哪些还有一些距离？

（五）结语（2分钟）

师：亲爱的家长们，我们既是孩子的引路人，也是孩子的同行者。性教育不仅仅是生理卫生的教育，更多的是生命的教育、爱的教育、责任的教育，任

何时候开始都不算晚。希望这节课能为大家的性教育提供一些思考和方向，帮助大家成为孩子们最坚实的守护者！

参考素材

1. 联合国教科文组织. 国际性教育技术指导纲要（修订版）〔M〕. 巴黎：联合国教科文组织，2018.
2. 杨梨，王曦影. 家庭性教育影响因素的国外研究进展〔J〕. 中国学校卫生，2018，39（11）：1756 － 1760.

《如何开展家庭性教育》课堂学习任务单

学校： 班级： 姓名：

请根据教师指引和课堂所学，完成以下学习任务：

任务1：您心中的性教育是指教育什么？您曾在哪些方面做出过尝试？

任务2：在实施家庭性教育的过程中，您曾经产生过什么困惑呢？

任务3：根据自身经验对任意一条其他家长的困惑提出自己的解决建议。

任务4：大家可以回顾一下这些开展家庭性教育的方法，思考哪些是您已经做到的？哪些还有一些距离？

任务5：请对本节课的课程设计、教学安排以及授课教师作出评价，提出您的宝贵建议，期待我们携手成长。

青春期身心发展及教育

一、设计理念

青春期是儿童生长发育到成年的过渡时期，是以性成熟为核心特征的身心发展突变阶段，是决定人一生的体质、心理和智力发展的关键期。青春期孩子大脑与性发展的不平衡往往会给个体带来很多矛盾和冲突，这成为孩子和家长都感到困扰或焦虑的问题。很多进入青春期的孩子及其家长们在"没有做好准备"的情况下，"不知道怎样应对""不知道怎么沟通"，进而影响了孩子健康成长，影响了青春期阶段的亲子沟通，甚至影响家庭和谐。本节课帮助家长转变观念，形成科学准确的认知，理解孩子进入青春期后的一系列身心变化，掌握青春期的教育要点，学习与孩子建立良好亲子关系的方法。

二、教学目标

认知目标：使父母认识到青春期教育的重要性和必要性，了解孩子进入青春期的生理变化和心理变化，认识青春期的教育要点。

技能目标：能及时关注到孩子进入青春期之后的各种变化，掌握青春期教育的内容与方法。

情感目标：理解孩子进入青春期之后的一系列身心变化，建立以尊重、理解为前提的沟通意识。

三、教学重难点

教学重点：了解孩子进入青春期的生理变化和心理变化，认识和掌握青春期的教育要点。

教学难点：理解孩子青春期出现的变化，建立以平等、尊重、理解为前提的沟通意识。

四、教学对象

中学生的家长

五、教学准备

PPT、课前调查、课堂任务单

六、教学时长

60分钟

七、教学内容

（一）问题引入：你心中的青春期（10分钟）

师：各位家长大家好，欢迎大家来到今天的家长课堂。在上课之前，我们先来做一个小小的互动。一会儿我说出一个词，请您立刻想出一个您听到后想要表达的一个词或一句话，比如"太阳"——"会发光""温暖"。

【教师引导互动】

提供词语："青春"。

激情、积极、拼搏、有活力……

那么提到"青春期"，您脑海中会浮现什么样的形容词或句子？

叛逆、青春痘、不听话、情绪暴躁……

师：大家有没有发现一个奇怪的现象，提到青春，大家想到的都是偏积极的词汇，但一提到青春期，似乎大家想到的都是偏消极的词汇，那么青春期究竟发生了什么，为什么会有我们接受不了的一些行为表现？

【PPT呈现，小组互动】

（1）孩子进入青春期的生理发育表现

（2）孩子进入青春期的心理发展表现

师：接下来我们就来了解下青春期的孩子生理和心理发生了哪些变化。

（二）青春期的身心变化（20分钟）

1.青春期孩子的生理变化

师：孩子在进入青春期后，身体发育增速，生理特征会出现巨大的变化。

【PPT展示，教师讲解】

步入青春期后，生理出现的三大巨变：身体外形的变化、体内生理功能的增强、性的发育和成熟。

师：在这些变化里最显著、最重要的是性的发育和成熟的表现，第二性征的出现使不同性别的差异也越来越明显。

【PPT展示，教师讲解】

不同性别的性征

第一性征：人一出生就具有的性生理解剖特征。

男：睾丸、附睾、输精管、精囊腺、前列腺、射精管、阴茎、阴囊。

女：卵巢、输卵管、子宫、阴道、处女膜、大阴唇、小阴唇、阴蒂。

第二性征：人类开始性发育后出现的体表特征。

男：胡须、喉结、V体型。

女：乳房、臀部、皮肤、S体型。

共有的变化：阴毛、腋毛、汗毛、变声。

师：此时，孩子们的身体会出现成熟的标志，体相特征开始向成人发展，而随着性的发育和成熟同时，飞速发展的还有孩子的心理变化。

2.青春期孩子的心理发展

师：青春期孩子大脑神经功能发育仍不成熟，第二性征却快速发展，造成身心发展不协调，心理发展中充满冲突和矛盾。

【PPT展示，教师讲解】

孩子青春期的心理发展

（1）半幼稚、半成熟共存的时期。

（2）独立意识强烈（成人感突出、关注自我、自尊心强、标新立异）。思想活跃，富有创造性，但易主观偏执。

（3）同伴关系日益重要，人际交往圈更大且对孩子有重要影响。

（4）情绪的宣泄性和封闭性：青春期孩子情感丰富，但不稳定，易冲动，烦恼增多。但是情感体验深刻而强烈，同时又充满内敛性，开始不轻易地表露情绪。

（5）性意识增强，开始对性的关注、探知和尝试，对异性充满好奇和兴趣，萌发了与性相关的情绪体验，滋生了对性的渴望和冲动。

师：由于心理发展的冲突和矛盾，孩子们会出现很多困惑、冲动，与家长的交流仿佛出现了隔阂。总之，这是一个充满活力，充满创造力的成长"黄金期"，又可能是教育的"困难期"。

【分组讨论，小组分享总结】

师：根据您的观察，您的孩子进入青春期后，您和家庭多了哪些困扰？

（三）青春期孩子的教育问题（25分钟）

师：在青春期这个复杂又关键的黄金期，家长的家庭教育对孩子有着积极的指引作用。根据青春期身心发展的特点，青春期家庭教育中注意以下几点：

【PPT展示，教师讲解】

青春期家庭教育要点

1.建立良好的亲子关系是青春期教育前提

2.开展家庭性教育

3.帮助孩子悦纳自我体相

4.重视孩子青春期的人际交往

1.建立良好的亲子关系是青春期教育前提

师：进入青春期后，孩子的身心都发生了重大变化，但是家长们，您跟孩子交流过生理、心理变化吗？您了解孩子的内心活动吗？孩子进入青春期后，他（她）有什么事还跟您说吗？发生冲突后您又是怎么处理的？

【自由讨论，分享总结】

师：亲子关系是家庭中除夫妻关系之外的第二种最基本、最重要的关系，是维系家庭的第二纽带，直接影响子女的生理健康、心理健康、人际关系、态度行为、价值观念乃至未来成就。建立良好的亲子关系可从以下几个方面开始。

【PPT展示，教师讲解】

与青春期孩子建立良好的亲子关系

(1) 尊重、信任孩子，与孩子平等地交流。

(2) 用良好的家庭氛围、积极的心态影响孩子。

(3) 给孩子独立思考、独立做事的机会。

(4) 抓住恰当的教育时机，选择合适的教育场合。

(5) 让孩子知道你随时能和他（她）谈心。

(6) 满足孩子的合理需求。

(7) 理解孩子的叛逆、情绪和困惑。

师：怎样建立良好的亲子关系，涉及家长的价值观、教育观、人格特征以及必要的技巧。在与孩子建立关系的过程中，了解是起点，尊重是基础，沟通是关键，关系是钥匙。

2. 开展家庭性教育

师：青春期的孩子会对快速成熟的身体出现许多不适应，孩子们如果对性发展得不到正确的认识，很可能会出现心理困扰。家长们要在孩子性发展的关键时期以科学的态度对孩子进行家庭性教育。

【PPT展示，教师讲解】

青春期性教育要点

(1) 多和孩子交流，捕捉孩子的身心变化，以及变化带来的困惑。

(2) 当孩子向我们提出问题时，是开展性与生殖知识的"教育时机"。

(3) 对身体和性的发展进行科学解释，及时解决孩子的困惑。

(4) 帮助孩子用正确、接纳的态度对待青春期的性成熟。

(5) 父母都要参与进来。

师：性教育是培养青少年健全人格以适应社会的重要途径，母亲要注意女孩生理上的变化，及时解决孩子的困惑，增强其自我保护意识。面对男孩可能存在的生理和心理变化，父亲也应突破心理障碍，与孩子以平等的身份交流探讨这些问题，承担起对孩子青春期性教育的责任。

3. 帮助孩子悦纳自我体相

师："青春痘""减肥""身高"……各种与外形有关的特征开始成为青春期孩子的关注对象，如果孩子不能以正确的态度认识自己的外貌特征或者青春期带来的身体变化，就极有可能产生内心冲突，甚至导致自卑。因此，除了给孩子必要的卫生保健知识，还需要引导孩子对自己的体相进行悦纳。

【PPT展示，教师讲解】

帮助孩子悦纳自我体相

（1）帮助孩子理解青春期身体变化的必要性是接纳身体变化的前提。

（2）尊重青春期孩子关注自我的心理特征，对孩子合理追求美的表现不要一味指责和禁止。

（3）家长与孩子交换自身以往的经验，帮助孩子认识到问题的普遍性，同时增进亲子信任。

（4）寻找孩子身上的优势，多给予鼓励和赞美，提升孩子的自信和自我接纳。

（5）帮助孩子建立正确的对美的理解，远离那些歪曲的，甚至是病态的美。

师：健康是根本的美、自然是永恒的美、气质是内在的美，每个人都有自己独特的美。家长要抓住关键时期，对孩子进行美的教育，培养孩子的自信。

4. 重视青春期孩子的人际交往

师：朋友是青少年的重要社会关系，随着心理的发展，他们对朋友间的人际交往产生更高需求，同时人际关系也会对他们产生越来越重要的影响。

【PPT展示，教师讲解】

（1）家长要注意来自同学、伙伴、网络社交以及社会环境对青少年的影响。

（2）要对孩子进行正确的交友指导，增强他们的是非观念，减少交友的盲目性。

（3）理解朋友的重要性，不对孩子的人际交往做过多的干涉和评价。

（4）当孩子存在交友矛盾时，家长可以侧面引导，帮助分析原因，以平等的角度与孩子讨论并帮助解决问题。

（5）交友过程中，青春期的孩子可能会对异性产生好感。家长可以采取适当的方式帮助孩子划清友谊与爱情的界限，引导孩子主动将自己的困惑告知家长。

师：现在，各位家长请回顾之前的困扰，您打算为解决这些困扰做哪些尝试？

（四）结语（3分钟）

师：青春期的孩子不是"炸药桶"，是一个有尊严、有个性的独立个体，以良好的亲子关系为基石的有效沟通，是开启青春期孩子心门的钥匙。我们要

311

尊重、信任孩子，捕捉青春期的孩子面临身心变化带来的种种困扰，提供成年人的支持帮助，与孩子平等且坦诚地交流，缓解孩子的情绪波动和心理困惑，帮助孩子平稳度过青春期。

参考素材

1. 青春健康系列丛书：《青春健康家长培训指南——沟通之道》中国计划生育协会组织编写.
2. 周宗奎. 儿童青少年发展心理学 [M]. 武汉：华中师范大学出版社，2012.06.

《青春期身心发展及教育》课堂学习任务单

学校：　　　　班级：　　　　姓名：

请根据教师指引和课堂所学，完成以下学习任务：

任务1：分组讨论进入青春期孩子的生理发育和心理发展表现。

任务2：您和孩子为什么发生冲突？您又是怎么处理的？

任务3：根据您的观察，您的孩子进入青春期后，您和家庭多了哪些困扰？

任务4：根据这节课的内容，您打算为解决以上困扰做哪些尝试？

任务5：请对本节课的课程设计、教学安排以及授课教师作出评价，提出您的宝贵建议，期待我们携手成长。

帮助孩子守护性安全

一、设计理念

近年来，儿童性侵害犯罪事件时有发生，保障少年儿童权益不受侵害已是当前社会亟待解决的问题，性安全教育也成为家长们日益重视的话题。作为孩子的守护者和责任人，为避免悲剧的发生，家长们需提高孩子自我保护的意识和能力，对孩子进行预防和应对性侵害的辅导，让性安全教育成为家庭性教育中的重中之重。本堂课通过讨论和分享活动，引导家长意识到性安全教育的重要性，帮助家长们掌握有关性安全的知识，掌握如何帮助孩子分辨性侵害、防范性侵害，帮助孩子在面对性侵犯行为时学会自我保护，守护孩子的性健康。

二、教学目标

认知目标：使家长认识到性安全教育的重要性，认识到现有性安全教育的不足，掌握有关性安全的知识内容。

技能目标：掌握如何帮助孩子分辨性侵害、防范性侵害，帮助孩子在面对性侵犯行为时学会自我保护。

情感目标：重视性安全教育。

三、教学重难点

重点：使家长认识到性安全教育的重要性，掌握如何帮助孩子分辨性侵害、防范性侵害。

难点：掌握如何孩子分辨性侵害、防范性侵害。

四、教学对象

小学生的家长

五、教学准备

PPT、课堂任务单、电影《素媛》片段

六、教学时长

60分钟

七、教学内容

（一）危险，离我们的孩子有多远（10分钟）

1. 展示电影《素媛》片段

师：各位家长大家好，欢迎大家来到今天的家长课堂。在上课之前，请大家先观看一个视频片段。

【视频展示】

师：大家看完这个视频有什么感觉呢？我相信很多家长会感到同样的心痛、惋惜。

很多家长对这个视频都很熟悉，它截取自著名的韩国电影《素媛》，讲述了一个未成年少女素媛在遭遇性侵后走出心灵的阴影和面对生活的悲剧。最让人心痛惋惜的是，该电影是根据真实事件改编。

儿童性侵是个沉重而又痛心的话题。看似平静的生活中可能暗藏着风险，这也值得家长们反思，当我们的孩子遇到类似的风险场景时，他们知道要怎么办吗？

2. 您的孩子知道要怎么办吗

师：很多家长会对此产生担心，但是也有一些家长自信地认为，自己的孩子知道如何应对。为此，有人做了一个针对儿童的性侵实验，测试孩子们对性诱导和性侵犯的反应。

【视频展示】

师：实验的结果是，当一个叔叔试图诱引孩子们脱下衣服，几乎所有的孩子都懵懂着选择了顺从。这样的结果乍看出人预料，仔细想想，却是在预料之中。陌生、紧张都会影响孩子们的思考，孩子如果没有接受过非常好的性安全教育，难以分辨危险场景，甚至会非常顺从，这是一件非常危险的事。作为守护者的家长也要反思，在过往的家庭教育中，您是否有对孩子进行过性安全教育？

（二）您是否对孩子进行过性安全教育（10分钟）

1. 性安全教育的内容

师：首先，我们要意识到，性安全教育是一个涉及意识、认识和方法的综合教育，完善的性安全教育可以帮助孩子在任意一个性侵害发生的环节中远离风险。

【PPT展示、教师讲解】

性安全教育的内容

（1）认识隐私部位，清晰身体边界

（2）知道如何预防性侵犯的发生

（3）在面对风险时知道如何应对

（4）在发生风险后能够寻求帮助

（5）形成自己的安全负责的意识

2. 您对孩子进行的性安全教育是否完善

师：根据性安全教育的内容，大家可以反思一下，在以往的生活中，您对孩子的教育是否涉及每一个环节？大家可以完成任务单，对家庭中目前现有的性安全教育进行评估。

师：评估中每一项的不完整都会增加孩子遭遇性侵犯的风险。

（三）守护孩子的性安全（30分钟）

师：作为孩子的守护者和责任人，家长们不能心存侥幸，而要变被动为主动，学习教会自己孩子如何远离性侵害。

1. 帮助孩子认识隐私部位

师：性安全教育首要内容是需要让孩子认识隐私部位，明晰身体界限。我们每个人的身体都有一些小秘密，比如背心和小裤衩遮住的地方，这些部位被称为隐私部位。关于隐私部位，我们要好好地守护，别人不可以随便乱看，也不可以随便乱摸。

【图片展示，教师讲解】

背心和小裤衩遮住的地方都是隐私部位
任何人都不能碰哦~

2. 建立身体的隐私意识，帮助孩子识别性侵害风险

师：每个人的身体是需要自己保护的，尤其是不能随意触碰的隐私部位。可是同学们已经不再是小孩子了，也越来越喜欢摆脱大人们单独行动。因此，家长要帮助孩子掌握"危险探测器"，识别危险的身体接触，一旦探测到不合理、不舒服、伤害或冒犯的言行，我们就要拉响自己的身体警报，立刻保持警惕，表示拒绝，保护自己的安全。

【PPT展示、教师讲解】

告诉孩子们，一旦发生下面五种情况，请立刻保持警惕，表示拒绝：

（1）看看警报：有人给你看隐私部位或者看你的隐私部位

（2）说说警报：有人跟你谈论隐私部位

（3）摸摸警报：有人想摸你或者让你摸他的隐私部位

（4）一个人警报：有陌生人要和你单独相处的时候

（5）亲亲抱抱警报：有人拥抱、背或者亲吻你

师：在家里，家长也可以和孩子共同探讨"不安全"因素有哪些，什么人、在什么地方、什么样的行为、什么语言会威胁到我们身体或隐私部位的安全。但是要注意，在对孩子进行引导时还需要注意以下要点：

【PPT展示、教师讲解】

在引导孩子识别性侵害风险时，要注意以下要点：

（1）除了父母、家人照顾自己、医生检查身体之外，有人对自己过于亲密的搂抱、亲吻，对隐私部位进行讨论、对自己隐私部位故意碰触，或者要求我们碰触其隐私部位，都有可能是不合理的行为。

（2）性骚扰不仅仅会发生在公共场合，骚扰者也不一定都是陌生人，甚至有可能来自亲人或邻居。

（3）对儿童施行性骚扰的大多是成年人，但是也有年纪相差不大的儿童和少年。

（4）性骚扰不一定仅仅存在于异性之间，同性也有可能，尤其是男性。

（5）不管这个人的长相和性格如何，只要单独相处的时候，他们做了不恰当的、冒犯自己的行为，就是不可以的。

（6）如果分辨不清遭遇的事情是否合理，是否属于性骚扰，就要及时请教家长和老师。

3.区分安全行为，帮助孩子制定安全名单

师：在教育孩子识别风险行为的时候，经常会有孩子发出一些孩童视角的疑问，比如"我的手臂受伤了，保姆帮我洗澡的，是不是触碰了看看警报呢？"或者"我奶奶很爱我，她经常会亲我抱我，是亲亲抱抱警报吗？"这个时候，家长要帮助孩子分辨场合和目的，对孩子进行合理的引导。我们可以借助"安全圈"帮助孩子认识。

【PPT展示、教师讲解】

在进行隐私教育时，家长需要帮助孩子识别场合和目的，制定"安全名单"，如果符合名单所属的情况，则不用拉响警报。

（1）照顾者名单：是一些日常负责照顾孩子的人，比如爸爸妈妈爷爷奶奶保姆等，他们可能在孩子受伤或者需要帮助的时候，看到或者触碰到孩子的隐私部位，但他们不能让孩子看或者摸他们的隐私部位。

（2）爱心圈名单：是一些最亲近的家人，可以亲亲孩子的脸蛋或者抱抱孩子，但是不能亲隐私部位。除了这些人之外，其他人都不能随意亲或者抱孩子。

（3）说说名单：在进行一些科学知识探讨时涉及的人，比如爸爸妈妈、相关学科的老师、为自己问诊的医生等，可以在孩子面前跟孩子讨论隐私部位的

情况，而且是属于科普性质的，不能借此窥探孩子的隐私。当孩子感觉不舒服的时候，可以拒绝讨论。

师：安全圈内包含三个名单，家长们可以和孩子一起商量，确认名单里分别可以包括哪些人，使孩子能够分清楚什么时候才需要拉响警报。注意要提醒孩子，陌生人任何时候都不能轻易地进入我们的安全圈。

4. 防范性侵害，帮助孩子变身自己的"警卫员"

师：当孩子分辨出自己遇到了性骚扰或性侵害行为，拉响身体警报以后，要采取一系列措施保护自己。家长要帮助孩子在面对危险时立刻变身成"小小警卫员"，明确遇到性骚扰应该怎么办，守护自己或者他人的身体安全。

【PPT展示、教师讲解】

比如，当遭遇到性骚扰或性侵犯时，应该：

（1）大声呼救。

（2）向有人和明亮的地方快跑。

（3）面对威胁要勇敢拒绝，尽可能地逃脱。

（4）利用自己身体的坚硬部位如：头、牙齿、肩、手、拳、脚等部位自卫（为了确保生命的安全，避免盲目地反抗，因为生命高于一切，我们要做到冷静、机智、勇敢）。

（5）认清周围的环境，尽量记住对方的声音、容貌等特征。

（6）一旦遭遇骚扰或侵害，要尽力保存证据，马上告诉家人或老师并及时报警。

师：我们要帮助孩子掌握深陷危险场景时的应对措施，同时也要在日常生活中提醒孩子提高对人和环境的鉴别力，增强防范意识。

【PPT展示、教师讲解】

在生活中增强防范意识，提高警惕：

（1）不去可能出现危险的环境，比如网吧、游戏厅，以及其他社会娱乐场所。

（2）对过分热情的人要提高警惕，尤其是并不熟悉的人。

（3）谨慎地与他人交往，尤其是不了解对方身份，年龄相差较大的。

（4）不要独自去偏僻人少的地方，尤其是晚上或者糟糕的天气。

（5）不受金钱物质的诱惑，不随便吃别人的食物，不贪恋轻易而来的玩具以及其他物品。

（6）在不确定安全的情况下，不跟随某人去其家里、宾馆或者其他场所。

（7）独自在家时不给非家庭成员开门，即使是认识的人。

师：最后需要注意的是，家长们一定要向孩子们强调，当遭遇了危险时，是绝对不能保密的！无论发生什么事，都一定要及时地告诉父母或老师，学会积极地寻求帮助！

（四）制定"性安全手册"

师：各位家长请回顾今天这节课讲到的内容，并进行整理，制定一个专属于家庭的"性安全手册"，思考手册会包含哪些内容呢？还有哪些需要注意呢？

（五）结语

师：家长们，今天这节课到这里就结束了。保护孩子的性安全任重而道远，我们不仅要教会孩子有识别坏人的能力，更要鼓励孩子有向坏人说"不"的勇气。请大家把今天制定的安全手册带回家去和孩子共享，也可以和孩子一起共同补充。

参考素材

1.《素媛》——2013年韩国李濬益执导电影.
2. 搜狐文章及视频《最新儿童性侵实验：陌生人轻松就可诱骗孩子》
网址：https://www.sohu.com/a/207837722_99904224.

《帮助孩子守护性安全》课堂学习任务单

学校：　　　　班级：　　　　姓名：

请根据教师指引和课堂所学，完成以下学习任务

任务1：在过往的家庭教育中，您是否有对孩子进行过性安全教育？

任务2：根据性安全教育的内容，请大家反思并评估，您对孩子的性安全教育是否完善？

任务3：如果让您为孩子制定一个性安全教育手册，里面会包括哪些内容？还有哪些环节需要注意呢？

任务4：请对本节课的课程设计、教学安排以及授课教师作出评价，提出您的宝贵建议，期待我们携手成长。

如何应对孩子的"叛逆"行为

一、设计理念

青春期在许多家长眼里是一段混沌的时期，孩子随之而来的"叛逆"，像引爆家庭冲突的"不定时炸弹"，让人苦恼。"叛逆期"是生理机能和心理机能不断成熟的体现，青春期孩子的自我意识增强，内心体验更敏感、丰富，成人感和幼稚感兼具，渴望独立又仍需依赖，充满着众多矛盾。如果父母能正确对待孩子的"叛逆"，真诚、智慧地应对孩子的"叛逆"，陪伴他们度过这段混沌时期，孩子就能更好地从中发展出自信、独立的品质，从幼稚走向成熟。

二、教学目标

认知目标：帮助家长了解青春期孩子的特点及叛逆行为背后的原因。

技能目标：为家长提供面对孩子叛逆行为时可采取的态度和沟通回应技巧。

情感目标：鼓励家长以平等、真诚、尊重的态度面对青春期的孩子，为他们在青春期的成长和摸索给予默默地支持。

三、教学重难点

教学重点：家长了解青春期孩子的特点及叛逆行为背后的原因，掌握回应叛逆行为的技巧。

教学难点：家长能以平等、真诚、尊重的态度面对青春期的孩子。

四、教学对象

青春期学生的家长

五、教学准备

多媒体课件、学习任务单、笔

六、教学时长

60分钟

七、教学内容

（一）导入：来信分享（10分钟）

师：各位家长，大家好！很高兴看到大家能在百忙之中积极参与家长学校的课程，共同探讨与孩子相处的小妙招。今天的课程让我们先看一封来信。

【PPT呈现，教师讲解】

最近家里气氛紧张，孩子好像对我们（家长）抗拒且冷漠，说话听不进，动不动发脾气。

孩子放学回来得晚，问和谁、去哪就嫌我们烦。吃饭时总是埋头就吃，让他多吃一些蔬菜水果，也不听；想和他聊聊学习生活上发生的事，他总用"没什么""不知道"敷衍过去，如果多说两句，他就会和我们摆脸色，重重地将碗筷丢在桌子上，嚷嚷"管这么多干吗"，然后饭都不吃了，自己回房间关着门也不知道在干什么。

我们都不知道应该怎样对他比较好。

师：大家有遇到过相似的情况吗？欢迎分享您的故事以及对来信的看法。

【家长分享】

师：看来孩子进入青春期后，会出现一些共性变化，比如像变了个人似的，情绪更敏感了，喜欢独处，不爱和家人分享，经常拒绝父母的邀请，甚至更喜欢"顶嘴""动手"了……

如果您也感觉自己的孩子变得"叛逆"了，恭喜您！一方面大家可以在今天的分享中找到共鸣，另一方面也意味着我们的孩子走上了探索自我之路，为

321

独立成长积蓄着力量。

（二）探究：孩子叛逆的背后是什么（20分钟）

师：到底是什么使青春期的孩子变得如此烦躁不安呢？我们再来看一位孩子信里的心声。

【PPT呈现，教师讲解】

妈妈很爱唠叨，而且不听我说话。

我是一个很怕烫的人，所以饭前不喜欢喝汤，但妈妈总是催我快喝，说一点也不烫，即使我烫到舌头，她下次还催我。我喜欢房间东西保持原样，等需要某物时我会快速想起它在哪，但妈妈总说我房间太乱了，趁我不在家进房收拾，随意翻我东西，这让我非常生气。房间是我在家里喘气的地方，一出房间门就会被念叨，我只想一个人安静地待在房间里……

爸妈还很喜欢问我在想什么，有时候我自己也搞不清楚，有时候不想说，说什么他们总会扯到学习上去。

大家觉得这个孩子算不算叛逆的孩子呢？从这个孩子的分享中，大家能看到她（他）有怎样的烦恼吗？

1. "叛逆"是孩子分离出独立自我的需要

孩子进入青春期后，身心快速发展，自我意识增强，需要有更多的选择权和掌控感，所以会通过表达自己的意见、拒绝外界的规训和安排等来维护自己的精神空间。这会很明显地表现在与家长保持物理距离上，比如上面例子中提到的孩子喜欢自己待在房间里。

我们觉得"叛逆"的行为，其实是孩子进入"分离—个体化"的发展过程中。

在这个阶段，孩子需要从儿时与父母紧密的关系中脱离出来，向同辈群体寻找认同，开始更多思考"我是谁""我能/想做什么""我喜欢怎样的生活""我是否值得被爱"等问题，通过尝试、做选择、反思认识自己的能力，找到自己的兴趣，完成自我统一化正是青春期最重要的任务。

顺利度过——自信独立、有主见

成长阻断——自卑、畏难、依赖

如果顺利度过这个迷茫的阶段，孩子容易发展出自信、独立的品质，成长为一个有自控能力、有主见的成年人；如果这些探索被阻断，可能会造成孩子的自卑、畏难和对家庭的过度依赖。

2."叛逆"是亲子相处模式的放大镜

当我们感到孩子在"叛逆"时，其实也是很好的信号。提醒我们去反思：

我们和孩子的相处模式是怎样的？

孩子为什么不愿意说或做一些事情呢？

孩子的"叛逆"是真的做错了吗？

还是做得和我们期待的不一样而已呢？

很多家长期待孩子有更好的未来，于是想教孩子尽量多的道理，但这种期待有时会以控制的形式呈现，如直接替孩子做选择，或表面提供选择，实际需要孩子听自己的。

留言中这位孩子因感受到烫所以不想餐前喝汤、喜欢房间保持原有的秩序。这两个选择对于成年人来说很容易，但在这个孩子眼里却是需要与妈妈争夺的权利。这并不是"针锋相对"，只是表达感受、做适合自己的选择，而这个选择与父母期待的不一致。

所以孩子在青春期寻求自控感这个阶段，"叛逆"也会是反控制的体现。

心理力量较强的孩子会通过顶嘴、对立、吵架等方式向外反抗；

心理力量较弱的孩子则是通过回避、拖延、无动力，甚至抑郁等方式表达。

我们需要真正听到孩子的感受和需要。

3."叛逆"是孩子求证被爱的过程

每个人都是希望能被爱着的，但并不是每个人都相信自己会被真心、永久地爱着，青春期孩子敏感多变的内心更是常有"爱的拷问"：

如果我不听父母的安排/如果我成绩没有达到他们期待/如果我想做自己喜欢的事而不是达到"社会意义"的成功/如果我就是会惹麻烦……我的父母还会爱我吗？

这些问题我们也可以问问自己，也许你的答案，也是孩子通过尝试做这些他们怀疑的事情时，想探究的和能感受到的。

除了以上几点，青春期孩子的情绪稳定性和自控能力还不够完善，有时他们自己都还没搞清楚为什么不高兴、不喜欢，就已经用行动表现出来了，如果我们定义为孩子是故意的、挑衅的，自然也会认为这是一种"叛逆"行为并为此难过和生气。

当我们再次回看孩子们的"叛逆"行为时，是否能联想到背后的不安、需求以及对成长和爱的渴望呢？

（三）对策：如何更好与孩子的"叛逆"相处（20分钟）

师：当我们与一个成年人打交道时，我们知道人与人之间互相有隐私、不同的喜好和观点。现在，当我们的孩子进入青春期，他（她）也希望自己作为独立的个体，获得同样的尊重。

【PPT呈现，教师讲解】

1.尊重孩子的精神空间和物理空间

（1）同情真诚巧倾听

每个人的感受是不同的，比如信件中提到"汤是烫的"，家长觉得不烫。否定会让孩子将家长划到"无法理解/沟通"的范围里。我们只需要带着同情和真诚，认真地倾听孩子的话，反映出他们的情感，就能很好地维护关系。

（2）耐心陪伴少评判

有时孩子并不想分享感受，而是不会表达，或不想被批评。我们只要评估孩子没有严重的身心问题，表达"我很愿意听你说说，但不会逼你，等你想和我讲了，我都在这里陪着你"的信息即可。

（3）以心换心多分享

家长也可以分享自己的生活和过去经历，以真诚地自我暴露拉近亲子之间的心理距离，而不是单方面窥探孩子的内心。

（4）尊重隐私明边界

不随意翻日记本和聊天记录等，让孩子在家中拥有自己的小天地，以便放松地做自己喜欢的事或处理自己的情绪，这样在家里孩子也会有安全感。

2.尊重孩子做选择的权利和能力

很多时候，我们想为孩子做选择，是因为担心他无法做出好的决定，但当孩子明白自己做选择需要承担风险时，他们也会认真负责地思考自己的未来。

作为成年人，我们也许有更多的生活经验和逻辑思考，但并不需要急着去向孩子证明自己是对的。

我们可以倾听孩子对事情的看法，提供我们的感受和分析，帮助补充视角，让孩子自己做决定，并陪伴他去实践和反思。

一些鼓励孩子独立表态的话如"你来决定这件事吧""如果你想的话",或对孩子做出选择后的认可,会让孩子更有为自我负责的意识。

3. 有益批评在于解决问题

包容孩子的叛逆行为,是理解他们行为背后的原因,并不是赞同所有的行为,孩子的行为是需要家长积极引导的。

建设性的批评必须简洁明了地指出该怎么做,目的在于提供帮助、处理困难,而非指向人格的辱骂。

有益的批评也是要符合问题严重程度的,一场小意外无需被当作大灾难来处理。

长篇大论地唠叨和反复地说教并不能解决问题,反而会使孩子习以为常,或冲突激化。比如孩子在客厅打篮球把杯子砸碎了,家长可以用坚定的语气告诉他"客厅不是打球的地方",并让孩子清理或帮助清理碎片即可。

4. 有效愤怒和积极引导

感到愤怒,往往是因为我们对孩子怀有关心和爱意,因此当孩子行为不当时,我们自然会产生强烈的情绪。但劈头盖脸地发怒和假装无事地容忍并不利于亲子关系的维持,重点在于如何有效发怒,表明自己的立场观点,也让孩子感受到我们的关爱。

当感到愤怒时,我们可以:

(1)用简短的陈述或严肃的神情描述孩子行为对我们的影响,如"这让我感到很生气"。

(2)给孩子一些保留面子的缓冲时间。

(3)若等待后仍未停止,可以更大声和有力地重复表达感受。

(4)还可以采用"描述看到的情况+自身感受(如愤怒/担心/失望)+需要孩子做的事"的句式。

(5)与批评一样,表达愤怒时也应注意,不要对孩子进行人身攻击和侮辱。

除此之外,书信、留言、短信等间接沟通的方式也有助于我们清晰、理智地向孩子表达自己的感受和期待。

（四）演练和总结（10分钟）

【PPT呈现前面信件】

师：在我们了解了孩子"叛逆"行为的原因和应对方法后，回过头来再看看这封孩子的来信，大家觉得自己会怎么回应这个孩子呢？相信大家各有妙招。

【家长分享，教师总结】

师：面对不断成长的孩子，我们也需要随之改变，毕竟学习做懂孩子的父母是最好的爱的方式。青春期并不等同于"叛逆"期，这是孩子整合自我，试探能力，独立成长的重要阶段。

作为父母，我们只需用爱和尊重给孩子做后盾，像温暖的港湾永远张开怀抱，等待在外闯荡的游子归来。

参考素材

1. 海姆·G. 吉诺特. 孩子，把你的手给我 [M]. 张雪兰，译. 北京联合出版公司, 2004.

《如何应对对孩子的"叛逆"行为》课堂学习任务单

学校：　　　　　　班级：　　　　　　姓名：

请根据教师指引和课堂所学，完成以下学习任务

任务1：阅读家长来信，回想亲子相处之间相似的故事

任务2：阅读孩子来信，思考信中孩子的烦恼

任务3：重读孩子来信，尝试更好地回应这位感到困扰的孩子

任务4：请对本节课的课程设计、教学安排以及授课教师作出评价，提出您的宝贵建议，期待我们携手成长。

第十四章　生涯指导

探索生涯，找寻人生灯塔

一、设计理念

生涯是什么？生涯之"生"者，生命也；生涯之"涯"者，边际也。所以，生涯就是人的一生，就是从生命开始到生命终结的整个过程。而在这漫长的生命进程中，我们的所有决定都无法避开这三个问题"我是谁？我在哪？我要去往何处？"或许有很多学生、家长们认为生涯规划距离我们的学习生活还比较遥远，不需要考虑太多，精力应该主要放在学习成绩上。然而，由于新高考政策的实行，学生们面临选课走班的困惑，生涯规划教育更加凸显其重要性，另外，中学阶段是学生人生观与世界观形成的关键时期，也是确定未来职业发展方向的重要时期。因此，本课是生涯规划教育大单元的第一课，即生涯唤醒课，意在唤醒家长对孩子生涯教育的意识，为后续的生涯探索课程做好充分的知识准备与心理准备。

二、教学目标

认知目标：了解生涯规划"三个问题"、清楚生涯规划金三角、理解生涯发展阶段。

技能目标：学会根据生涯发展阶段理论，在生活中对孩子的生涯规划进行指导。

情感目标：树立生涯规划意识，重视生涯规划教育。

三、教学重难点

教学重点：认识生涯规划的内容、意义，了解生涯发展阶段。

教学难点：学会根据生涯发展阶段理论，在生活中对孩子的生涯规划进行指导。

四、教学对象

高中学段的家长

五、教学准备

PPT、课堂学习任务单、笔

六、教学时长

60分钟

七、教学内容

（一）视频导入：《自嘲"废物"的985大学生》（10分钟）

视频简介：视频来自南方都市报，3位自命"985失败学生"的青年诉说了他们内心的无奈与不甘。

师：在新高考背景下，每位同学都面临着选科问题，而选择什么样的学科组合，就意味着学生大学选择什么专业、未来从事什么职业。这就要求学生知己知彼，不断思考、认识自己，了解社会，而不是一头扎入知识的海洋，盲目为"应试教育"寒窗苦读，而不能明晰未来的发展方向。可见，如何选择对未来发展最有意义的科目，是摆在每一个同学面前的一道重要的选择题。

设计意图：通过真实采访视频，带领家长发现学习不可"盲目"，认识到生涯规划对孩子个人发展的重要性。

（二）认识生涯规划（25分钟）

师：中国青年报社会调查中心公布：在报考志愿时，仅有13.6%的人表示了解所选专业；67%的人并不了解；67.9%的人承认自己报考专业时是盲目的；71.2%的人表示，如果有可能，想重新选择一次专业。调查数据可见生涯规划的重要性，那作为家长，您真正了解生涯规划吗？认识到生涯教育的重要性了吗？

1. 是什么——生涯规划金三角

【PPT呈现，教师讲解】

生涯规划是一个人有意识地计划个人全部生活，并采取行动，积极地在自己所处社会环境中实践这些计划的过程。

①观看视频：《田埂上的梦》，并思考完成任务一。

②思考并分享：卓君追求梦想的过程中有哪些有利的因素？哪些是不利的因素？

师：实现个人梦想需要很多因素，如了解自我的兴趣、性格、能力、价值观、家庭资源等，了解外部世界的职业、专业、大学、社会需求等，这里我们要学习一下著名的金三角理论。

【PPT呈现，教师讲解】

美国斯文博士针对生涯规划，提出著名金三角理论，他认为个人在做生涯规划时，要考量"个人""信息"及"环境"三个问题。

个人：兴趣、能力、性格、价值观等。

信息：产业发展趋势、职业类别、社会变化等。

环境：家庭经济、家人期望、地理位置等。

2. 为什么——生涯规划的意义与价值

师：生涯规划的意义与价值是什么呢？

【PPT呈现，教师讲解】

一方面，通过职业生涯规划系列测试，帮助学生了解自身性格、兴趣、能力等优势及特点，再结合测评结果，给出选科、选专业的指导建议，从而增强学生对未来人生的掌控感，同时也感受到未来人生的发展机会，使孩子更加自尊、自信、自强。

另一方面，家长树立学生可以接受的学习目标和报考目标之后，学习的责任和主导权都将转移给孩子，家长可以通过让孩子自己制定学习方案的方法来给孩子充分表达自己学习计划的机会，家长只需要监督计划的实施并做提醒即可。这样一方面可以引导孩子独立思考学习如何做计划，同时也可以减少督促孩子学习过程中产生的矛盾，促进家庭关系的和谐。

3. 如何做——生涯规划五要素

师：生涯规划的五要素包括：知己、知彼、抉择、目标、行动，它们分别代表什么含义呢？我们一起来学习一下。

【PPT呈现，教师讲解】

知己即认识自己的能力、性格、兴趣、人格特质和价值观等，规划的前提首先需要认识自己；

知彼即了解社会及经济发展趋势、行业就业状况、未来就业机会等。对热点信息的了解和相关国内外高校的专业信息的掌握，可以帮助学生在做选择时更加从容和坚定；

抉择、目标与行动即做决定的技巧、勇气、毅力，确定目标并且有计划地采取行动，落实有效地对生涯规划事项的管理。

师：据调查，家长是对孩子生涯规划影响最大的人，然而，学生与家长的日常交流却很少。日常生活中，家长更重视孩子的学业成绩，面临择校、择专业等问题时，家长会根据自己的经验、判断替孩子做决定，忽视孩子自身兴趣、态度。因此，在做抉择前，希望家长多与孩子们进行有效沟通，倾听并尊重孩子们的感受和想法，让孩子们能化被动接受为主动选择。

设计意图：通过对生涯规划"三问"的梳理，帮助家长更系统、全面地了解生涯规划，从而增强其对子女进行生涯规划指导的意识。

（三）如何帮助孩子做好生涯规划（20分钟）

1. 了解生涯发展阶段

师：舒伯的职业生涯发展阶段理论包含了人一生的完整发展过程，他将生涯发展分为五个阶段。

【PPT呈现，教师讲解】

成长期（出生至14岁）—探索期（15岁至24岁）—建立期（25岁至44岁）—维持期（45岁至65岁）—衰退期（65岁以后）

2. 具体做法

师：在孩子不同的生涯发展阶段，作为家长，可以做些什么？

【PPT呈现，教师讲解】

成长期（0—14岁）：认识孩子、鼓励孩子、培养孩子

探索期（15—24岁）：接纳问题、提供参考、敢于放手、耐心陪伴

师：（1）成长期（14岁前）

首先，认识孩子。在家庭教育中观察孩子的性格、气质、兴趣、能力等特点，这些都是我们未来帮孩子选择学科、专业甚至职业方向的重要依据。

其次，鼓励孩子走出去，利用课余时间带孩子到不同的工作岗位上去观察和体验，在观察的过程中要和孩子不断去沟通，让孩子知道岗位的特点。

最后，注重体验人生，定期鼓励孩子参加或与孩子共同参加社会以及学校组织的实践活动，相互交流自己的感受和想法。

（2）探索期（15—24岁）

首先，家长要主动学习，接纳问题。根据孩子这一时期的发展特点，提供针对性的引导。孩子在这个阶段的生涯发展任务是发展自我形象，发展对工作、世界的正确态度，开始了解工作的意义。中学阶段是孩子各方面快速生长发育的关键时期，家长往往只关注到了表面的成长，如身高、体重。而心灵的成长更像冰山没有露出水面的部分，容易被忽视。心灵的成长决定了孩子未来的世界观、人生观和价值观的形成。

其次，分享经验，提供参考。家长可以带领孩子了解职业信息及行业发展状态，引导孩子进行相关的职业启蒙，去了解工作的意义，工作所需的条件和技能，再结合到未来选科、择校、择专业目标。当整个过程下来，孩子就能从"要我学"向"我要学"转变。

最后，敢于放手，耐心陪伴。家长可以鼓励孩子多去寻找探索自己、发现自己的机会，多体验多感受，觉察自己喜欢什么擅长什么，发现自身的优势在哪里。也许，这个过程会有些坎坷、漫长，家长要允许孩子试错，同时，需要家长有足够的耐心去陪伴、引导。

设计意图：根据生涯发展阶段理论，提出具体的方法、建议，家长在孩子发展的不同阶段可进行相应地指导及教育，这更能激发孩子自主规划的积极性。

（四）课堂任务（5分钟）

回顾本节所学，思考并完成本课任务单。

（五）课堂总结（5分钟）

师：学生在学习过程中既要"埋头拉车"，也要"抬头看路"，兼顾吃苦精神与睿智眼光，灵活处理坚持和变通的关系，及时反思，不断精进。做好职业生涯规划，走好人生的每一步路。

参考素材

1. 导入视频：https://haokan.baidu.com/v?vid=4832681968274244468.
2.《田埂上的梦》视频：https://www.1905.com/vod/play/805383.shtml?.
___hz=28267ab848bcf807&fr=baidu_aladdin_vod_add&api_source=baidualaddin_vodadd.
3. 杨宗荣，刘士岗，刘国雄 . 高中生生涯规划指导 [M]. 人民日报出版社，2019-07.
4. 李萍 . 唤醒生涯：生命成长视阈下的生涯教育 [M]. 机械工业出版社，2020-04.

《探索生涯，找寻人生灯塔》课堂学习任务单

学校：　　　　班级：　　　　姓名：

请根据教师指引和课堂所学，完成以下学习任务

任务1：

（1）观看《田埂上的梦》，并思考卓君追求梦想的过程中有哪些有利的因素？哪些是不利的因素？

（2）个人在做生涯规划时，都要考虑哪些因素？（结合生涯规划金三角理论）

任务2：请对本节课的课程设计、教学安排以及授课教师作出评价，提出您的宝贵建议，期待我们携手成长。

课后思考："生涯话未来"——家长陪伴并引导孩子完成

拿起笔和纸，与5年后的自己相见，见面前，请深入思考以下问题：

1.我现在在哪里？

2.我过去的经历对前往目的地有何帮助？现有什么资源？

3.我要去哪里？我想拥有什么？

4.有什么时间限制？

5.我需要怎样才能达到目的地？需要补充哪些资源？

6.我如何知道自己已经达到目标？

7.我要采取什么行动？

8.我要和谁探讨我的想法？

发现兴趣，点燃生命火花

一、设计理念

兴趣是成功的一个重要的推动力，也是推动人们认识事物、探索真理的重要动机。兴趣是在有一定社会实践的基础上形成的，由于每个人的需要复杂多样，从而决定了个人的兴趣也是多种多样，而这些兴趣、爱好会直接影响到个人的职业生涯。

中学生正处于生涯探索的初期阶段，大部分学生对于兴趣的认识还停留在感官兴趣层面，以享乐为主，未能将兴趣与职业建立有效联系。因此，本课意在引导家长明白职业兴趣对孩子的未来生涯发展尤为重要。特别是在"新高考"背景下，帮助孩子找到自己的职业兴趣，可以有效减少选科、择校的迷茫，有助于孩子把握升学选择的方向、树立早期职业发展目标。

二、教学目标

认知目标：认识兴趣与兴趣金字塔模型，了解兴趣与职业兴趣的关系。

技能目标：学会初步探索兴趣阶段，学会运用兴趣晋级三步法。

情感目标：重视对孩子兴趣的培养，体验兴趣晋级为志趣时所带来的满足感和成就感。

三、教学重难点

教学重点：兴趣金字塔的呈现与解读，澄清兴趣与职业的关系。

教学难点：理解并运用兴趣晋级三步法。

四、教学对象

高中学段学生的家长

五、教学准备

PPT、课堂学习任务单、笔

六、教学时长

60分钟

七、教学内容

（一）视频导入：饺子导演专访视频（5分钟）

视频简介：饺子是电影《哪吒之魔童降世》的导演，他从小热爱画画，梦想当漫画家。基于现实考虑，他还是遵从了父母的意见，选择了医学专业，但是，饺子没有放弃对动画的热爱。后来，他毅然放弃医学投身于动画行业，在母亲的支持下，首先完成了制作个人短片的工作，最后，他通过自己的努力获得了成功！

提问：您认为饺子获得成功的原因是什么？

师：有研究证明，一个人职业生涯的成功与否和兴趣、动机、价值观等情感性因素密切相关，其中，兴趣发挥的作用最大。随着考试制度改革和课程改革的逐步深入推进，孩子的生涯规划成为家长们值得关注的内容。立足当前规划长远时，家长不妨从孩子的兴趣入手，一起讨论怎样发展兴趣，看看哪些兴趣可以成为优势，助力自身发展。这也是本节课我们所要了解的核心内容兴趣。

设计意图：兴趣是一个老生常谈的话题，通过生动且富有故事性的采访视频吸引家长们的注意力，并引出"兴趣"这一话题。

（二）认识兴趣（30分钟）

1. 什么是兴趣

师：究竟什么是兴趣呢？各位家长可以回想一下自己的孩子在生活中对什么事物感兴趣？

（1）兴趣的概念

【PPT呈现，教师讲解】

兴趣是人们力求认识、掌握某种事物，并经常参与该种活动的心理倾向，或者说兴趣是人们积极探究某种事物的认识倾向。当我们对某种职业感兴趣，就会对该种职业活动表现出肯定的态度，并积极思考、探索和追求。

（2）兴趣的分类

【PPT呈现，教师讲解】

兴趣可分为物质的兴趣、精神的兴趣和社会的兴趣。

物质的兴趣与需要相关联，表现为对物质的迷恋和追求。

精神的兴趣主要是指对文化、科学、艺术的迷恋和追求，如对写作、绘画、书法、摄影、发明创造等的兴趣。

社会的兴趣主要是指对社会工作和组织活动等。

兴趣又可分为直接兴趣和间接兴趣，你喜欢唱歌、跳舞，可能是因为这些活动本身对你有吸引力，通过这些活动你会获得愉快和满足——这就是直接兴趣；你可能觉得学外语是一件很枯燥的事情，但对它仍然兴致很浓，这并不是学外语本身给你带来轻松愉快，可能是因为你想出国学习或交流等，是这些结果在吸引你学习——这就是间接兴趣。直接兴趣和间接兴趣可以互相转化，也可以相互结合从而更有效地调动你的积极性。

师：通过刚刚的介绍，家长们可以把您能想到的所有孩子感兴趣的事物都列举出来，完成学习单上的任务1。

2. 兴趣金字塔

师：孩子的兴趣是多种多样的，并且会给这些兴趣排序，可能甚至有些兴趣在家长看来是"不务正业"，这就需要我们去辨别孩子的兴趣哪些是短暂的享乐，哪些是可以好好培养，利于个人发展的。心理学中有一个关于兴趣的模型——"兴趣金字塔"，我们一起了解一下。

【PPT呈现图文，教师讲解】

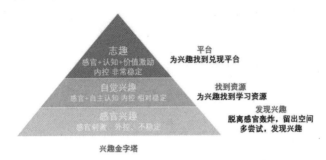

兴趣金字塔

（1）有趣：兴趣发展过程的第一个阶段，低级阶段，它非常不稳定，常短暂易逝。此阶段兴趣常与个体对某一事物的新奇感相联系，随着新奇感的消失，兴趣也易随之逝去。

（2）乐趣：兴趣发展过程的第二个阶段，又称爱好，它是在有趣的基础上发展而来的，比较稳定、专业和深入。

（3）志趣：兴趣发展过程的第三个阶段，当个体的爱好与社会责任、理想、目标相结合起来时，乐趣就成了志趣。志趣具有社会性、自觉性和方向性，它不仅可以让个体体验到快乐，还会使其体会和获得满足、充实与成就感。

师：请各位家长将孩子的兴趣进行初步分类，完成任务2兴趣金字塔。

3.兴趣与职业兴趣

师：职业兴趣是兴趣在职业方面的表现，是一个人探究某种职业或从事某种职业活动所表现出来的特殊个性倾向。研究证明，兴趣和工作满意度、职业稳定性和职业成就感之间存在显著关系。美国心理学家、著名职业指导专家约翰·霍兰德（John Holland）认为，个人职业兴趣特性与职业之间应有一种内在的对应关系。根据兴趣的不同，人格可分为现实型、研究型、艺术型、社会型、企业型、常规型六个维度，每个人的性格都是这六个维度的不同程度组合。

职业类型	喜欢的活动	喜欢的职业
现实型 （Realistic）	愿意从事事务性的工作，手脚灵活、动作协调，喜欢户外活动或操作机器，而不喜欢在办公室工作。	制造业、渔业、野外生活管理业、技术贸易业、机械业、农业、技术、林业、特种工程师和军事工作。
研究型 （Investigative）	处理信息（观点、理论），喜欢探索和理解、研究那些需要分析、思考的抽象问题，喜欢独立工作。	实验室工作人员、生物学家、化学家、社会学家、工程设计师、物理学家和程序设计员。
艺术型 （Artistic）	富有创造力和想象力，喜欢自我表达，喜欢写作、音乐、艺术和戏剧。	作家、音乐家、诗人、漫画家、演员、戏剧导演、作曲家、室内装潢人员。
社会型 （Social）	帮助别人，喜欢与人合作，热情关心他人的幸福，愿意帮助别人解决困难。	教师、社会工作者、牧师、心理咨询师、服务性行业人员。
企业型 （Enterprising）	喜欢领导和影响别人，或为了达到个人或组织的目的而善于说服别人，希望成就一番事业。	商业管理、律师、领袖、营销人员、市场或销售经理、公关人员、投资商、电视制片人和保险代理。
常规型 （Conventional）	组织和处理数据，喜欢固定的、有秩序的工作或活动，希望确切地知道工作的要求和标准，愿意在一个大的机构中处于从属地位。	会计师、银行出纳、簿记、行政助理、秘书、档案文书、税务专家和计算机操作员。

设计意图：通过对兴趣金字塔和霍兰德职业兴趣的理论讲解，与学习任务结合，帮助家长对兴趣有了初步认识，也对孩子的兴趣及兴趣发展阶段有了更清晰得掌握。家长如果想帮助孩子将兴趣转化为志趣，前提条件就是认识兴趣金字塔与了解职业兴趣。

（三）兴趣晋级三步法（15分钟）

师：郭晶晶5岁开始练跳水，15岁首次参加奥运会，连续经历了两届奥运会的失败，直到2004年，郭晶晶才取得优异成绩，后又蝉联北京奥运会该项目冠军，诠释了自己完美的跳水人生。姚明自幼对篮球产生兴趣，所以才会关注篮球，愿意为篮球倾注一生热情并不懈努力……榜样的例子数不胜数，我们也希望自己的孩子能在各自擅长的领域大展宏图，而如何引导孩子将当下的兴趣与未来的职业联系起来，为孩子的生涯发展做准备，想必是每位家长都比较关注的问题。接下来，我将结合兴趣理论介绍兴趣晋级的三步法。

【PPT呈现，教师讲解】

1.感受生活，诱发兴趣

丰富的生活是兴趣产生的土壤，家长平时在生活中多观察、多留意孩子的兴趣，和孩子一起探讨他们感兴趣的活动。无论是喜欢打游戏，还是喜欢看电视，我们先肯定孩子的兴趣，在此基础上对孩子加以引导。有时候，孩子没有兴趣可能是因为还没有遇到和发现，因此，家长要鼓励孩子有机会多走走、多看看，多一些尝试，给孩子创造充分挖掘自身兴趣的氛围与条件，孩子才会有更多体验和兴趣发现。

2.保持好奇，发展兴趣

好奇心是兴趣产生的基础。在此过程中，家长也要允许孩子试错，未来孩子的发展是非常多元的，只要家长能够看到孩子的优点和特长，孩子就能够在他的领域中，寻找到自己源源不竭的动力。当然，好奇心常常来得快去得也快，要使好奇心发展成长久的兴趣，就要善于提出疑问，善于钻研，兴趣才会相应稳定发展。

3.树立志向，稳定兴趣

青少年时期是人生梦想的开始，同学们可依据自身条件和兴趣爱好，尽早确立自己的人生志向和理想。同时，家长可以帮忙收集资料、提供信息，比如孩子对什么专业感兴趣，家长与孩子共同探讨择校问题、就业问题等具体信息，共同分析可行性，帮助孩子理清思路。让孩子的兴趣转化为志趣，这样兴趣有了社会性和方向性，就会更加稳定和持久。

设计意图：通过介绍兴趣晋级三步法方法，帮助家长更加科学、合理地发现孩子兴趣，帮助孩子将兴趣晋级，促进孩子未来发展。

（四）课堂任务（5分钟）

请家长回顾本节所学，思考并完成本课任务单。

（五）课堂总结（5分钟）

师：如果有一天，孩子感兴趣的事情，能够成为他一生的事业，那这样的事业无疑是最幸福、最有成就感的。希望我们都能成为孩子将兴趣晋升到志趣的引路人，在孩子兴趣探索的道路上，多份细心与耐心，多份肯定与指导，助力孩子谱写出自己人生最精彩的乐章。

参考素材

1. 导入视频 https://v.youku.com/v_show/id_×NDMwMzI4NDI4NA%3D%3D.html.

2. [心理课] 我的兴趣升级之旅 https://mp.wei×in.qq.com/s/ZttEj6GKU3qd4mbSskkshA.

《发现兴趣，点燃生命火花》课堂学习任务单

学校：　　　　　班级：　　　　　姓名：

请根据教师指引和课堂所学，完成以下学习任务

任务1：列举出您了解或观察到的，孩子在生活中所感兴趣的事物。

任务2：完成兴趣金字塔，将孩子所感兴趣的事物进行排序，分别填入兴趣金字塔对应部分。

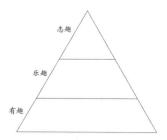

任务3：请对本节课的课程设计、教学安排以及授课教师作出评价，提出您的宝贵建议，期待我们携手成长！

课后思考：兴趣、能力和职业的关系是什么？

发展智能，解锁天赋密码

一、设计理念

传统智力理论认为：人类的认知是一元的，个体的智能是单一的、可量化的。哈佛大学教授霍华德·加德纳突破了这一局限，于1983年提出了"多元智能理论"。他认为：每个人的智能是多元的，并有自己独特的智能组合。

处于中学阶段的孩子在自我认识、自我评价方面较为主观且片面，他们对于个人兴趣、爱好的认识较清晰，但对于个人能力和优势的认识较模糊。进入中学后，学生应该如何清晰自身定位？如何合理规划个人目标？如何挖掘自身优势？在"新高考"背景下，如何选择最适合自己发展的学科、大学甚至专业，这些都是每一位中学生、教师及家长应当关注的问题。因此，本课以"多元智能"为核心，通过理论讲解，让家长在体验中初步了解孩子的潜在智能优势，使他们有意识地在日常生活中引导孩子顺强补弱，为孩子将来的个性化生涯规划做好充分准备。

二、教学目标

认知目标：了解多元智能理论，能够分辨每一种智能的特点。

技能目标：学会发现孩子的潜在智能优势，在生活中有意识地引导孩子顺强补弱。

情感目标：通过发现孩子的多元智能，增强孩子自我发展的信心与勇气，感受多元智能在孩子生涯规划过程中的意义与价值。

三、教学重难点

教学重点：了解多元智能理论，发现孩子潜在的智能优势。

教学难点：熟悉并掌握多元智能亲子互动活动，在生活中有意识地引导孩子顺强补弱。

四、教学对象

高中学段学生的家长

五、教学准备

PPT、课堂学习任务单、笔

六、教学时长

60分钟

七、教学内容

（一）视频导入：《地球上的星星》片段（10分钟）

师：（播放片段1——伊桑遇到美术老师之前）看完这段视频，我首先想问问家长们几个问题：

1.影片里出现的这个"问题孩子"在生活中常见吗？

2.您对他的第一印象是什么？

3.您觉得他的未来发展会是什么样？

师：接下来，我们带着这些疑惑继续观看视频的后半段（播放片段2——伊桑遇到美术老师之后）

师：这个影片我们就看到这里，想必各位家长感慨颇深，就像大家起初看到的主人公伊桑调皮捣蛋，无论是在家长还是在老师眼里，都不可救药。这个孩子虽然活泼开朗、思维活跃，但由于读写能力的障碍，他的自信心被一点点粉碎。在寄宿学校中伊桑受尽折磨，最终连最爱的画画也放弃了，所幸在这个学校中，他遇到了自己的灵魂导师。尼克发现了伊桑身上的闪光点，用他的耐心与智慧帮助这个孩子重拾信心，挽救了这个孩子。最终，伊桑得到了老师和家长的认可和赞扬。

回想我们的生活中，其实这样的"问题孩子"十分多见，只是并不是每个孩子都能遇见自己的伯乐。所以在今天这节课，希望能够帮助家长们认识孩子的多元智能，发现孩子的天赋所在，让我们的家长成为每一颗星星的守护者。

设计意图：通过观看视频，能够快速引起家长们在日常子女教育中的共鸣与思考。

（二）认识多元智能（25分钟）

1. 优点轰炸

师：在生活当中，很多孩子都比片子里面的小男孩有更让大人满意的表现，可是作为父母，仍然觉得自己的孩子不够优秀，缺点太多，总是令人失望，那这是为什么呢？我们真的了解自己的孩子吗？接下来，我想请各位家长在学习单上完成第一项任务：2分钟内写出孩子的五个优点，随后我们进行分享。

2. 多元智能理论

师：多元智能理论由哈佛大学教授霍华德·加德纳在1983年提出。加德纳教授从研究脑部受创伤的病人发觉到他们在学习能力上的差异，从而提出本理论。

他认为，过去对智力的定义过于狭窄，未能正确反映一个人的真实能力。人的智力应该是一个量度他的解题能力（ability to solve problems）的指标。根据这个定义，他在《智能的架构》这本书里提出，人类的智能至少可以分成七个范畴（后来增加至八个）：内省智能、人际智能、语言智能、音乐智能、数学逻辑智能、肢体运动智能、自然探索智能、空间智能。

【PPT呈现，教师讲解】

①内省智能，主要是指认识到自己的能力，正确把握自己的长处和短处，把握自己的情绪、意向、动机、欲望，对自己的生活有规划，能自尊、自律、会吸收他人的长处。喜欢独立工作，有自我选择的空间。内省智能可以划分两个大层次：事件层次（即对事件成败的总结）和价值层次（即将事件的成败和价值观联系起来自审）。

②人际关系智能，是指能够有效地理解别人及其关系，与人交往能力，包括四大要素：组织能力、协商能力、分析能力、人际联系。

③语言智能，主要是指听说读写能力，表现为个人能够顺利而高效地利用语言描述事件、表达思想并与人交流的能力。

④音乐智能，主要是指人敏感地感知音调、旋律、节奏和音色等能力，表现为个人对音乐节奏、音调、音色和旋律的敏感以及通过作曲、演奏和歌唱等表达音乐的能力。

⑤数学逻辑智能，从事与数字有关工作的人特别需要这种有效运用数字和推理的智能。他们学习时靠推理来进行思考，喜欢提出问题并进行实验以寻求答案，寻找事物的规律及逻辑顺序，对科学的新发展有兴趣。

⑥肢体运动智能，善于运用整个身体来表达想法和感觉，以及运用双手灵巧地生产或改造事物的能力。这类人很难长时间坐着不动，喜欢动手建造东西，喜欢户外活动，与人谈话时常用手势或其它肢体语言，他们学习时是透过身体感觉来思考。

⑦自然探索智能，能认识植物、动物和其他自然环境的能力，包括对社会的探索和对自然的探索两个方面。

⑧空间智能，强调人对色彩、线条、形状、形式、空间及它们之间关系的敏感性很高，感受、辨别、记忆、改变物体的空间关系并借此表达思想和情感的能力比较强，能准确地感觉视觉空间，并把所感觉到的表现出来。这类人在学习时擅长用意象及图像来思考，空间智能又划分为形象的空间智能和抽象的空间智能两种能力。

设计意图：通过"优点轰炸"活动，帮助家长思考孩子的优点有哪些，给家长认真审视孩子、发现孩子优势创设条件。通过理论讲解，帮助家长了解多元智能，以及更加清晰地分辨每一种智能的特点。

（三）利用多元智能，解锁天赋密码（15分钟）

师：智能人人都有，智能组合人人不同。我们都会艳羡"天才"的经历，其实，所谓的"天才""神童"就是在某一方面具有超常的能力，而怎样尽早引导和发现孩子的优势智能，这就要求家长有一双"慧眼"。

一般来说，天赋的早期表现有如下三种形式，根据这些表现，父母可以有意识地从孩子的日常生活和学习中观察出孩子可能具有某方面的天赋。

【PPT呈现，教师讲解】

1.偏爱，对某类事物发生兴趣，特别偏爱。例如特别喜欢弹琴、绘画等，这种偏爱与其他行为相比显得十分突出。

2.敏感，对某些事物特别敏感。例如一听到音乐便会细心聆听或是翩翩起舞，喜欢观察或收集一些小东西等。这种敏感与其他行为相比显得十分专一，具有一定的特征。

3.探索，对某些事物会锲而不舍地探索。例如专门喜欢钻研难题，爱好实验等。此外还有另一表现，即对某一题材的内容会不厌其烦地询问。

师：家长可以从日常生活中去观察孩子在哪一方面具有天赋，也可以有意识地让孩子接触某些事物，例如写字、绘画、音乐、运动、演讲等，为孩子创造接触这些事物的条件与环境，看看孩子对哪一样特别感兴趣，哪一样会持之以恒地继续下去，哪一样成绩会突飞猛进，天赋在哪里，做到心中有数。

设计意图：通过介绍3种发现孩子潜在优势的方法，帮助家长更有针对性的在日常生活中对孩子的智能发展进行指引、培养与提升。

（四）课堂任务（5分钟）

请家长回顾本节所学，思考并完成本课任务单。

（五）课堂总结（5分钟）

师：每个小孩都有独一无二的本领、能力和梦想，但是有些家长却想拔苗助长，这样的行为是不可取的。每个孩子是不同的，每个孩子都有自己的步调。

总之，绝大多数孩子都具备充分的潜能，作为家长要建构多元的评价观，尽量避免拿自己孩子的短处与别人孩子的长处做比较，以免伤害孩子的自尊心与自信心。要学会赏识孩子，多给孩子创造自我展示的机会。多元智能理论强调孩子的创造力与解决问题的能力，家长们要把目光放长远，用积极的心态、科学的方法帮助孩子成长。

参考素材

1. 导入视频：

https://www.bilibili.com/video/BV1×y4y157×u/?spm_id_from=333.788.recommend_more_video.12&vd_source=8e52666512bbbec760846bb830f3399f.

2. 心理健康课 | 探索多元智能，拥抱多彩人生

https://mp.wei×in.qq.com/s/qfe2kyfLGQ7ug7zHCrmhoA.

3. 韩素梅. 生涯规划指导（高中版）[M]. 人民日报出版社，2020-07.

《发展智能，解锁天赋密码》课堂学习任务单

学校：　　班级：　　姓名：

请根据教师指引和课堂所学，完成以下学习任务

任务1：列举孩子的5个优点_____

任务2：分析与评鉴，结合多元智能理论，分析以下人物具备哪些优势智能的组合？

　　　　郎朗

　　　　北大"韦神"

　　　　姚明

　　　　莫言

任务3：请对本节课的课程设计、教学安排以及授课教师作出评价，提出您的宝贵建议，期待我们携手成长。

课后任务：与孩子共同完成多元智能雷达图。中心一点代表0分，最外圈一点代表10分，请引导孩子结合各项智能的具体表现打分，最后将各标记点连线。思考并完成以下问题。

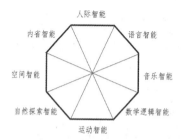

1.你得分最高的智能是什么？这与你的生活实际有什么联系？

2.你得分最低的智能是什么？这是否意味着它会永远是你的弱项，无法改变？

探索职业世界，规划精彩人生

一、设计理念

高中阶段是人生成长的黄金阶段，是"三观"和理性思维形成的重要时期，是成就未来人生的关键阶段。然而，生涯如汪洋，如果起航前准备工作不充分、不扎实，人生的"理想号"就容易在大海中迷失方向而随波逐流，无法到达幸福生涯的彼岸。

很多学生寒窗苦读12年，却在填报高考志愿时不知道自己想读什么专业，未来想做什么……他们在高中阶段缺少对自己、高校、专业甚至职业的了解，这也是很多大学生最后对自己的专业不适应、不满意的重要原因。

如果未来不能从事自己喜欢的职业，幸福人生自然也难以实现。因此，本课意在指导家长及学生系统认识职业、了解职业，学会探索职业的方法，从而帮助孩子从容应对新高考背景下的选课走班任务，并且有规划地度过高中学习生涯。

二、教学目标

认知目标：了解职业家谱，清楚职业种类，认识职业的变迁与未来发展。
技能目标：掌握职业探索的方法与步骤，在生活中学以致用。
情感目标：增强在生活中进行职业探索与体验的积极性。

三、教学重难点

教学重点：了解职业家谱，清楚职业种类，认识职业的变迁与未来发展。
教学难点：掌握职业探索的方法与步骤。

四、教学对象

高中学段学生的家长

五、教学准备

PPT、课堂学习任务单、笔

六、教学时长

60分钟

七、教学内容

（一）视频导入：《这是一个变化的世界》（10分钟）

师：在视频中感受到了哪些方面的变化？（技术、工作、生活方式……）面对这样的变化，我们是如何应对的？

设计意图：通过视频导入帮助家长直观感受到世界变化之快，而未来我们所培养的孩子也应是与时俱进，适应新环境的。

（二）职业认知（25分钟）

1. 什么是职业

师：对于"职业"，很多人都带有些偏见，大多数家长都希望自己的孩子将来能够当老师、考公务员或是进入国企单位……认为"铁饭碗"才是好工作，而对销售、经营、自由工作等不是很看好，这种偏见的来源就是因为我们对"职业"这个概念不理解。

【PPT呈现，教师讲解】

什么是职业？就是指"参与社会分工，利用专业的知识和技能，创造物质财富、精神财富，获得合理报酬，满足自己及家人的物质生活、精神生活。"

只有我们了解了什么是职业，才能放下对职业的偏见，客观地剖析自己愿意的、适合的且能胜任的职业。

2. **职业家谱**

师：在选择职业时，有哪些外部因素对您的影响较大？（报酬、匹配度、工作环境、距离、家庭……）

师：据调查，在众多外部因素中，原生家庭对个人职业生涯的影响居于首位。原生家庭的性格特点、教养方式、职业类别、职业价值观等都会对个人的职业生涯产生影响，而探索职业世界最便利的途径就是从了解家人的职业开始。

活动：完成任务1"职业家谱树"

【PPT呈现活动规则】

（1）家族中谁的职业想法对您影响最大？

（2）您目前的工作满意度是多少？

（3）您从事的职业对个人、家庭和社会分别有什么意义？

（4）您对其他家庭成员的职业感到最满意或羡慕的是什么？

师：完成职业家谱图的过程，就是职业探索的第一步。在生活中，家长也可以带领孩子完成，一起探讨对职业世界的看法。

3. **职业种类**

师：社会上的职业多种多样，数以万计。要想有效地了解它们，就需要了解职业的分类。因为职业具备多重属性，所以分类的方法和理解职业的视角也多种多样。

【PPT呈现，教师讲解】

（1）按体力劳动和脑力劳动的性质、层次划分：金领、白领、蓝领、灰领。

（2）按个性心理的个别差异划分：现实型、研究型、社会型、艺术型、事业型、常规型。

（3）依据各个职业的主要职责或工作性质划分，这也是我国官方职业分类的主要方式，2015年版《中华人民共和国职业分类大典》分为8个大类：

①党的机关、国家机关、群众团体和社会组织、企事业单位负责人。

②专业技术人员。

③办事人员和有关人员。

④社会生产服务和生活服务人员。

⑤农、林、牧、渔业生产及辅助人员。

⑥生产制造及有关人员。

⑦军人。

⑧不便分类的其他从业人员。

（4）依据对"职业=职能×行业"的核心理解，即职能与行业性质的叠加性划分，又可分为数以万计的职业类别。职能有36个大类，若干个小类，行业有20个门类，96个大类，1000多个小类。

4.职业变迁与发展（结合任务2）

【PPT呈现职业三问】

（1）我现在做的工作，机器能做吗？

（2）我现在做的工作，可以外包吗？

（3）我现在做的事，会越做越好吗？

头脑风暴：（1）未来有可能消失的职业。（2）这些职业存在的共性有哪些？

【播放视频】

视频1：《人工智能时代，什么职业不会被机器人取代？》

视频2：《新就业时代，00后眼中的热门职业》

师：看完视频，我们来思考这样一个问题。

头脑风暴：（1）未来有可能出现的新兴职业。（2）这些职业存在的共性有哪些？

师：消失的职业——机械的、重复的、规律的、单一的、封闭的……

新兴的职业——创造性的、灵活变通的、情感的、系统的、开放的……

师：美国著名趋势专家丹尼尔·平克说："未来有六种技能：设计感（创意和审美）、讲故事的能力（表达）、整合事物的能力（跨界）、共情能力（同理心），还有你需要会玩，你需要找到意义感（有自己的追求）。"那我们的孩子都具备哪些能力呢？希望在课后，大家可以回去慢慢发现。

设计意图：通过理清职业概念、种类帮助家长放下以往对职业的偏见；通过头脑风暴共同探讨未来可能消失的职业、出现的职业及这些职业的共性，引导家长重新整理未来教育、评价及影响孩子的方向，而并非只关注学习成绩。

（三）如何职业探索世界（15分钟）

师：探索的前提是懂得内外兼修，"内"是指对自己兴趣、能力和价值观的足够了解，并在实践中不断培养兴趣、提升能力和修炼价值观。而"外"指的是对外面职业世界的了解，探索职业世界对把握职业发展趋势、辨别信息真伪和促进正确的生涯决策具有重要的作用。

【PPT呈现，教师讲解】

（1）生涯人物访谈

通过与同一行业中数位工作者的深入交流而获取职业信息。它能帮助学生检验和印证以前通过其他渠道获得的信息，并了解与未来工作有关的特殊问题或需要，如潜在的入职标准、核心素质要求、晋升路径和工作者的内心感受，这些信息是通过大众传媒和一般出版物得不到的。

（2）书籍、报刊等资料

无论是专业报刊，还是文学作品，都能提供一些职业方面的信息。

（3）实地考察调研

现场观察，到工作场所观察工作的环境和状况，中学生可以利用假期通过学校或父母寻找这种机会。

（4）实习体验

实践体验能够快速帮助学生增加对这项工作的了解。除了积极参加学校组织的社会实践以外，利用假期兼职体验或志愿者服务，也是一种可选方式。

（5）网络资源

（6）专业咨询

设计意图：通过对职业探索途径的梳理，帮助家长在生活中有意识地影响孩子，能够科学指导孩子对自己的职业生涯进行规划。

（四）课堂任务（5分钟）

请家长回顾本节所学，思考并完成本课任务单。

（五）课堂总结（5分钟）

师：总之，对于学生而言，如果不获取准确可靠的职业外部世界信息，就无法把握未来择业的主动权。了解目标职业的信息越多，职业生涯发展就会越顺畅。学生在职业世界探索的过程中，还可以锻炼信息收集能力、沟通协调能力、文字表达能力等各项通用技能，这些技能同样在将来的职业工作中派上大用场，有利于自身的职业生涯发展。作为家长，我们要在生活中多鼓励孩子去发现、去探索，早做规划，告别迷茫。

参考素材

1. 导入视频：

https://v.youku.com/v_show/id_×MTU2MTM×NzM0MA%3D%3D.html.

2. 视频：《人工智能时代，什么职业不会被机器人取代？》

https://www.bilibili.com/video/BV1dJ411y77o?spm_id_from=333.337.search-card.all.click&vd_source=8e52666512bbbec760846bb830f3399f.

3. 视频：《新就业时代，00后眼中的热门职业》

https://36kr.com/video/1808363005969031.

4. 李国章，谢珊. 预见未来——学涯衔接与生涯规划 [M]. 世界图书出版社，2018-09.

5. 张莹. 如何进行职业生涯规划与管理 [M]. 北京：北京大学出版社，2004.

《探索职业世界，规划精彩人生》课堂学习任务单

学校：　　　　　　班级：　　　　　　姓名：

请根据教师指引和课堂所学，完成以下学习任务

任务1：职业家谱树

（1）家族中谁的职业想法对您影响最大？

（2）您目前的工作满意度是多少？

（3）您从事的职业对个人、家庭和社会分别有什么意义？

（4）您对其他家庭成员的职业感到最满意或羡慕的地方是什么？

（5）哪些职业您绝不考虑？哪些职业会考虑？

（6）选择职业时，您还看重哪些条件？

任务2：头脑风暴

任务3：请对本节课的课程设计、教学安排以及授课教师作出评价，提出您的宝贵建议，期待我们携手成长。

第十五章　综合应用

如何召开家庭会议

一、设计理念

过去一部分父母的角色更接近于权威式的领导，尤其在我国的"父为子纲"传统社会里，一直认为子女对父母的服从是理所当然的，而现代社会经常听到的是很多父母会抱怨自己的孩子不听话、不好管。其实本质上这里依然是"我是家长，我的地位不容侵犯，我的威严不容践踏，我必须说了算"的潜意识想法。

而这里有一个重要的工具——家庭会议，可以很好地改变这种局面。定期开展家庭会议是加强家人之间合作和提升亲密感的好方法，在这个过程中父母如果能够持有民主开放的态度，定期开展家庭会议，让成员们尽情表达个人观点和感受，沟通彼此意见，互相关心扶持，分担责任，分享彼此的快乐，父母也会有机会真正地了解孩子。同时，家庭会议还提供了强化家庭价值观和家庭传统的好机会。

在这个过程中，爸爸妈妈不是"一言堂"决定所有的大大小小事宜，孩子的意见和分工也是同样会被重视的。它不仅能改善所有家庭成员之间沟通情况的一种方式，还能培养孩子与人建立正向连接，能够换位思考，多角度解决问题以及表达自己的能力。因此大力科普与推行家庭会议的实施是十分必要的。

二、教学目标

认知目标：帮助家长理解认识到家庭会议的重要性及其功能。

技能目标：注意开展家庭会议的原则，了解开展家庭会议的流程和思路。

情感目标：能够在日常生活中真正做到尊重孩子意见，遇事冷静沟通的态度。

三、教学重难点

重点：让家长看到开展家庭会议的意义以及注意事项。

难点：能够形成与孩子平等、尊重的相处模式。

四、教学对象

全阶段学生的家长

五、教学准备

PPT

六、教学时长

60分钟

七、教学内容

（一）引入家庭会议（15分钟）

师：欢迎大家再次来到我们本期的家长课堂，今天我们一起来学习一下该如何召开一场别开生面的家庭会议。说到这里大家可能会好奇，像开班会一样让孩子参与家庭会议有必要吗？这些小孩懂得什么？家里的事有和他们商量的必要吗？其实，因为我们从来没有召开过家庭会议，不知道家庭会议有多重要。通过召开家庭会议，能够解决各种大大小小问题，包括兄妹之间的争吵、家务分工、零用钱的发放，以及家规的讨论制定等。把这些内容提交到家庭会议的议程上，让孩子们亲自参与到家庭会议的决策过程中。这样他们自己参与制定的规章制度，也会更加乐意执行和遵守。

如果父母想要与子女发展良好的亲子关系，建立民主式的家庭，实施家庭会议是很重要的一环。

【PPT呈现，教师讲解】

定期召开家庭会议

家庭会议召开与否、召开的时间与地点，通常由家庭所有成员一起决定，采取民主决定的方式。而父母试图将家庭会议纳入家庭中的一部分时，最重要的就是确立召开会议的固定时间（通常以每星期一次，如周末晚间）与地点，如有任何的改变也需经所有成员的同意。如有重要事情要讨论，也可以召开简短的临时家庭会议。当我们对家庭会议的功能有了清楚了解，并愿意和小孩以平等地位参与时，就可以开始实施了。若父母两人都认为家庭会议是有必要的沟通方式，那是最好的。

以下都是开展家庭会议的作用：

培养孩子的自尊心

教孩子如何适当地管理社交场合

加强家庭的价值观

分享信息

庆祝每个人的成就

师：1.培养孩子的自尊心。家庭会议让孩子们更有发言权，让他们感受到自己也是家庭里重要的一员。这还会向他们表明，他们的想法是会被认真考虑的，而不是被忽视或嘲笑，这非常有利于他们自尊心的培养。

2.教授孩子如何适当地管理社交场合。家庭会议中可能会出现分歧或矛盾，但在这个过程中父母将向孩子和青少年展示如何解决分歧，如何表达感情并友好地解决问题。

3.加强家庭的价值观。在日常生活中，父母并不总是有时间向孩子们重申自己希望他们所拥抱的价值观或应该遵守的规则。但是通过家庭会议，父母可以详细解释家庭中的重大决定或严格需要遵守的行为规范，确保孩子在一个可充分探讨的空间内接受该价值观。

4.分享信息。会议中每个人都能与全家人分享信息，这会让每个人都知道和理解正在发生的事情，无论是父母的工作，家庭中新的宠物，还是孩子遇到的困难。

5.庆祝每个人的成就。无论是父母公开赞扬表现特别优秀，对家庭特别有帮助的孩子，还是向大家宣布自己获得工作的晋升，家庭会议都可以成为庆祝彼此成就的好方式。

（二）讲解家庭会议的原则及注意事项（30分钟）

1. 召开家庭会议的原则

师：要想开好一场家庭会议，不是那么简单的一件事情，有以下几个原则需要注意。

【PPT呈现，教师讲解】

原则1：固定时间开会

原则2：以愉快的心情结束会议

原则3：轮流当主持人和会议记录员

原则4：以「讨论」取代「说教」

原则5：每个人发言权利是平等的

原则6：用「协商」取代「命令」

师：原则1——固定时间开会

原则上家庭会议是每周开一次，可以固定在某一个时间段，如大家都能聚在一起的周日晚上。如果遇到父母都工作忙或出差的情况，也可以灵活调整成两周开一次，但理想状态是每周都如期开展。会议时间不用太久，控制在30分钟以内就好，注意不要把开会变成一种负担。

师：原则2——以愉快的心情结束会议

在议程的安排上，依序为：感谢家人、综合提案、价值观或知识的传递。最后可以是一起玩桌游，通过有趣的体验来完成它，例如一起看电视节目或玩棋盘游戏。这将鼓励每个人参与其中，并保持良好的心情直到最后，因为会议的内容总有一些值得期待的东西。在参与人的年龄上，孩子3岁以上就可以参与家庭会议、加入对规则的讨论，但孩子年纪愈小，会议的时间要愈短，最后以愉快的心情结束会议，重点在于让孩子喜欢上和家人一起开会的感觉。

师：原则3——轮流当主持人和会议记录员

开会的主持人和会议记录员，由每个人来轮流担任。小孩负责会议记录的时候，可以选择画图的方式或者帮忙录音，即使大人有时会看不懂画的是什么意思，但没关系，形式到了就好。

有心的家长可以准备一个资料夹，存放每次的会议记录。开会之前把上次的会议记录拿出来看，确认有没有什么事情没讨论完，或是经过一周后还需要调整的。（会议记录样表详见参考素材）

师：原则4——以「讨论」取代「说教」

会议第二个议程为「综合提案」，每个人都可以提案，针对家中最近遇到的议题，进行讨论。除了事务性的讨论，如零用钱怎么发、怎么花、家事如何分配之外，家庭关系的议题和家规的制定，都可以在此阶段提出来。

以兄妹吵架为例，妹妹觉得爸爸不公平，发生当下无法解决的事情，就带到会议上讨论。妹妹可以表达希望爸爸怎么帮她，或是哥哥那天说的话带给她什么感受等。家长在会议中通过讨论引导孩子思考，会比直接给他们答案要好得多。

师：原则5——发言权利是平等的

开家庭会议时，每个人发言的权利是平等的，心理学家阿德勒很强调民主、平等地讨论。每个人都拥有"提案权"，表决时一人一票。最终家规是大人和小孩一起讨论、制定的。而且，孩子也愿意遵守自己和家长共同制定的家规。

即使是面对爸爸喝啤酒这件事，大家也可以进行提案。即使是9岁的孩子也可以定一个管爸爸的规则，比如应该降低喝酒频率，不能随时想喝就喝。于是全家一起讨论什么时候喝啤酒是合理的，最后决议出只有客人来访时才能喝，并定出违反规则的惩罚，写成会议记录。

师：原则6——用「协商」取代「命令」

家庭成员中如果有青少年，那么就更适合开家庭会议。因为青少年自主意识的发展到了一个飞速发展期，会更渴望拥有自主权。假如青少年一直没有任何和大人讨论的空间，通常会选择和大人对抗。

师：综上，家庭会议很重要的一个意义是提供给青少年一个合理获得权利的机会。以常见的手机使用问题来说，往往会造成很多亲子冲突。孩子想要争取更多玩手机的时间，父母则想要减少或掌控孩子玩手机的时间。所以手机、电子游戏等管理问题很适合通过家庭会议，讨论使用的用途和时间。

全家人一起坐下来讨论，说出自己的意见和想法，包括何时用，为什么用，双方都提出自认合适的时间数字。最终父母进行设限，但这是经过通盘考量，包括双方的想法、使用经验和需求等所做的决定，而不只是一个冷冰冰的规定。

总的来说，这是一个协商的过程。整个讨论、协商过程最终希望培养出孩子使用手机的自控力。通过开会讨论，训练他思考这周要用多久手机、用在哪里、超过时间怎么办、该如何给自己设限等。如果您希望教出能独立判断思考、不是只会听话的孩子，就必须提供他讨论和对话的空间，而不是用上对下的方式对待孩子。

2. 召开家庭会议的注意事项

师：尤其是第一次开展家庭会议，我们更应该和孩子明确家庭会议的注意事项。

【PPT呈现，教师讲解】

首次开展家庭会议的注意事项

"一次只有一个人谈话"

"会议期间除会议记录外，不使用电子产品"

"创新家庭会议的形式"

师：在开展的第一次会议中，可以集体讨论出每个人都同意的一些简单规则以及注意事项。如果您的孩子特别健谈，在轮到其他人说话时经常打断其他人，您可以用一种有趣的方式来提醒他们一次只有一个人说话，确保每个人都得到应有的尊重。比如使用"发言棒"或某个形式的话筒来表示轮到你说话了，当一个人说完话时，将话筒传递给其他人，这表示轮到他人说话了。

我们甚至可以提前创建议程。在冰箱上放一张纸，让任何人随时添加他们想要在下次会议上讨论的主题。

一次家庭会议可能需要一段时间来商讨家中的议题。但是，对于定期会议，建议能够坚持20到30分钟，除非家里有人要求继续进行商讨。

当谈到家庭会议的地点时，您可以征求意见后选取合适的地点。建议时常切换家庭会议地点，而不是每次都设置在家里。因为这是为了不让定期的家庭会议成为单调枯燥的任务。让孩子们特别出游——比如一起出去吃冰激凌或去公园野餐时，开展家庭会议，这都有助于提高家庭成员的参与度并减少潜在抵触心理。

师：那么在召开家庭会议的过程中，我们应该避免些什么呢？

【PPT呈现，教师讲解】

要避免的常见错误：

放弃太快

让孩子拥有超过自身可承担责任范围的投票权

把会议变成讲座

偏离主题太远

参与争论

师：落入这些陷阱会让大家的家庭会议进行得非常艰难，所以一定要避免这些常见的错误。

（1）放弃太快

如果您的第一次家庭会议不是很顺利，不要放弃，因为每个人都可能需要一段时间才能适应家庭会议。但是，如果您经常举办这些活动，并努力让它们变得更好，那么您的会议就会对家庭中的每个人都有所帮助。

（2）让孩子拥有超过自身可承担责任范围的投票权

虽然您想利用会议来引出孩子们的意见，但要明确表示他们没有办法对主要的家庭问题进行平等的投票，比如是否要搬家，或者是否想要一只新的小狗。让他们知道成年人最终会做出决定，但您有兴趣听取他们对此事的看法。

（3）把会议变成讲座

不要将家庭会议变成您一个人的演讲舞台，也不要告诉孩子们只要他们听着。您可以采取一种解决问题的态度，说："最近房子一直很混乱，我们能做些什么呢？"并和孩子们一起解决这个问题。

（4）偏离主题太远

过程中孩子可能会开始偏离主题，如果您没有将对话带回到手头的任务中，您可能会觉得会议没有取得多大成就或者持续太长时间了。因此，如果谈话过多地偏离主题，请介入并提醒每个人，大家有足够的时间来听取有趣的故事或在会议后讨论额外的问题。

（5）参与争论

过程中很有可能会产生激烈地争论，家庭会议是处理分歧的好时机。如果孩子们开始吵架，或者有人出现言语侮辱、越过规则的红线，那么家长一定要及时介入，避免争论的升级。

师：讲到这里大家还有什么困惑点或者担忧的地方吗？这里也为大家整理了一些家庭会议的常见问题。

【PPT呈现，教师讲解】

1.配偶没有兴趣该怎么办？

家庭会议是集合有兴趣与意愿的家庭成员一起讨论问题，是自由参加的，不具强迫性。如果配偶没有兴趣参与，自己仍然可以聚集有兴趣的家庭成员召开家庭会议，共同讨论参与者之间的问题决定。

如果是单亲家庭，建议家庭会议的主题应以自己与子女的问题为范围，避免将另一方的问题混在一起，因为这样的情况有时会影响父母与子女间的和谐关系。

2.小孩年纪太小怎么办？

只要孩子具有沟通能力，都可以参加家庭会议，不见得要以青少年子女为限。

3.青少年子女不愿意参加家庭会议怎么办？

民主的原则下，青少年子女对是否参与家庭会议具有选择的自由。

4.所有的家庭决定都需要开会吗？

关于这类问题完全视个人情况而定，父母应该具有某些特殊的决定权力，不见得任何决定都要召集所有家庭成员一起讨论决定。

5.家庭会议无法达成协议时该怎么办？

在无法达成协议时，父母可以斟酌各方之意见提出暂时的解决方案，征得与会者同意后达成暂时性决议，而后在下次会议中进行评估并再讨论或修正。

6.有人违反决议时该怎么办？

通常当家庭会议达成某个决议时，随之而来的是最好的时机来讨论违反决议时个人应负的责任，或规定应承担的后果。

（三）小结（10分钟）

师：总的来说，定期举行家庭会议是非常有意义的。如果您有一个忙碌的家庭，每周会议可能是协调日程安排的最佳方式。比如您非常想要解决客厅总是一团糟的问题；或者您已经注意到家人在他们的电子产品使用上花费太多的时间，而且家人之间关系因此变得有些疏远……那么家庭会议就是集体讨论这些情况并制定计划以共同解决问题的好方法。现在就请赶快行动起来吧！

参考素材

1.邹京村,俞爱宗.小学生家庭会议的认识基础探讨 [J].教育现代化,2018,005(021):345-347.

2.方艳.家庭会议:家校共育的班本化实践 [J].江苏教育,2019（39）:4.

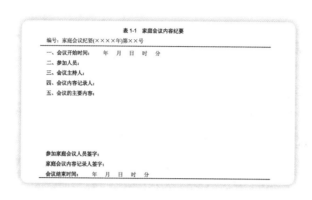

表 1-1 家庭会议内容纪要

编号：家庭会议纪要(×××年)第××号

一、会议开始时间： 年 月 日 时 分

二、参加人员：

三、会议主持人：

四、会议内容记录人：

五、会议的主要内容：

参加家庭会议人员签字：

家庭会议内容记录人签字：

会议结束时间： 年 月 日 时 分

《如何召开家庭会议》课堂学习任务单

学校： 班级： 姓名：

请根据教师指引和课堂所学，完成以下学习任务

任务1：回忆并反思自己过往在处理家庭大小议题的时候，自己的做法是怎么样的，这给您带来什么样的后果？

任务2：列出第一次家庭会议的注意事项及可能会遇到的困难，您打算如何处置？

任务3：请对本节课的课程设计、教学安排以及授课教师作出评价，提出您的宝贵建议，期待我们携手成长。

如何策划亲子活动

一、设计理念

在家庭教育中，父母与孩子互动的形式有很多种，其中家庭亲子活动因其活动内容的丰富性及父母对孩子教育影响的直接性而具有不可替代的地位。根据目前研究数据显示，当前家庭亲子活动出现的主要问题是家庭教育中，父母的教育水平普遍提高，但陪伴孩子的时间有限，大多是隔代养育；在亲子活动观念上，大多数家长的观念和行动不一致，且缺乏对家庭亲子活动计划的安排；家庭亲子活动的计划与实施之间的差距、父亲陪伴时间与孩子期望间的差距；家庭亲子活动内容的不均衡，以及父母参与程度较低的活动占据多数时间。

这些问题产生的原因可能是父母与孩子进行家庭亲子活动的时间和精力不足；家长缺乏关于家庭亲子活动的专业指导；受多方面因素影响，父亲在家庭亲子活动中的参与度较低；家庭亲子活动的开展受到儿童学业的影响；兴趣班成为家庭亲子活动的替代品；适合开展亲子活动的资源有限等。

因此家长应树立正确的家庭亲子活动观，合理规划和安排家庭亲子活动。学校也应积极进行对亲子活动的策划，提供多样化的亲子活动资源；加强学校、社区与家庭之间的紧密联系，进一步加强对儿童青少年家庭亲子活动的指导。

二、教学目标

认知目标：帮助学生家长树立正确的家庭亲子活动观，了解开展亲子活动的意义。

技能目标：引导家长合理安排和规划适合自己家庭的亲子活动，理解亲子活动开展的要点及注意事项。

情感目标：提高家长对亲子活动的重视，从孩子的角度出发，了解孩子的乐趣，与孩子建立起积极的情感联系。

三、教学重难点

教学重点：引导家长认识到亲子活动的重要意义。

教学难点：如何策划行之有效的家庭亲子活动。

四、教学对象

全学龄阶段学生的家长

五、教学准备

PPT

六、教学时长

60分钟

七、教学内容

（一）引入亲子活动（15分钟）

师：欢迎大家来参加我们本期的家长课堂，今日课堂我们要来讲一讲该如何策划一场别开生面的家庭活动，上周我们一起学习了如何策划一场家庭会议，回去后有没有什么新的发现呢？孩子对于这个活动的反应如何呢？是不是看到孩子原来对于一件事有这么多的看法呢？平时我们又有多长的时间可以陪伴孩子好好玩一场呢？谁能说出三个经常陪孩子一起玩的游戏呢？看起来我们大家的亲子活动时间并不是很充裕呢！

【PPT呈现】

亲子活动

由家长和孩子共同参与、相互合作进行的一系列活动。

363

师：举办亲子活动对家庭和孩子来说有哪些好处呢?

【PPT呈现】

亲子活动的意义

·*增进家长和孩子之间的情感交流*

·*促进孩子身心的健康成长*

·*激发孩子的内在潜能*

师：1.它有利于增进家长和孩子之间的情感交流。古希腊某位哲人曾说过：感情是由交流堆积而成的。任何一种感情的升华都有赖于交流。血浓于水，亲子之情虽是与生俱来，但由于现代社会竞争的日趋激烈，年轻的父母把大部分精力都用在工作及不断学习、提高中。曾几何时亲子间的接触不再像往日般频繁，与孩子共同游戏的时间更是明显减少。那么为什么不选择一个阳光灿烂的周末，与您的孩子共同进行一次别开生面的活动呢?

2.亲子活动有利于孩子身心的健康成长。现代健康理念已将健康的概念拓宽到生理、心理及社会适应能力三方面，而亲子活动寓教于乐，寓知识于游戏中，同时开发孩子的智力，提高其动手能力、反应力、创造力，使孩子能在德、智、体、美、劳各方面得到全面发展。

3.亲子活动有利于激发孩子的内在潜能。不知各位家长是否注意到，当您在观摩我们的教学活动时，您的孩子往往表现特别出色。其实，每个孩子都有这样一种心理，希望有人看着他，希望自己是亲人视线的焦点。父母鼓励的目光是他们不断进取的动力，也往往能激发他们的内在潜能。每个孩子都希望在父母面前表现一把，让父母为他们骄傲，而这也正是我们开展亲子活动的目的之一。

综上所述，亲子活动对孩子与家长而言是有百益而无一害的，并且也越来越受到教育工作者和家长朋友的重视。

【PPT呈现】

亲子活动的特点

·*启发孩子多思考*　　·*亲子双方平等参与*

·*具有多样性*　　·*给亲子双方带来乐趣*

师：家庭亲子活动对孩子的成长来说有着很大的意义，和一般的活动有哪些区别呢?

1.能够启发孩子的智慧。这就要求亲子活动过程中既能利用和发挥孩子现有的能力，又能够引导和发展他们新的能力。

2.亲子双方平等参与。亲子活动不是上课，家长不能居高临下对孩子指手画脚，而应当是活动的平等参与者。

3.亲子活动具有多样性。只要我们有亲子沟通交流的意识，随时随地都可以在日常生活中的各个环节与孩子进行沟通交流，而不应将亲子活动局限于某些特殊的活动，否则将会影响到亲子活动的多样性，进而影响到亲子间沟通交流的广度和深度，影响到孩子的多样性发展。

4.活动给亲子双方都带来乐趣。在亲子活动中既让孩子体会到创造和成功的欢乐，也让家长体会到参与交流的幸福。

（二）亲子活动的示例参考（35分钟）

师：亲子活动是增进孩子与父母之间情感的最简单直接的方式。多陪孩子玩，与孩子有肢体上和言语上的沟通，形成一种默契。亲子活动形式可以有以下几种。

【PPT呈现，教师讲解】

亲子活动种类示例

·阅读与手工

·厨房实验

……

1.亲子阅读

【PPT呈现，教师讲解】

亲子阅读的好处

有利于大脑的发育、成熟

有利于儿童的认知发展

有利于儿童的情感、个性的发展

可以让儿童体验阅读的快乐

可以拓展儿童与人沟通的话题与能力

师：每天定时和孩子一起阅读绘本故事或其他故事书，意在让孩子和家长共同分享多种形式的阅读过程。亲子阅读使父母与孩子共同学习，一同成长；

亲子阅读为父母创造与孩子沟通的机会，分享读书的感动和乐趣；亲子阅读可以带给孩子快乐、信心和智慧；亲子阅读可以培养孩子良好的阅读习惯，让孩子终身受益。那有关于阅读材料的选取，我们应该注意些什么呢？

【PPT呈现，教师讲解】

阅读材料的选择

儿童集中注意的时间

选择日常生活中的书籍

选择新奇有趣的故事

与价值观有关的书籍

2. 亲子厨房

师：父母可定期和孩子一起做饭，比如包饺子、做趣味馒头、拌蔬菜水果沙拉等。此活动能锻炼孩子的动手能力，培养孩子热爱劳动的品质，促进亲子间的沟通与交流。

【PPT呈现，教师讲解】

示例食物与科学：发豆芽

步骤一：先将绿豆放在水中，浸泡一夜。（约8小时）

步骤二：把塑料瓶上端切开。

步骤三：在塑料瓶底部戳出一些小洞，洞口要小于绿豆大小。

步骤四：将绿豆放在瓶底，上面盖上一块湿布，下面可以放一个碟子以免漏水。

步骤五：盖上黑色或不透光的袋子遮光。

步骤六：早晚浇水一次，每次都要浇透。

3. 亲子手工

师：亲子手工旨在让家长和孩子一起享受亲子手工制作过程中的快乐，有利于建立良好的亲子关系。亲子制作可以培养孩子的观察力、动手能力、手眼脑的协调能力、创造力，还可以通过手工制作培养儿童的自信心。主要形式如PPT所示。

【PPT呈现】

亲子绘画、亲子泥工、亲子纸工、亲子雕塑、亲子粘贴、亲子布艺、亲子彩绘、亲子剪纸等。

4. 亲子远足活动

师：亲子远足活动意在让儿童与父母一起到大自然中去观察，去尽情享受大自然的美，体验欢快的情绪，增进亲子间的感情。

【PPT呈现，教师讲解】

如亲子旅游、亲子野餐、亲子散步、亲子骑行等方式。

5. 亲子游戏

师：融洽愉悦的亲子游戏为父母和孩子提供了共同活动与学习的机会。孩子们通过亲子游戏，可以获得运动、语言、认知、创造、情感、社会交往等多种能力；通过亲子游戏，还可以增进亲子感情，促进亲子间的交流，最终促进儿童身心健康发展。亲子游戏也是亲子交往的最好方式，有利于孩子形成活泼开朗、自信的性格。主要形式如PPT所示。

【PPT呈现，教师讲解】

家庭室内亲子游戏和家庭室外游戏。

家庭室内游戏主要有智力游戏，如分类游戏、猜谜游戏、接龙游戏、手指游戏、躲藏游戏、观察游戏。运动游戏如投掷游戏、钓鱼游戏、套圈游戏、爬行游戏、迷宫游戏、走线游戏等。

室外游戏主要是运动游戏，如推小车、揪尾巴、踩气球等游戏，促进儿童身体健康发展，增进亲子感情，父母和孩子共同体验游戏的快乐。

6. 家庭亲子表演秀

师：家庭亲子表演秀就是家庭人员每周或每月开一次家庭表演秀活动。家庭每个成员都要准备一个节目，轮流表演，主要以孩子为主，也可以全家来表演绘本剧或童话剧。亲子表演秀活动可以塑造孩子的参与意识，培养孩子做事的积极性和主动性。表演的成果就是对孩子的肯定与鼓励，这会让孩子有一定成就感，而成就感的产生，就是产生自信心的开始。自信心是孩子成长中必须具备和保持的一种积极心态。

【PPT呈现】

唱歌、跳舞、讲故事、说绕口令、说快板

7. 亲子交谈

师：良好的亲子沟通能让家庭气氛更和谐。

【PPT呈现，教师讲解】

父母在和孩子说话时，父母一定要面带微笑，用慈爱的眼神注视孩子，语句要短，语气要温柔，语调要抑扬顿挫，多鼓励少批评，多提建议少下结论。培养孩子与人交谈的良好习惯，以及培养倾听能力和语言表达能力。

8.亲子故事会

师：亲子故事会也是一个不错的亲子活动，主要以讲故事的方式进行。

【PPT呈现，教师讲解】

讲故事可以锻炼孩子的说话能力，激发孩子很多情感，例如善良之心、同情之心等。讲故事可以培养孩子开朗的性格，增进和家长之间的交流。讲故事的好处是有很多的，父母可以在平时的生活中读一些经典的故事给孩子听，激发孩子的灵感，并且定期组织家庭故事会，用心聆听孩子的故事，做孩子们忠实的听众。

（三）亲子活动的注意事项（10分钟）

师：频繁的亲子活动也需要注意正确的方式，否则效果只会适得其反，在亲子活动过程中有一些细节是我们父母应该注意的。

【PPT呈现，教师讲解】

例如：

1.亲子活动过程中，父母一定要给孩子创造温暖、轻松的心理环境，让孩子形成安全感和信赖感。

2.亲子活动过程中，父母一定要以欣赏的态度对待孩子。注意发现孩子的优点，接纳孩子的不足。

3.在亲子活动中，父母切忌评判、指责、轻视、打击、打断孩子。父母要很单纯地欣赏孩子的作品，专注幸福地享受亲子时光，安静地聆听孩子诉说，关注孩子运动，关爱孩子情绪。让孩子在亲子活动中感受到家长无条件的爱。

4.在亲子活动中，父母要多一些身体上的接触：拍拍孩子的肩膀，摸摸孩子的头，拉拉孩子的手，拥抱孩等，给孩子以安慰和鼓励。

5.家庭亲子活动要持之以恒，切勿"三天打鱼两天晒网"，只有坚持亲子活动，才能使父母和孩子之间建立稳固的良好的亲子关系，促进孩子健康发展。

6.父母要全身心投入家庭亲子活动。切勿孩子玩孩子的，家长该做家务做家务，该看手机看手机，更不要把自己的坏情绪带到亲子活动中。

7.父母在组织亲子活动时，要有准备、有计划、有目的，切勿仓促、凑合、随意。父母只有组织高品质的亲子活动，才能和孩子一起享受亲子时光的快乐。比如亲子画画，活动前家长要准备好彩笔、画纸，决定好画画内容以及家长和孩子的分工与合作的内容。

8.在亲子活动中，家长的角色是引导者、欣赏者、合作者。孩子是活动的主角、操作者。家长在活动中切勿包办代替，剥夺孩子发展的机会。

师：亲子活动是父母和儿童一起参与的互动，是建立良好亲子关系的最佳途径，是亲子沟通的最佳方式。通过亲子活动，家长可以更全面地了解孩子，享受和孩子相处的快乐，共建温馨和谐的家庭氛围，促进孩子的身心健康发展。

参考素材

1.张清.家园活动中亲子游戏的策划与实施 [J]. 华章，2014（2）.

《如何策划亲子活动》课堂学习任务单
学校：　　　班级：　　　姓名：
请根据教师指引和课堂所学，完成以下学习任务 任务1：回顾自己日常与孩子互动玩耍的活动，并思考家庭活动可能带来的好处。 任务2：列出适合自己家孩子的家庭活动主题，并简单设计一场亲子活动。 任务3：请对本节课的课程设计、教学安排以及授课教师作出评价，提出您的宝贵建议，期待我们携手成长。

家长如何正面管教

一、设计理念

正面管教是一种基于问题解决的新的教育方式。正面管教（简称PD-Positive Discipline，又称积极的引导），创始人是美国教育学家、心理学家简·尼尔森和琳·洛特，她们在阿德勒心理学基础上，通过亲身的学习和实践，整合大量的理论和练习，创建了帮助父母更好陪伴和引导孩子的成长体系，成功影响了世界各地无数的家庭，让家长放下既往传统权威式的管教和宠溺型的教养，给孩子"和善而坚定"的陪伴。

正面管教不同于传统管教方式的地方是正面管教不会直接纠正孩子的行为，在纠正之前先进行情感连接，提倡通过让孩子感受到被鼓励，感受到归属感和价值感而自主地停止错误行为。正面管教相比传统教育，更容易帮助家长建立起和孩子的和谐亲子关系，培养有自尊、自律、有责任感的孩子，培养孩子合作和解决问题的能力，以及让孩子习得受益终生的社会技能和人生技能，让孩子在快乐中成长。因此有必要将这样有效的教育方法教授给当前的家长朋友们。

二、教学目标

认知目标：帮助学生的家长学习新的教育方式——正面管教的理念及应用方法。

技能目标：能够使用既不惩罚也不骄纵的方法管教孩子，培养孩子的社会、学习及生活技能。

情感目标：能够学会使用和善而坚定的态度与孩子相处，了解孩子需求，重视孩子感受。

三、教学重难点

教学重点：帮助父母发现正面管教与以往教育模式的不同。

教学难点：引导父母在日常生活中改变习惯性做法，融入新的教育理念。

四、教学对象

全阶段学生的家长

五、教学准备

PPT

六、教学时长

60分钟

七、教学内容

（一）引入正面管教（10分钟）

师：欢迎大家来参加我们本期的家长课堂，经过前面一系列课程的学习，不知道大家与孩子的相处是否有了不一样的变化，还是偶尔仍会感觉孩子的行为不好管理，容易让人心力交瘁、大发雷霆呢？如果依然找不到一套系统有效的教育方法，我们将为大家带来一个新的教育理念——正面管教。如果爱他，就请先懂他，这是打开彼此心门的旅程，也是温暖与幸福的体验。

【PPT展示、教师讲解】

什么是正面管教？

"正面管教"是一种既不用惩罚也不用骄纵的方式管教孩子的方法，

是主张用温柔而坚定的态度，培养出自律、有责任感、善于合作以及有自

371

己解决问题能力的孩子。

什么是传统管教?

惩罚——孩子短期听话,从长远来看会导致的反应包括愤恨、报复、反叛、退缩

奖励——孩子短期努力,缺乏内在动力

师:正面管教的五个标准是能够帮助孩子建立一种归属感,并让他们认识到自己存在的价值;能够用慈善又坚定的方法帮助孩子建立相互尊重和责任感;能够对孩子良好品格的形成产生长期的效果(从孩子思想、感受、决策力看其将来在社会上的生存能力);能够教育孩子提升重要的社交和生活能力(彼此尊重能力、为他人着想能力、解决问题能力、与家人相处能力、进入学校和社会后与人的合作能力);能够帮助孩子发现并了解他们自己的潜力(鼓励孩子独立思考和自我管理)。

(二)不良行为的正面管教(30分钟)

师:相信每天都有无数父母在为孩子"无理取闹"的行为头痛:可能是孩子对你"莫名其妙"的粗鲁吼叫、明明答应你要听话后马上又捣乱、故意把房间弄乱等各种状况。面对这些无法掌控的"熊孩子"和本就疲惫不堪的自己,家长们往往很难冷静分析孩子问题行为背后的原因和目的,而这往往才是真正解决问题和处理亲子关系的关键。当孩子出现某些父母不希望看到的不良行为(诸如不做作业、做事磨蹭、打人等),父母应学会分析孩子行为背后的目的,并采取适合的应对方式去面对,去解决。

【PPT展示、教师讲解】

孩子不良行为的4种目的和应对方法

一个行为不当的孩子是一个丧失信心的孩子,

当孩子失去信心时,

他们行为的目的就会出现以下4种错误

1.寻求过度关注

2.寻求权力

3.报复

4.自暴自弃

师：以上目的中，寻求过度关注和寻求权力是因为他们害怕失去归属感和价值感；报复是孩子希望通过破坏性的行为，补偿自己受到的伤害；自暴自弃那是因为他们真的失去了信心。既然了解到孩子"问题行为"背后的观念，那么如何来判断孩子令人烦恼的行为究竟代表着哪种类型呢？这并非想象中那么简单。同样一个不良行为，可能隐藏着四种目的中的任何一种甚至多种。

师：举例来说，您的孩子在该做作业的时间选择溜出家和小朋友玩耍，这背后可能蕴含着四种不同的目的。

【PPT展示、教师讲解】

1.希望求得关注——我不写作业，父母可能会多看看我，跟我多相处一会儿；

2.希望获得权力——我不会被父母的要求制服；

3.希望报复父母——你们硬要我写作业，忽略我自己的感受，我很难过，我偏不写，让你们也难过；

4.自暴自弃——我无论怎么努力也写不出来。

师：为了深刻认识到四种不同的行为目的所能带来的影响，我们一起来看个表格。

【PPT展示、教师讲解】

孩子行为	孩子行为背后的目的	家长的情绪反应	孩子的反应	应对方法
不肯做作业	获取家长的关注	感觉恼怒、着急、烦恼	可能会写一会，但不久后就立马和你对话，吸引您的关注。	让孩子做一些有意义的事，分散他们的注意力。
	显示自己的权力	感觉威胁和挑战	会继续不写，并且可能对您的要求进行言语顶撞，或者消极抵抗。	不要跟孩子吵，要让双方都有时间冷静下来，然后和孩子一起找到解决问题的方案。
	报复	感觉受到伤害、失望	可能会用一些破坏性的行为或用伤害您的话来反击您。	
	自暴自弃，真的觉得自己写不了这个作业	感觉无助、无望	往往会表现得很消极，不做努力。可能还会希望您也放弃努力，别再打扰他。	要一小步一小步地教给孩子做事的方法，肯定孩子任何微小的进步，关注孩子的优点。

师：我们首先要意识到，对应着孩子这四种行为目的，大人的情绪反应通常如下：1.当孩子的目的是寻求过度关注时，大人的感受往往是"恼怒、着急、内疚或烦恼"；2.当孩子的目的是寻求权力时，大人的感受可能是"受到威胁、受到挑战、被激怒或被击败"；3.当孩子的目的是报复时，大人往往会感受到"受到伤害、失望、难以置信或憎恶"；4.当孩子的目的是自暴自弃时，大人的感受常常是"无能为力、绝望、无望或无助"。

遗憾的是，许多大人在产生这些情绪后并未对它们做出清晰、敏锐地觉察。在各种负面情绪的驱使下，人们往往失去了理智，或是把怒火迁移到孩子身上，对他们做出言语或肉体惩罚，或是怨天怨地，难以真正理解和接纳自己与孩子。建议大人们在下次想发脾气以前，暂时停下来，默默地体会自己的情绪，试着慢慢理解孩子行为背后的心声。

师：而当您用不同的情绪和行为反应对孩子不肯做作业的行为进行反馈时，不同目的孩子所做出的反应又是不同的

1.寻求过度关注：孩子会停下来一会儿，但通常不久就重新开始原来的行为，希望能够引起你的关注的其他行为。

2.寻求权力：孩子继续做出不良行为，并且可能对你的要求进行言语顶撞，或者消极抵抗。这通常会升级为您和孩子之间的权力之争。

3.报复：孩子以一些破坏性的行为或用伤害您的话来反击您。这常常会升级为您和孩子之间的报复循环。

4.自暴自弃：孩子往往很消极，希望您快点放弃努力，别再打扰他。有时候，这样的孩子会把这种感觉以行动表达出来（或许会成为经常在班上闹笑话的人），以此来掩盖他们在学业上的不胜任感。

【PPT展示、教师讲解】

正面管教

和善：相互尊重和合作

坚定：帮助家长维护自己的权威，同时向孩子表明尊重事实的态度

师：说了这么多，其实孩子需要的只是恰当地引导与鼓励。在孩子种种不当行为的背后，隐藏着他若干未被满足的需要。他只是在用错误的途径向您传递"我是一个孩子，我只是想有所归属""一个受到鼓舞的孩子不需要做出不当的行为"。若家长都能够充分理解这一点，那么针对问题行为的化解便已经

成功了一半。

师：针对不同错误目的的孩子，建议家长们采用不同的策略加以回应。

【PPT呈现】

寻求过度关注

师：针对这类孩子的目的，最合适的方式是让他们采用"建设性的行为"来获得大人的关注，从而获得归属感。例如我们在课堂上看到喜欢讲话，爱表现自己的学生，会让他们收发作业、做课堂管理员等。

其他合理的方法例如与孩子共同设定一些无声的"爱的信号"（当采用某个信号时，代表"我爱你""我在关注你"）、与孩子肢体接触（如用力地拥抱、拍拍孩子的肩膀等）、安排特别时光与孩子共处等。

【PPT呈现】

寻求权力

师：具有这类诉求的孩子由于想显得自己拥有权力（或至少行为不被对方主宰），往往表现出一种"叛逆性"，这很容易引发大人"被激怒"的情绪，进而引起双方在"权力斗争"中纠缠。此时非常重要的一点是"承认你不能强迫孩子，并请求孩子帮助。既不要开战也不要投降，而要脱离冲突，让自己冷静下来"。其他合理的方式例如与孩子共同制定彼此都要遵守的规则（双方均受到规则管控，而非孩子只听大人管控）、让孩子共同参与解决问题等。

【PPT呈现】

报复

师：孩子的报复行为是他们用来弥补受伤感受的方式。这种行为常常会让大人感到失望甚至是憎恶，这时有效理解并恰当引导格外关键。当面对孩子的"报复性行为"时，除了采取与上一类相似的方式（即大人尽量保持冷静，从可能的冲突中走出来），作者提出了一种很好的方法——反应式倾听。

它是指通过将你听到的，反馈回去，以此来走进孩子的内心世界，如"看来你很伤心"。反应式倾听可以包括启发式提问，如"你能多告诉我一些吗？后来发生了什么？这件事带给你的感受是什么？"反应式倾听的关键是您要理解孩子的观点，而不是告诉孩子您的观点是什么。其他方式例如分析孩子受到伤害的原因，表达对孩子的理解、关心、鼓励。

【PPT呈现】

自暴自弃

师：可以看到，具有此类错误目的的孩子极度缺乏自信心和胜任感，他们其实十分渴望成功的机会和大人真诚地鼓励。因此，对于此类孩子最适合的方式是帮助他们把复杂问题分解后，建立简单的小任务，让孩子逐步体验到成就感和价值感。

大人们不要吝惜对孩子的夸奖和给他们任何展示成就的机会。对待已经具有一定"自暴自弃"行为的孩子，请务必暂时降低对他们的期待，并在其遇到困难时始终提供帮助和支持。当他们逐渐相信自己也是可以取得成功并达到您的期待，他们的进步将会是令人吃惊的。

（三）正面管教的思路讲解（15分钟）

师：了解了如何应对孩子的不当行为，正面管教强调教给孩子解决问题的办法也很重要，教孩子主动参与并积极承担责任。父母学习用相互尊重的方式，用鼓励的方法，帮助孩子建立价值感和归属感，帮助孩子建立自信心，发展出令他受益终身的良好品格。可见，鼓励在家长的正面管教中十分重要。

【PPT呈现，教师讲解】

教给孩子解决问题的方法

传统管教方法：教给孩子不要做什么，孩子被动接受结果。

正面管教方法：教给孩子要做什么，孩子主动参与并积极承担责任。

解决问题时需要注意的4个要素。

1.相关，提出的方法要和这件事相关；

2.尊重，解决方法既要尊重孩子，又要尊重事实；

3.合理，解决方法符合现实，可以操作；

4.有帮助，让孩子能在这件事里学到东西，锻炼孩子解决问题的能力。

师：《正面管教》的书里有一句话："一个行为不当的孩子，是一个丧失信心的孩子。"当孩子出现错误行为时，父母应该以鼓励的态度去纠正孩子的行为，而不是因为这些行为只看到孩子的缺点并一味进行惩罚。

鼓励可以让孩子乐意去弥补他们的错误行为，让孩子有机会参与到解决问题中，培养他们的责任感和处理事情的能力。

【PPT呈现，教师讲解】

如何鼓励

想让孩子做得更好，先让她感觉更好

营造宽容错误的家庭氛围

着眼于优点而不是缺点

改善而不是完美

将不良行为转向积极的方向

避开社会压力

教孩子把犯错误看作是学习的好机会

每天抱一抱

（四）小结（5分钟）

师：为人父母者都会有管教孩子的苦恼。面对尖叫的小孩或是愤怒的青少年，要控制住自己的脾气并非易事。父母们都不希望遇到这样的情况，但一旦遇到，要牢记，大喊大叫和体罚孩子并无助益。

要记住，没有不好的孩子，只有不好的行为。已经有明确的证据显示：大喊大叫和打孩子根本没有助益，而且从长远来看，弊大于利。屡屡大喊大叫和体罚甚至会对孩子的一生发展产生负面影响。它所产生的持续的"有害压力"会导致一系列负面后果，例如，受此影响的孩子会更有可能辍学、抑郁、吸毒、自杀或罹患心脏病。

正面管教方法强调与孩子建立健康积极的关系，并为孩子的行为设定期望，而不是惩罚孩子或禁止孩子做什么。这种方法行之有效，请大家相信也请大家行动起来！

参考素材

1. 简·尼尔森. 正面管教 [J]. 人力资源，2021（06）.

2. 简·尼尔森 (Jane Nelsen). 正面管教：如何不惩罚、不娇纵地有效管教孩子 [M]. 玉冰，译. 京华出版社，2009.

3. 甄颖. 行之有效的正面管教工具 [M]. 广东教育出版社，2013.

《如何使用正面管教技术》课堂学习任务单
学校：　　　　班级：　　　　姓名：
请根据教师指引和课堂所学，完成以下学习任务 **任务1**：用正面管教的理念来解读某个您认为的不当行为。 **任务2**：一起陪伴孩子解决一个他目前遇到的问题。 **任务3**：请对本节课的课程设计、教学安排以及授课教师作出评价，提出您的宝贵建议，期待我们携手成长。

后 记

行文至此，意味着本书主体部分已经撰写完毕。回想起这一年的写作之路，全体编者都付出了诸多辛苦，期间也有很多温暖和感动的瞬间。写书的确是个挑战，幸运的是全体编者不忘初心，克服了许多困难，众人齐心协力成功结稿。

记忆里每一次线上和线下的研讨会，都留给我很深的印象，让我感受到集体智慧的伟大。确定目录阶段，循序渐进，逐渐细化，从最初设想的实践篇细化为最终的背景篇、建设篇、实践篇三篇，从理论和实践上都更进一步论证了家长学校建设的重要性。不单单为一线教师提供了课程设计上的参考，也从历史发展，理论沿革，课程开发手段方面给予了一定思考，最终使本书的整体框架趋于完善，这都是集体智慧的结晶。

在十大主题章节的讨论阶段，编者们立足学生身心发展，历经多次研讨，最终确定了十大主题，并立足实际确定了各主题的具体课程大纲，期间请50余位各学段家长过目并给出修改意见，获得了众家长的认可，认为本书所开发的家长学校课程十分贴近家长需求，这给本书的写作也注入了新的信心和动力。

涉及的调查研究部分，编者们也积极地发动身边力量参与到调研活动中来，以保证调研结果的可靠性和准确性，为理论篇的内容提供了一定的科学依据。

在课程的开发阶段，每一节课都经过了团队成员的反复打磨，细节到每一个标题的格式。授课时间的表示方式等，为的是给众一线教师提供一个清晰、规范的课程范式，方便后期精进和不断校本化。

同时，我们在开发过程中也会受到思维定式的影响，一时间不能很好地将授课对象的身份由学生转变为家长，因此有时我们也会对课程设计进行重新构思和整改。

诚然，本书在写作过程中我们也做过许多的精进和整理，中途有计划将实践篇细分为小学段和中学段，方便各学段老师精准使用。但后期写作过程中发现，从教育学、心理学角度来说，各章节主题的知识点相差无几，编者们精力有限，同时本书版面字数也有一定限制，最终没有实施分学段编写的计划。

谈及后期发展，本书编者团队计划3年内集结更多教师力量，在现有基础上构建更加科学、严谨的章节框架，以学段分类出版，形成全书的上中下册，并考虑通过公众号的运营宣传本书，后期开发设计系列PPT供广大教师下载使用。

可以说，本书从思想萌芽到最终出版，这个过程虽然煎熬但充满意义，我们是一群对教育充满热情和信念的青年教师，根植教育沃土，希望可以通过一己之力为我国家庭教育的发展和建设做出一点点贡献，同时也能促进自身的专业成长！期待后续我们会出版更多的家庭教育书籍以供广大教师和家长借鉴，也期待与大家一同学习、进步，也欢迎大家对本书提出宝贵意见和建议。

交流分享

尊敬的读者您好：

感谢您的认真阅读，让我们有缘通过文字会面，我是本书的主编黄楠，现邀请您加入我们家庭教育工作坊，共同探索家长学校建设，开发家长学校精品课程，同时对本书进行继续升华研讨，在家庭教育的路上，期待我们携手同行！

有兴趣的读者或想有偿获取本书课例配套PPT和未压缩版任务单的教育工作者们，请扫二维码并关注公众号，开启我们的家庭教育缘分之旅吧！